Curriculum And Method of Care & Education

2003
DOBUNSHOIN

Printed in Japan

保育・教育ネオシリーズ 3

保育の計画と方法

第五版

【監修】

岸井勇雄

無藤 隆

湯川秀樹

【編著】

小笠原 圭

卜田真一郎

同文書院

執筆者紹介 authors

【編著者】

小笠原 圭（おがさわら・けい）
元・一宮女子短期大学（現・修文大学短期大学部）講師

卜田真一郎（しめだ・しんいちろう）／第1章・第10章
常磐会短期大学教授

【著者】 ＊執筆順

植田 明（うえだ・あける）／第1章
前・常磐会学園理事長（現・常磐会学園理事），
元・常磐会短期大学教授，元・常磐会短期大学付属常磐会幼稚園園長

鈴木照美（すずき・てるみ）／第2章・第8章
愛知教育大学非常勤講師

岡林恭子（おかばやし・きょうこ）／第3章
名古屋短期大学教授

大岩みちの（おおいわ・みちの）／第4章
岡崎女子大学教授

山田初枝（やまだ・はつえ）／第5章
名古屋短期大学非常勤講師

赤﨑節子（あかさき・せつこ）／第6章
大阪教育大学非常勤講師，元・大阪教育大学附属幼稚園副園長

輿石由美子（こしいし・ゆみこ）／第7章
常磐会短期大学准教授，前・認定こども園常磐会短期大学付属常磐会幼稚園園長

岩田良子（いわた・よしこ）／第9章
常磐会学園理事
元・大阪大谷大学講師，元・常磐会短期大学講師

Introduction
はじめに

　グローバル化に象徴されるように，現在の社会は従来の枠のなかでの安定にとどまることが許されず，市場原理にさらされる自由競争の時代を迎えている。このことは基本的には必要なことではあるが，厳しい現実を伴う。優勝劣敗という弱者に冷たい社会。短期的な結果や数字にあらわれる成果の偏重。基礎的な理念よりも人目を引くパフォーマンスの重視など——。

　これらは人間形成としての教育，とくに乳幼児を対象とする保育にとって，決して望ましい環境ではない。教育者・保育者は，すべての価値の根源である1人ひとりの人生を見通し，その時期にふさわしい援助をあたえる見識と実行力をもたなければならない。

　こうした観点から，本シリーズは，幼稚園教諭ならびに保育所保育士（一括して保育者と呼ぶことにする）の養成機関で学生の教育にあたっている第一線の研究者が，研究の成果と教育の経験にもとづいて書き下ろしたもので，養成校のテキストや資格試験の参考書として配慮したものである。

　各章の著者はそれぞれ研究と教育の自由を活用し，個性豊かに叙述したので，その記述に多少の軽重や重複が見られるかもしれない。無理な統一を敢えて避けたのは，テキストを絶対のものとは考えないからである。教科書を教えるのではなく，教科書で教える——といわれるように，あくまでもテキストは参考書である。担当教員は自ら大切と思う点を詳細に重点的に講義し，それだけでは偏る恐れがあるので，他のところもよく読んでおくようにと指示することができる。学生諸君も，読んでわからないところを教員に質問するなど，幅広く活用していただきたい。

　「幼稚園教育要領」と「保育所保育指針」は，近年いちじるしい深まりを見せている保育学および周辺諸科学とともに多くの実践の成果を結集したものである。その趣旨が十分に理解されてよりよい現実をもたらすにはさらに少なからぬ努力と時間を要すると思われるが，本シリーズが，この重大な時期を迎えているわが国の保育・幼児教育の世界と保育者養成のために，ささやかな貢献ができれば，これに過ぎる喜びはない。

初版 監修者・編著者代表　岸井勇雄

無藤　隆

柴崎正行

第五版の刊行にあたって

　本書は 2003 年 4 月の初版刊行以来，3 度の改訂を重ねている。2008 年に幼稚園教育要領の改訂および保育所保育指針の改定に伴う全面的な改訂，2013 年度に新たな国の子育て支援制度の枠組みとなる「子ども・子育て関連 3 法」の成立に伴う改訂，2015 年には「子ども・子育て支援新制度」の本格始動に伴う改訂を行った。
　4 回目となる今回の改定は，2018 年 4 月より施行される，新しい「幼稚園教育要領」「保育所保育指針」「幼保連携型認定こども園教育・保育要領」に対応するためのものである。

　近年，子どもや保護者を取り巻く状況，保育を取り巻く状況が大きく変化している。子どもの貧困をめぐる問題，国際的な人の移動による保育現場の多文化化など，さまざまな課題に保育現場は直面している。また，乳幼児期の保育と小学校以降の教育との円滑な接続も重要な課題となっている。さらに，待機児童解消が叫ばれる中，保育の場も多様化している。こうした中，すべての保育の場において，1 人ひとりの子どもが尊重され，豊かに育つことができる「質の高い保育」を実現することがより一層求められている。

　2018 年 4 月から施行される新しい「幼稚園教育要領」「保育所保育指針」「幼保連携型認定こども園教育・保育要領」は，これまでの指針や要領の内容と比較すると，非常に大きな改訂（改定）であるといえる。しかしながら，乳幼児期における保育の本質（遊びを通して発達に必要な経験を積み重ねること，子どもの主体性を重視すること，など）は変わっていない。むしろ，その本質を自覚し，これまで積み上げられてきた保育実践の意味を再確認し，保育者のかかわりの意味を意識して実践を進めることの重要性がうたわれているのである。

　保育の計画と方法を学ぶことは，すべての子どもたちに豊かな育ちを実現できる保育実践を考えるための根幹を学ぶことである。保育の原点は「子ども」である。その原点を基本にして，子どもにとって最善な保育を目指すために，本書がその一助になることを願う。

2018 年 1 月
編者　小笠原　圭・卜田真一郎

目次 Contents

はじめに　i
第五版の刊行にあたって　ii

第1章　保育の計画と方法の原理—基本的理解—　1
1. 乳幼児教育の基本と保育の計画　1
2. 保育観と保育の計画・方法の変遷　8
3. 今後の乳幼児教育・保育の実践に向けての課題　18

第2章　幼稚園・保育所・認定こども園等における保育の計画　23
1. 幼稚園教育要領，保育所保育指針，幼保連携型認定こども園教育・保育要領と保育の計画　23
2. 教育課程と全体的な計画　35
3. 3歳以上児の教育および保育における指導計画　49
4. 乳児ならびに1歳以上3歳未満児の保育における指導計画　52

第3章　長期指導計画の実際　55
1. 教育課程・全体的な計画と指導計画の関連　55
2. 長期指導計画の種類と作成の手順・ポイント　57
3. 幼稚園における長期指導計画　60
4. 保育所における長期指導計画　68
5. 幼保連携型認定こども園における長期指導計画　75

第4章　短期指導計画の実際　77
1. 短期指導計画の種類と作成のポイント　77
2. 乳児・1歳以上3歳未満児の保育における短期指導計画の作成　88
3. 3歳以上児（幼児）の保育における短期指導計画の作成　92
4. 実習に向けた指導案の作成　100

第5章　乳幼児期における保育方法の基本　105
1. 乳幼児理解　105

2. 子どもの発達　108
　　3. 保育方法の基本　111
　　4. 保育者の専門性　124

第6章　環境を通して行う教育　127
　　1. 乳幼児期の教育・保育の基本と環境　127
　　2. 計画的な環境の構成　132
　　3. 環境の再構成　143

第7章　遊びと総合的な保育・指導　149
　　1. 乳幼児期における遊び　149
　　2. 生活や遊びを通しての総合的な保育・指導　153
　　3. 遊びを育て，より意義のあるものにするために　156

第8章　乳幼児期にふさわしい生活と指導　171
　　1. 乳幼児期にふさわしい生活とは　171
　　2. 乳幼児期にふさわしい生活の中で育つもの　175

第9章　ともに育ち合う保育の視点と方法　191
　　1. 友だちとの出会い　191
　　2. 教育，保育等を一体としてとらえた新たな試み「認定こども園」　194
　　3. 障がいのある友だちとともに　198
　　4. 地域・家庭・異校種との連携の中で　201
　　5. 国際化・異文化に触れる中で　206
　　6. 子育て支援と保育の方法　209

第10章　よりよい保育に向かう評価　213
　　1. 保育における評価とは？　213
　　2. 日々の保育における評価　215
　　3. 園全体の保育の質を高めるための評価　235

　おわりに　239
　索　引　240

保育の計画と方法の原理 —基本的理解—

〈学習のポイント〉　①幼稚園・保育所等における保育の計画の概念と位置づけを構造的に学び乳幼児教育の基本を理解しよう。
②なぜ保育の計画が必要なのかを理解しよう。
③わが国における保育観と保育方法の変遷を概観し，今日の乳幼児教育との関連について理解しよう。

1. 乳幼児教育の基本と保育の計画

1 保育における計画の意義

（1）保育の基本と保育の計画

　幼稚園，保育所，認定こども園における教育・保育の基本は，「遊びや生活などの『活動』を通して発達に必要な体験を重ねていくこと」である。そして，保育の場における活動は，場当たり的に選択されているわけではない。保育者は，子どもたちにどのように育ってほしいのかという願い（目標）に基づき，目標を実現するために「どのような活動を展開するのか」「そのためにどのような環境を構成するのか」「保育者はどのようにかかわるのか」を見通す。こうした一連の営みが，保育の計画を立てるという営みである。発達に応じた適切な環境を用意し，適切な指導が行われることで計画性のある幼稚園や保育所等の生活が展開される。

　計画性のある保育とは，一貫性と柔軟性のある保育といえる。保育者は，それぞれの子どもの発達の時期に必要な経験を長期的に見通し，指導の内容や方法を予想して指導計画を立てることが一貫性の意味である。柔軟性とは，指導を展開するうえにおいて計画通りにやらせるということだけではなく，子どもの状況に応じて適切な環境の構成，再構成や援助を行うことである。指導計画は仮説であるといわれる由縁でもある。

　遊びを中心とした保育の計画では，子どもの主体性を尊重するのか保育者の計画性を尊重するのかを対極的に考えるのではなく，子どもの活動への興味・関心，子どもが感じているおもしろさ・楽しさ・喜びの発展を踏まえ，子どもの興味・関心・おもしろさ・楽しさ・喜びを深め，広げるための保育者のかかわりや環境の構成を考えて指導計画を考えることが必要である。

（2）保育の計画はなぜ必要か

　指導計画は子どもの育ちにとって，あるいは保育者の実践にとって，どのよ

うな意味をもっているのであろうか。次の事例から考えてみよう。

A先生の経験

> A先生は、就職2年目。1年目はクラス担任ではなく、フリーとして幼稚園全体の子どものようすを見ながら保育の補助をしていた。そのときはとくに指導計画というものを意識することもなく、子どもたちといっしょに楽しく遊ぶことがなによりも大切だと思っていた。
>
> 2年目になって初めて、4歳児のクラス担任となった。子どもたちが、元気にTVやアニメのヒーローになりきって遊んでいるようすを、好ましく思って見守っていた。3学期になり、園の大きな行事である生活発表会が近づいてきた。A先生は、今まで子どもたちがこれほど喜んで楽しく遊んでいた遊びはなかったので、子どもたちとともに、劇遊びとして生活発表会にまとめていこうと考えた。子どもたちと相談しようと思っても、1人ひとりが勝手に発言し、友だちの話を聞こうとはしない。動きや雰囲気に合った音やリズムで誘いかけても、気にかけることもなく動き回るばかりであった。発表会が迫ってくるにつれて、A先生はだんだん焦りを感じだした。
>
> 今までの穏やかなまなざしが、次第に険しくなり、子どもたちにかける声も日ごとに大きく指示的になっていった。

このような焦りの感情や子どもたちへの指示的態度は、A先生でなくても一度や二度は経験した保育者も多いだろう。運動会や生活発表会などでは、ふだんから保育者が子どもたちの遊びを見通し、経験の積み重ねを大切にした保育の中でこそ子どもの育ちが生かされる場でもある。

そこでA先生の反省を踏まえて、子どもと保育者にとって、指導計画が必要なのかを、次に示す項目から考えてみよう。

① **活動の見通しと遊びの深まり**

A先生のクラスでは、ヒーローごっこが盛り上がっていたにもかかわらず、劇遊びとしてまとまらなかった。これは、日々織りなす保育におけるA先生の指導計画の中に、問題がなかったのであろうか。子どもから生まれた遊びを大切に位置づけることは望ましい。しかし、この遊びでなにを育てたいのかという目標を、A先生は明確にもっていたかどうか。指導計画の中にねらいとして位置づけ、ねらいに即した活動の展開を子どもとともにつくり出し、クラスの遊びとして共有し、見通しをもった活動の展開が行われていたのかが、まず問われなければならない。

② **子どもの主体性と保育者の意図性**

ヒーローごっこは、遊びを続けていくうちに戦いごっこにエスカレートしていった。そのものになりきって、蹴ったり叩いたりすることを楽しんでいる子ど

もがいる一方で，そのことがいやで遊びから抜けていく子どもも出てきた。その現実をA先生は，翌日の指導計画にどう反映させたか，保育者の援助するべき留意事項としてどのように示したか，環境の構成にどれだけ保育者の意図が込められたかが問われる。

そのためには，保育者として一定の遊び活動のイメージをもちながら，幼児の思いとのずれや保育者の意図とのバランスを見極めて，指導計画を修正していくことが必要である。

子どもが楽しんでいるからといって，見守るばかりではいけない。保育者の願いを絡めながら，遊びを深めていくためには，指導計画のうえに明確に活動の展開の軌跡を残していかなければならない。

③ 経験や活動の適時性と継続性から構造化へ

A先生は，クラスの活動のまとまりのために話し合って，適切な音やリズムを用意したが，子どもたちは意に介さなかった。子どもたちの自発的な遊びから生まれたごっこ遊びであっても，適切な時期にクラスの活動としてイメージを交流したり，共同で遊んだりする経験を継続することが必要である。活動の楽しさや苦労を共有することにより，遊びが徐々に定着し指導計画の構造化につながっていく。

④ 長期を見通した計画と無理のない園生活の流れ

A先生は，生活発表会を目の前にして焦りを感じだした。幼稚園や保育所等ではさまざまな行事や地域の出来事が，子どもたちの生活を彩っている。これらを日々の園生活の流れを滞らせることなく位置づけるためには，長期間を見通した園の行事と遊びとの関連を組み込む計画が必要である。見通しがあるということは，保育者がゆとりをもって保育ができるということで，子どもにとっても楽しい生活につながる。

⑤ 子どもの育ちと保育の省察

A先生は，生活発表会という行事を乗り越えて，これまでの子どもとのかかわりや，自分の指導計画の不十分さに気づくことができた。指導計画は，振り返ってみると子どもの育ちの過程が表われているものである。

また，次の保育実践にも役立つものとなり，ひいては園全体の保育を振り返り高めるための資料ともなる。

日本の幼児教育の代表的な指導者である倉橋惣三*は，「漫然たる態度でやって行くという無案保育は，実際においては必ずしも悪いとは限らない」「一番いいのもまた，偶然の中にあるかもしれない」**と述べている。この言葉は，保育に計画は不必要だというのではなく，保育者が偶発的な出来事も保育の中に取り

＊倉橋惣三（1882〜1955）。大正から昭和にかけて日本の幼児教育の理論的な指導者で，児童中心の進歩的な保育を提唱した。幼児の自発生活を尊重して「生活を，生活で，生活へ」と導いていくことが大切だとした。

＊＊『倉橋惣三選集』第4巻，フレーベル館，1969，p.11

入れて，臨機応変に対応することで子どもにとってよりよい保育ができるということを示唆している。指導計画の必要性を認識する傍ら，指導計画は仮説でもあるという認識も踏まえ，子どもが生きる柔軟性のある指導計画が求められる。

2 保育の計画と構造

(1) 保育の計画の種類と構造

では，保育の計画にはどのような種類のものがあるのだろうか。

幼稚園・保育所・認定こども園によって名称は若干異なるが，各園においては，次のような種類の計画を立て，実践を展開している。

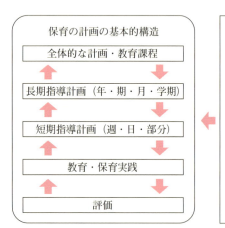

* 系統主義と児童中心主義
個性や発達段階に即して，保育内容や方法に系統性をもたせる指導を系統主義という。対照的に，児童中心主義は，子どもが本来もっている成長力への信頼を基礎とし，子どもの側の興味・関心に基づいて保育を行うことである（『発達心理学用語集 第1版』同文書院，2006より）。

「保育の計画の基本構造」とは，幼稚園・保育所・認定こども園といった別を超えて，すべての園において作成されている保育の計画の種類と実践への構造である。この図で明らかなように，ある日の保育実践の前には，何種類もの計画が存在しているのである。

右側にある「保育の計画の立場」とは，保育の計画の内実に影響を与えるものである。「どのような保育・幼児教育が望ましいのか」という考え方は，園によって，保育者によって異なる。また，国や文化によっても異なるため，世界の保育・幼児教育に目を向ければ，さまざまな保育のあり方が確認されよう。

こうした違いは，発達に対する考え方（発達観），子どもに対する考え方（子ども観），保育・教育に対する考え方（保育観・教育観）の違いによってもたらされるものであり，理論的には，子どもの主体性を重視する「児童中心主義保育」と，発達や活動の系統性を重視する「系統主義保育」に大別される。こうした主義の違いは，保育の計画の際に押さえるべき視点，ねらいや活動内容の提示のし

かた，実際の保育実践のあり方に大きな影響を与える。幼稚園教育要領，保育所保育指針，幼保連携型認定こども園教育・保育要領（以下「要領・指針」とする）などの国のガイドラインもこうした「保育の計画の立場」に一定の影響を受けている。たとえば，幼稚園教育要領の歴史的展開をみても，系統主義的な発想が色濃い時期と，児童中心主義的な発想が色濃い時期がある。こうした時期による立場の違いは，そのときどきの社会情勢や教育や子育てをめぐる状況を受けて「どのような幼稚園教育が望ましいのか」という考え方が変化していることによってもたらされる。

では，保育の計画のそれぞれの種別について，以下で整理してみよう。

(2) 全体的な計画・教育課程

すべての学校には「教育課程」といわれるものが存在している。教育課程とは，学校教育の中で求められた教育期間内に，教育目標に即して，幼児・児童・生徒がなにをどういう順序で学ぶのかという学習の筋道を組織的・計画的に編成したもので，教育内容の全体計画を指す。教育課程は英語のカリキュラムの訳である。このカリキュラムの語源は，ラテン語のクレレ（currere＝走る）で，競走馬の走るコースを意味している。それが今日では教育の目標を達成するための学習内容を関連させ，構造的にとらえるものとして教育課程という用語になった。

教育課程は，その学校の目標・教育方針等を示したものであり，これがもととなってより具体的な計画が作成されるという意味において，もっとも基本となる計画である。

幼稚園・保育所・認定こども園も学校における「教育課程」と同様の役割を果たす計画がある。これが「全体的な計画」といわれるものであり，園の保育・教育の目標や基本方針，各年齢の目標，保育時間等の園の保育の基本や，子育て支援等の取り組みの方針などが示されている。なお，幼稚園の場合は，幼稚園が学校教育法第1条に位置づけられた「学校」であるため「全体的な計画」を構成する中心的な要素として，「教育課程」が位置づけられている。

以下で，要領・指針における「全体的な計画」「教育課程」についての記述を示しておく（一部抜粋）。

【幼稚園教育要領における「教育課程」についての記述】

1）教育課程の役割

各幼稚園においては，教育基本法および学校教育法その他の法令ならびにこの幼稚園教育要領の示すところに従い，創意工夫を生かし，幼児の心身の発達と幼稚園および地域の実態に即応した適切な教育課程を編成するものとする。また，各幼稚園においては，6に示す全体的な計画にも留意しながら，「幼児期の終わりまでに育ってほしい姿」を踏まえ教育課程を編成すること，教育課程の実施状

況を評価してその改善を図っていくこと，教育課程の実施に必要な人的または物的な体制を確保するとともにその改善を図っていくことなどを通して，教育課程に基づき組織的かつ計画的に各幼稚園の教育活動の質の向上を図っていくこと（以下「カリキュラム・マネジメント」という）に努めるものとする。

> 6 全体的な計画の作成
> 各幼稚園においては，教育課程を中心に，第3章に示す教育課程に係る教育時間の終了後等に行う教育活動の計画，学校保健計画，学校安全計画などとを関連させ，一体的に教育活動が展開されるよう全体的な計画を作成するものとする。
>
> （教育要領　第1章総則　第3 教育課程の役割と編成等）

【保育所保育指針における「全体的な計画」についての記述】

> (1) 全体的な計画の作成
> ア　保育所は，1の(2)に示した保育の目標を達成するために，各保育所の保育の方針や目標に基づき，子どもの発達過程を踏まえて，保育の内容が組織的・計画的に構成され，保育所の生活の全体を通して，総合的に展開されるよう，全体的な計画を作成しなければならない。
> イ　全体的な計画は，子どもや家庭の状況，地域の実態，保育時間などを考慮し，子どもの育ちに関する長期的見通しをもって適切に作成されなければならない。
> ウ　全体的な計画は，保育所保育の全体像を包括的に示すものとし，これに基づく指導計画，保健計画，食育計画等を通じて，各保育所が創意工夫して保育できるよう，作成されなければならない。
>
> （保育指針　第1章総則　3 保育の計画及び評価）

【幼保連携型認定こども園教育・保育要領における「全体的な計画」についての記述】

> 1　教育及び保育の内容並びに子育ての支援等に関する全体的な計画の作成等
> (1) 教育及び保育の内容並びに子育ての支援等に関する全体的な計画の役割
> 　各幼保連携型認定こども園においては，教育基本法（平成18年法律第120号），児童福祉法（昭和22年法律第164号）及び認定こども園法その他の法令並びにこの幼保連携型認定こども園教育・保育要領の示すところに従い，教育と保育を一体的に提供するため，創意工夫を生かし，園児の心身の発達と幼保連携型認定こども園，家庭及び地域の実態に即応した適切な教育及び保育の内容並びに子育ての支援等に関する全体的な計画を作成するものとする。
> （以下略）

> (2) 各幼保連携型認定こども園の教育及び保育の目標と教育及び保育の内容並びに子育ての支援等に関する全体的な計画の作成
> （前略）
> 認定こども園の教育及び保育において育みたい資質・能力を踏まえつつ，各幼保連携型認定こども園の教育及び保育の目標を明確にするとともに，教育及び保育の内容並びに子育ての支援等に関する全体的な計画の作成についての基本的な方針が家庭や地域とも共有されるよう努めるものとする。
> 　　　　　（教育・保育要領　第1章総則　第2　教育及び保育の内容並びに
> 　　　　　　　　　　　　　　　　子育ての支援等に関する全体的な計画等）

　幼稚園・保育所・認定こども園がそれぞれにもつ役割の違いから，記述内容についても若干の違いはみられるが，各園の状況，子どもたちの家庭や地域の状況を踏まえながら，要領・指針に示された育てたい資質・能力を踏まえ，各園の目標を明確にし，園（所）の創意工夫を生かしながら作成されるものが「全体的な計画」であり「教育課程」であることが確認されよう。

(3) 指導計画

　全体的な計画や教育課程は，入園から修了までの長期的な視野に基づいて編成されたものであるから，日々の生活を展開するためにはより具体化された指導計画が必要である。

　指導計画では，教育課程に基づいてさらに具体的なねらいや内容，環境の構成，教師の援助などといった指導の内容や方法を明らかにしている。

　指導計画には，一般的に長期的な見通しをもった①長期の指導計画（年・月・期・学期など）と，より具体的な幼児の生活に即した②短期の指導計画（週・日など）がある。

①　長期の指導計画（年・月・期・学期）

　教育課程を基盤として，より具体化した計画とするため，年・月・期・学期など比較的長期間をひと区切りとして教育の流れを示したものである。

　それぞれの区切りで，年間指導計画，月案（各月ごとの指導計画），期案（発達の節目をとらえて期として表した指導計画），学期案（従来学校教育で行われている3学期に区分した指導計画）がある。

②　短期の指導計画（週・日・部分）

　長期の指導計画をさらに具体化し，より日々の子どもたちの生活に密着した計画である。

○週案（週ごとの指導計画）
○日案（1日の指導計画，幼稚園の指導計画の最小単位）
○部分案（1日の中のある部分を取り出した指導計画で，とくに必要がある場合

のみに用いる）

　こうしたさまざまな種類の保育の計画は，その対象とする期間の長短によって，年間指導計画や期や月の指導計画は保育の長期的な見通しをもつためのもの，週案・日案・部分案はより具体的な保育の展開と保育者のかかわりを方向づけるもの，と，それぞれに異なる役割をもつ。また，作成にあたっての手続きの原則は同じであるが，具体的に検討するポイントは異なる。

　第2章以降でそれぞれの計画の作成にあたって検討すべき内容を学び，将来，自身が担当する子どもたちにもっとも即した計画を立案することができる保育者を目指してほしい。

2. 保育観と保育の計画・方法の変遷

　「保育の計画と構造」における「保育の計画の立場」でもみたように，保育に対する考え方は，時代の流れや社会の変化とともに変わっていく。保育の計画や方法においても変化がみられる。ここでは，幼稚園と保育所の成立と発展を追いながら考えてみよう。

1 幼稚園・保育所の成立

(1) 日本で最初の幼稚園と保育内容の変遷

　明治5（1872）年8月，学制が発布された中で「幼稚小学」が規定されたのが幼児のための教育施設の最初であった。その後，明治9（1876）年，東京女子師範学校に付属幼稚園が設置されたのが幼稚園教育の始まりである。当時は明治時代の初めで，日本が近代国家へと脱皮しようと歩み出したころであった。明治5年に学制がしかれたころの教育は，上層階級の子弟を対象としており，幼稚園においても同様であった。

　当時の幼稚園教育の内容は，外国から移入されたものであり，フレーベル*によって考案された「恩物**」を中心とした保育であった。

《保育3項目の時代》

　明治10（1877）年，東京女子師範学校付属幼稚園規則が制定され，「物品科」「美麗科」「知識科」という3つの保育科目が定められた。その中は25の子目（5彩球の遊び，形体の積み方，畳紙，粘土細工，唱歌，説話，遊戯など）からなり，これらはフレーベルの恩物中心の一定の型に従って扱わせるものであった。

　保育方法も，科目ごとに時間を区切って一斉に指導するものであった。この付

＊F.W.A. フレーベル（1782〜1852）。ドイツの教育者で，世界で最初の幼稚園を創設した人。彼の哲学的な人間教育に根ざした幼稚園教育は，全世界に普及した。また，幼児のための教育遊具「恩物」を考案・製作した。

＊＊恩物（das Gabe）─フレーベルが創案した世界最初の体系的な教育遊具である。神が幼児に賜った遊具としてガーベ（Gabe）と名づけられたものをわが国では恩物と訳した。第1恩物から第20恩物まであり，神が創造した自然界の基本的な形を知らせ神的創造力を啓発する意図でつくられている。

属幼稚園規則は，明治時代前期のモデルとなり，全国の幼稚園の基準となっていった。このような恩物中心の伝統的，形式的な保育方法は，明治の末ごろから子どもにそぐわないとして，批判されるようになっていった。

《保育4項目の時代》

明治32（1899）年に「幼稚園保育及設備規程」が，文部省から公布され，保育内容や施設設備などに関して国として一定の基準が初めて示された。

保育内容は「遊戯」「唱歌」「談話」「手技」の4項目となった。「遊戯」を最初にもってきたことで遊戯の重要性を強調し，いくつかの独立した保育内容として扱われてきた恩物を一括して「手技」として最後においた。これらは，恩物の形式的な取り扱いからの脱皮を意図したものであった。

明治44（1911）年には，幼稚園設備規程の緩和により，保育4項目だけが示され，取り扱いについては条文から削除された。これにより保育内容や方法は，さらに自由になり，各幼稚園で異なる保育が行われるようになった。

《保育5項目の時代》

大正時代は，大正デモクラシーの影響を受けて，さまざまな制度の見直しや思想のもとに改革が行われた時代である。これらは，教育観にも大きな影響を与えていった。子どもの個性と自由活動を尊重する児童中心主義の考え方において，とくに幼児の主体性を尊重した自由遊びが保育の中で重要なものとして位置づけられ発展していった。

大正15（1926）年，「幼稚園令」が公布され，同時に制定された「幼稚園令施行規則」において，保育内容が「遊戯」「唱歌」「観察」「談話」「手技等」となった。新たに観察が加えられ，各園の実情に応じて保育内容が工夫できるように，最後に「等」がつけられた。5項目以外に付け加えられた内容は，遠足，会集，園芸，図画，読み方，書き方，数え方，躾（しつけ），体育，恩物，律動などであった。

昭和前期には，自由遊びが普及し，1日の保育過程は，登園→自由遊び→会集→設定→昼食→自由遊び，または，設定→退園という形態が一般的であった。

昭和9（1934）年，倉橋惣三は「誘導保育論」を提唱した。幼稚園は幼児のありのままの生活を大切にする「さながらの生活」が重要であるとし，幼児の自発的活動によって自己充実できる場所が幼稚園であるとした。幼児が自己充実できないところは，保育者による充実指導を行う。さらに幼児の生活と興味に即した主題を設け，断片的な幼児の活動に中心と系統性を与え，幼児の興味がより大きく広がるように幼児の生活を誘導するものである。

このような倉橋の誘導保育論は，明治からの伝統的な「教え込み型」の系統主義ではなく，幼児の活動に系統性を与えるという新しい型の系統主義としてその後も長く日本の幼児教育をリードしてきた。

《太平洋戦争を経て》

　昭和に入って幼稚園教育はさらに普及していったが，太平洋戦争の勃発により，幼稚園は休園や廃園を余儀なくされた。

　戦後は，昭和22（1947）年の「学校教育法」制定により，幼稚園は学校体系の中に位置づけられた。「保育要領」や「幼稚園教育要領」の制定などで，幼児教育への関心も高まり，第一次ベビーブームと相まって幼稚園は増加していった。しかし今日，少子化の影響を受けて，幼稚園の統廃合が進められている。

（2）保育事業と保育内容の変遷

《保育事業の始まり－明治期－》

　日本の保育事業の始まりは，明治23（1890）年に，赤沢鐘美（あつとみ）・ナカ夫妻による初めての託児施設の開設に始まる。その後，幼稚園教育や小学校教育の普及，産業の発展に伴って各方面で行われていった。

　明治27（1894）年に，東京の大日本紡績が女性労働者のために工場に付設したものや，野口幽香，森島峰によって明治33（1900）年，東京麹町のスラム街の子どものために開設された二葉幼稚園（大正4年＜1915＞，「二葉保育園」と改称）がある。明治37（1904）年日露戦争が起こり，神戸に出征軍人児童保管所がつくられた。日露戦争後，貧富の格差が広がり，労働者の階級的自覚が形成されるようになって，内務省は社会政策として保育事業を助成していった。

《大正期》

　大正期は，大正デモクラシーの影響から児童中心の考えのもとに社会事業が高まっていった。女性の就労も増え乳児保護機関のひとつとして，乳児保育所が設置された。

　大正8（1919）年には，大阪市に公立託児所が2か所，翌年に東京市にも開設され，大正末期には200近くに増加した。また，農繁期季節保育所や児童保護施設，大正12（1923）年の関東大震災後には，託児所の増設，乳幼児に対する応急措置など，これを機に多くの児童施設がつくられた。

《昭和前期－太平洋戦争終結まで－》

　昭和初期には，不況などで多くの社会問題が起きた。それに対処するため昭和4（1929）年に「救護法*」が制定され，貧しい子どもたちの施設収容も進んだ。その後，太平洋戦争が起こり，児童保護のうえで多くの問題を戦後まで抱え込むこととなった。昭和13（1938）年，厚生省が設置され，社会局に児童課が設けられ，児童保護行政の体制が整えられた。

《昭和中・後期を経て》

　戦後は，大変な混乱の中で孤児や浮浪児の救済に追われた。

　昭和22年に「児童福祉法」が制定され，すべての子どもたちの健全な育成を

---

*救護法
老衰，疾病，貧困などのために生活できない者を救護する法律。昭和4年公布，昭和21（1946）年，生活保護法の制定により廃止。

目的とした。託児所の名称は、保育所に統一され、児童福祉施設のひとつとして法的に位置づけられた。

翌年には「児童福祉施設最低基準」が制定され、この中での保育所の「保育の内容」として「健康状態の観察、服装等の異常の有無についての検査、自由遊び及び昼寝のほか、健康診断を含む」とある。

その後いろいろと改正され、昭和40（1965）年に厚生省局長通知として、初めて「保育所保育指針」が制定された。

2 「教育要領」「保育指針」「教育・保育要領」の移り変わり

(1) 今日までの流れ

	幼　稚　園	保　育　所
昭和22(1947)	「教育基本法」「学校教育法」公布	「児童福祉法」公布
昭和23(1948)	「保育要領－幼児教育の手引き－」発行 ・保育内容（楽しい幼児の経験） 　12項目	「児童福祉施設最低基準」施行 保育の内容（健康状態の観察・服装の検査・自由遊び・昼寝等）
昭和25(1950)		「保育所運営要領」発行
昭和27(1952)		「保育指針」刊行
昭和31(1956)	「幼稚園教育要領」刊行 ・保育内容－6領域－ 　健康・社会・自然・言語・ 　音楽リズム・絵画製作	
昭和39(1964)	「幼稚園教育要領」改訂（第一次） 　文部大臣告示	
昭和40(1965)		「保育所保育指針」刊行 （望ましい主な活動） 　2歳まで：生活・遊び 　2歳：健康・社会・遊び 　3歳：健康・社会・言語・遊び 　4,5,6歳：健康・社会・言語・ 　　　　　　自然・音楽・造形
平成元(1989)	「幼稚園教育要領」改訂・告示（第二次） ・保育の基本は環境を通して行う。 ・ねらい：心情・意欲・態度 ・保育内容－5領域－ 　健康・人間関係・環境・言葉・表現	
平成2(1990)		「保育所保育指針」改定・通知 内容（年齢区分による） 　3～6歳児まで：基礎的事項 　健康・人間関係・環境・言葉・表現
平成10(1998)	「幼稚園教育要領」改訂・告示（第三次） ・生きる力の基礎を培う。 ・計画的な環境の構成、保育者の役割 　の明確化 ・子育て支援や預かり保育の新規記述	

平成11(1999)		「保育所保育指針について」通知 内容（発達過程区分による） 3～6歳児まで：基礎的事項 健康・人間関係・環境・言葉・表現
平成18(2006)	「教育基本法」改正	
平成19(2007)	「学校教育法」改正	
平成20(2008)	「幼稚園教育要領」改訂・告示（第四次） ・発達や学びの連続性 ・幼稚園生活と家庭生活の連続性 ・子育て支援と預かり保育の充実	「保育所保育指針」改定 厚生労働大臣告示 （保育の内容） 養護：生命の保持・情緒の安定 教育：健康・人間関係・環境・ 言葉・表現 「児童福祉法」改正 （家庭的保育事業等の制度化）
平成21(2009)	幼稚園幼児指導要録の改善（通知）	
平成22(2010)	「幼稚園設置基準」改正	「保育所の設置認可等について」 の一部改正について（通知）
平成23(2011)	幼稚園教育指導資料第3集 「幼児理解と評価」（改訂）	「児童福祉施設最低基準」改正（2012年4月より、「児童福祉施設の設備及び運営に関する基準」に名称変更）
平成24(2012)	子ども・子育て関連3法成立	
平成26(2014)	幼保連携型認定こども園の学級の編制、職員、設備及び運営に関する基準、「幼保連携型認定こども園の教育・保育要領」等を公布・告示	
平成27(2015)	「子ども・子育て支援新制度」スタート	
	新しい幼保連携型認定こども園発足	
平成30(2018)	幼稚園教育要領・保育所保育指針・幼保連携型認定こども園教育・保育要領の改訂（改定）	

(2)「教育要領」「保育指針」「教育・保育要領」の変遷におけるポイント

　教育要領が最初に制定されたのは昭和31（1956）年であったが、文部大臣告示として、法的根拠が示されたのは、昭和39（1964）年の第一次改訂のときであった。保育指針においては、長らく厚生省局長通知とされていたが、平成20（2008）年の改定において厚生労働大臣の告示*となった。

　告示によって法律としての拘束力、制約力が強く示されたことは、教育要領、保育指針に準拠した望ましい教育・保育が行われることを社会が要請していることを示している。保育者はそのことを踏まえて、それぞれに課せられた役割を認識し、十分に務めを果たさなければならない。

《20世紀後半以降の要領・指針の改訂（改定）のポイント》

　平成元（1989）年の教育要領の改訂において、幼稚園教育の基本は環境を通して行うということが明確化された。この改訂は、これまでの幼稚園教育においては、保育者が望ましいと思う経験や活動を選択して与えるという考えから、6つの領域を教科的に解釈して領域別の指導が行われていたことに対する是正の意味もあった。

*告示
公の機関が重要な事項の決定を公式に広く一般に知らせる行為。法律効果をもつものともたないものがある。
通知
特定の事項を知らせる行為

昭和39年の教育要領では，「ねらい」だけを示し，その中に内容的な側面も含ませるというものであったが，平成元年の改訂では，「ねらい」と「内容」を区別して記載した。「ねらい」は，幼稚園修了までに育つことが期待される「心情」「意欲」「態度」の観点から示され，「内容」は，ねらいを達成するための具体的な指導事項であると位置づけた。「ねらい」と「内容」は，幼児の発達の諸側面から5つの領域「健康」「人間関係」「環境」「言葉」「表現」にまとめられた。これらの領域は，保育者の総合的な指導や環境を構成するための視点であるとした。

　平成20年3月には，教育要領と保育指針が改訂（改定）された。これまでは，保育指針が教育要領の後を追う形で1年後に改定されてきたが，同時期に改訂（改定）されたことは，教育・保育の内容や方法において整合性が図られ，これまで幼稚園，保育所においてそれぞれが培ってきたよさを生かしながら，これからの乳幼児教育を進めていこうとするものである。幼稚園においては，100年以上にわたる幼児教育の内容を現状に即して見直すとともに，社会が求める小学校との連続性，家庭との連続性，子育て支援と預かり保育の充実などにおいて，教育活動としての体制化や計画性が求められた。保育所においては，厚生労働大臣告示の重さを認識し，児童福祉施設最低基準を遵守し保育者の研鑽に基づく保育の質の向上と充実，健やかな子どもの育ちと子育て支援に力を注ぐことが求められた。

　この平成20年の改訂（改定）では，保育指針において，内容の大綱化が図られた。教育要領においては，すでに大綱化されているが，大綱化の意味するところは，法的に遵守しなければならないミニマムな内容に即して，それぞれの地域や園の実態に応じた特色ある保育の内容や方法を創意工夫する余地が残されたと解釈できる。

　平成26（2014）年には，子ども・子育て支援新制度のもと，認定こども園では「幼保連携型認定こども園教育・保育要領」に基づいた保育を行うことになった。この「教育・保育要領」では，①「教育要領」「保育指針」との整合性を踏まえた教育・保育の基本と内容（環境を通して行う教育・保育，5領域による内容の編成）に基づくこと，②小学校教育へと円滑に接続していくこと，③幼保連携型認定こども園として特に配慮すべきことが示された。

（3）平成30（2018）年の「トリプル改訂（改定）」のポイント

　こうした変遷の中，平成29（2017）年3月に，平成30年4月より施行される新しい「幼稚園教育要領」「保育所保育指針」「幼保連携型認定こども園教育・保育要領」が告示された。この3つの要領・指針の改訂（いわゆるトリプル改訂＜改定＞）は，小学校・中学校・高等学校等の学習指導要領の改訂と連動して行われており，これまでの要領・指針の内容と比較しても，きわめて大きな改訂（改定）であるといえる。以下でその概要をみていこう。

①学習指導要領全体の改訂（改定）の動向と要領・指針

　平成29年に告示された新しい学習指導要領全体の改訂のポイントとして，次のキーワードを挙げることができる。

　第1に，「社会に開かれた教育課程」というキーワードである。学校が従来の「知識の伝達の場」という役割にとどまらず，「蓄積された知識を礎に，主体的に判断し，自ら問いを立ててその解決を目指し，他者と協働しながら新たな価値を生み出していく力」を育成するという役割へと変化していることを受け，「コミュニティとしての学校の中で，自らの力で社会をよりよいものに変革していくことができるという実感を持つこと」や「学校が社会や世界と接点を持ちつつ，多様な人々とつながりを保ちながら学ぶことのできる，開かれた環境となること」が重視され，教育課程が学校の中だけで閉じられたものではなく，社会に開かれたものであることの重要性が提起された。

　第2に，「カリキュラム・マネジメントの確立」というキーワードが挙げられる。カリキュラム・マネジメントとは，子どもたちの姿や地域の実情等を踏まえて，教育目標を実現するために，どのような教育課程を編成し，どのようにそれを実施・評価していくのか検討し，実施し，評価していく営みを示しているが，このことは，これまで以上に，教育課程の編成，実施，評価というサイクルが重視されていることを示している。

　第3のキーワードは，新しい時代に必要となる「育成すべき資質・能力の3つの柱」である。この3つの柱とは，「①何を知っているか，何ができるか（個別の知識・技能）」，「②知っていること・できることをどう使うか（思考力・判断力・表現力等）」，「③どのように社会・世界と関わり，よりよい人生を送るか（人間性や学びに向かう力等）」で，教育の目標を多面的にとらえることにより，ゆとり教育の導入からゆとり教育批判の流れに見られたような知識重視か思考力重視かという二項対立的議論に終止符を打つことを目指しているのである。

　第4のキーワードは，「アクティブ・ラーニングの視点」であり，単なる知識注入型の学習ではなく，「主体的・対話的で深い学び」の実現が目指されている。

　こうした改訂（改定）の方向性は，乳幼児期の保育・教育のあり方に大きな影響を及ぼしている。以下で，要領・指針の改訂（改定）のポイントをみながら，考えていこう。

②平成29年告示の幼稚園教育要領，保育所保育指針，幼保連携型認定こども園教育・保育要領の改訂（改定）のポイント

　では，先にみた学習指導要領全体の改訂を受けて，要領・指針はどのように改訂（改定）されているのであろうか。以下でポイントを示す。

1）非認知能力への着目

「非認知能力」とは，認知能力の土台となる「学びに向かう力や姿勢」を指しており，目標や意欲，興味・関心をもち，粘り強く，仲間と協調して取り組む力や姿勢などが中心となる。非認知能力は幼児期から小学校低学年に育成するのが効果的であり，非認知能力がしっかりと育つことが，のちの認知能力の育ちをより豊かにすることも明らかになっている。新しい要領・指針では，乳幼児期の保育・教育の役割がこうした「非認知能力」を育てることにあることをあらためて強調している。

2）幼児教育において育みたい資質・能力を育んでいくための「カリキュラム・マネジメント」の確立

学習指導要領全体の改訂においてもキーワードであった「カリキュラム・マネジメント」は，幼児期の保育・教育でもキーワードとなっている。このことは，保育者がより計画的に，子どもたちのどのような資質・能力を育てたいのかという意図をもち，確かな根拠に基づいて保育の計画を立て，実践を行っていくことが重要であること，そのための人的資源や環境をいかにマネジメントしていくのかが重要であることを示している。

3）幼児教育において育みたい資質・能力の整理

もっとも大きな改訂（改定）のポイントは，これまで「心情・意欲・態度」の視点から整理されていた保育のねらいが，学習指導要領における「育てたい3つの資質・能力」の整理を受けて，「知識及び技能の基礎」「思考力・判断力・表現力等の基礎」「学びに向かう力，人間性等」の3点に整理されたことである。しかしこの変更は，「幼児期においても，知識・技能を『教え込んで，身につけさせなくてはならない』という意味ではない」ことに注意を払う必要がある。実は，これまでの要領・指針においても，「心情・意欲・態度」をねらいとしつつも，その中で子どもたちがさまざまな知識や技能を身につけることは否定してはいなかった。たとえば，子どもたちが動くおもちゃを「おもしろい！」と思い，「こんな制作をしたい！」と意欲的に取り組む中で，ハサミなどの道具を使う技能や，半分に紙を折る中での数学的な知識が結果として身についていた。しかし，こうした「知識・技能」を前面に出して，「一律にどの子も身につけるべき知識・技能」として示してしまうと，子どもが主体的に環境にかかわるという保育の基本を逸脱した教え込みの保育が横行する危険があるため，特定の「知識・技能」は前面に出されていなかったのである。そのため，今回の改訂（改定）でも，育みたい資質・能力として「知識・技能の基礎」が挙げられているものの，その具体的な内容は「全員が一律到達すべき目標」として挙げられてはいない。子どもたちが自身の活動の目的に即して，その文脈の中でさまざまな知識・技能の基礎を身に

つけていくことが大切なのである。

4）幼児期の終わりまでに育ってほしい具体的な姿の明示

もうひとつ大きな変更点は，「幼児期の終わりまでに育ってほしい具体的な姿」として以下の10の姿が示されたことである。

ア　健康な心と体
イ　自立心
ウ　協同性
エ　道徳性・規範意識の芽生え
オ　社会生活との関わり
カ　思考力の芽生え
キ　自然との関わり・生命尊重
ク　数量・図形，文字等への関心・感覚
ケ　言葉による伝え合い
コ　豊かな感性と表現

この「幼児期の終わりまでに育ってほしい姿」は，5領域の内容等を踏まえ，とくに5歳児の後半にねらいを達成するために，教師が指導し幼児が身につけていくことが望まれるものを抽出し，具体的な姿として整理したものであるが，とくに小学校との連携の中で，小学校入学までに子どもたちが身につけてきた力がなんであるのかを示したものであるといえる。

5）学習過程の検討

学習指導要領全体の改訂のキーワードでもあるアクティブ・ラーニングの視点にかかわって，子どもたちの「学習過程」を検討することも，新しい要領・指針のキーワードである。これは，遊びが生み出されてから終結するまでのプロセスを意識することによって，そのときどきにおいてどのような学びがあり，保育者はいかにかかわるべきかを考えることの重要性を示しているといえる。そのためには，子どもがどのような活動目的（おもしろさ・楽しさ・喜び）をもって活動に取り組み，その中でどのような学びを経験しているのかという，子どもの活動の論理に沿った学習過程を保育者が検討することが重要である。

6）幼児期にふさわしい評価のあり方の検討

乳幼児期の保育・教育において，「評価」をどう考えるべきかという課題は，古くて新しい課題であった。今回の改訂では，幼児期の評価のあり方について，小学校以降の教育における特徴をもった教育活動に特有の評価のあり方を検討すべきであることが提案されている。単なる到達度の評価ではなく，幼児1人ひとりのよさや可能性を評価するとともに，ドキュメンテーションやポートフォリオなどの方法を通じて，子どもの学習過程に着目した評価のあり方を模索する必要

がある。また、5歳児については、「幼児期の終わりまでに育ってほしい姿」を踏まえた視点からの評価が求められる。

　以上、平成29年に告示された「トリプル改訂（改定）」のポイントを整理してきた。今回の改訂（改定）は、非常に「大きな改訂（改定）」であるが、実は、「遊びや生活などの活動を通して発達に必要な経験を重ねていく」という保育・幼児教育の基本的な考え方には変化はない。しかしながら、これまである曖昧性をもって進められてきた保育実践を、「より根拠性の確かなもの」「より明確な方向性や視点をもったもの」にすることが求められているのが、今回の改訂（改定）のポイントであるといえる。また、保育・幼児教育の中で子どもたちがどのように育っているのかを、小学校以降の学校教育の関係者、保護者などに発信し、共有していくことも重要になっている。そうした意味で、これまで以上に、保育の計画を適切に立てる力が保育者には求められているといえる。

（4）要領・指針の改訂（改定）と各園の実践―「基準」と「独自性」―

　これまでも要領・指針では、保育の計画や方法の実践において各園の実態に応じたオリジナリティと保育者の創意工夫を求めてきた。しかし同時に、新しい要領・指針では、より具体的な「育てたい姿」を明記することによって、「基準」としての側面も強調している。この「基準」と「独自性」の関係をどのようにとらえていけばいいのであろうか。次の実践例から考えてみよう。

　ある幼稚園でままごと遊びをしていたときのこと、ひとりの子どもがままごと道具を全部箱車に詰め込んで運び出した。その地域は会社の社宅が多く、引越しが日常的な光景として子どもの目に映っていた。子どもたちは、「お引越し」「お引越し」と言いながら好きな場所を見つけては、ままごと道具を運び出して遊びはじめた。
　保育者は、地域のようすをよく把握していたので、子どもが始めた遊びの意味を読み取り、保育者自身が予想もしていなかった保育室から遠く離れた場所で始まったままごと遊びを温かく支え、「引越しままごと」というネーミングを子どもたちと共有して、新たな遊びのバージョンを増やしていった。

　この実践は、全国どこでも見られる「ままごと」という遊びであっても、地域性や子どもの興味関心に沿った保育者の指導計画によって新鮮な遊びとして生まれ変わることを示唆している。
　佐伯胖(ゆたか)は、著書『幼児教育へのいざない』の中で次のように述べている。

> 「保育計画は，子どもを保育者の手のひらで躍らせるためのものではない。あるいは「鳥かごの中の鳥が動きまわれるように，あらかじめあちこちにエサをまいておく」ようなことでもない。そうではなく，子どもがそれぞれの状況のなかで，みごとな文化的実践をその都度遂行できるように，必要かもしれない道具を用意しておき，関係づけるかも知れない「環境」を設定しておき，何がおきても対応できるように，起こりうる事態を多様に想定（イマジネーション）しておくことが，計画を立てるということである。」
>
> 出典）佐伯胖『幼児教育へのいざない』p.181, 182, 東京大学出版会, 2001 より

「基準」を意識しつつも，幼児の実態やその背景の「独自性」に応じて，柔軟に保育をすすめていくことが保育者には求められるのである。

3. 今後の乳幼児教育・保育の実践に向けての課題
―幼稚園・保育所・認定こども園の制度と教育・保育の内容を理解する中から―

1 保育・幼児教育の制度的変革の現状

日本における保育制度は，幼稚園と保育所の二元制度として展開されてきた。しかし，この幼稚園と保育所の二元制度は，さまざまな要因から問題が生じ続け，幼稚園と保育所の連携・一体化・一元化が求められるようになった。

そうした状況を踏まえて，経済財政諮問会議は，就学前の教育・保育を一体としてとらえた一貫した総合施設（仮称）の設置を可能にする方針を示し，それを受けて平成18（2006）年6月，いわゆる「認定こども園法」が制定された。その中で総合施設の名称を「認定こども園」と規定した。

8月には，「施設の設備及び運営に関する基準」が告示された。平成23（2011）年には法の改正により，施設の認定要件のうち，入所・入園に関する基準を都道府県の条例に委任することなどを定めた。

平成24（2012）年には，子ども・子育て支援新制度に向けて，いわゆる「子ども・子育て関連3法」が公布された。これにより「認定こども園法」などが見直され，「新しい幼保連携型認定こども園」に関する規定が大幅に追加された。

「認定こども園法」改正のポイント
①これまでの認定こども園の課題であった二重行政の解消
②幼保連携型認定こども園を単一の施設として認可，指導などを一本化
③学校および児童福祉施設としての法的な位置づけをもたせる

④既存の幼稚園・保育所からの移行は義務づけない
⑤設置主体は，園，地方公共団体，学校法人，社会福祉法人

　また，平成26年度には，「幼保連携型認定こども園」以外の「認定こども園（幼稚園型，保育所型，地方裁量型）」の設備及び運営に関する基準の改正や，「幼保連携型認定こども園の学級の編制，職員，設備及び運営に関する基準」も公布された。このような大幅な改正規定についても，「子ども・子育て支援法」が平成27（2015）年4月から施行されると同時に施行されている。

❷ 保育制度の移行期である現在における課題と展望

　新しい幼保連携型認定こども園については，平成27年4月1日より運営が開始され，各地で従来の幼稚園や保育所から認定こども園への移行が行われている。しかしながら，認定こども園が「保育と教育を一体的に提供」する施設であるということから，「認定こども園になったのだから，英語や文字や数字などのなにか特別な『教育』をしなくては」と「教育」の内容を誤解して実践するなどの混乱もみられる。また，長時間保育と短時間保育の子どもがともに無理のない生活リズムでの園生活を展開する方法が難しい，保育所と幼稚園が一体になった形で認定こども園に移行した場合はそれぞれの立場でこれまで積み上げてきた保育のあり方を生かしながらいかに新しい保育をつくり出すのかという課題に直面するなどの課題もみられる。教育・保育現場の実践者においては，教育・保育などの内容や指導計画については実践の日が浅く，今後の積み重ねが期待されている。今後は，内容の基本を法令や規定などを踏まえて十分に理解し，日々の実践の中で具体的な教育・保育の実践を積み重ねていくこと，その中で多様な生活スタイルの子どもたちが，多様性を豊かさにつなげていくことができるような「認定こども園ならではの保育」を構築していくことが必要である。

「幼稚園」「保育所」「認定こども園」での教育・保育実践の基本として理解しておくこと
【幼稚園】
　学校教育法に位置づけられた「学校」であり，文部科学省が所掌する。教育内容は，文部科学大臣の告示による「教育要領」に準拠した教育を行う。「教育要領」は，教育内容に関する国家的基準といえる。
【保育所】
　かつては児童福祉施設最低基準により保育内容が規定されていた。これとは別に，厚生労働省により「保育指針」が刊行されていたが，厚生労働省の

通知文書であり，法的規範性をもつものではなかった。しかし，平成20年の「保育指針」の改定以降，厚生労働大臣の告示となり，法的規範性をもつものとなった。

【認定こども園】

　保育内容は，施設の利用開始年齢の違いや，利用時間の長短の違いなどの事情に配慮しながら，「教育要領」と「保育指針」の目標が達成されるよう教育・保育を提供することとなった。平成27年度から実施された「子ども・子育て支援新制度」により創設された「新たな幼保連携型認定こども園」における「教育・保育要領」が平成26年4月に，内閣府・文部科学省・厚生労働省の共同告示として新たに公布された。これに伴い認定こども園*のほかの3つのタイプ「幼稚園型」「保育所型」「地域裁量型」についても「教育・保育要領」に基づき教育・保育を行うことになった。そして「教育・保育要領」告示後，平成29年度内には「幼保連携型認定こども園教育・保育要領解説」が出され，平成30年4月からは新しく改訂された要領に基づいた保育が提供される。

*認定こども園の類型は，「幼保連携型」「幼稚園型」，「保育所型」「地域裁量型」の4類型である。

3 これからの教育・保育への取り組みと課題

(1) 保育の共有化と連携

　今日，幼稚園や保育所等の保護者の間では「保育参観」という概念から「保育参加」という概念が浸透してきている。これは，園と保護者が子どもの育ちを支える立場を共有している姿のひとつでもある。保育の共有はなにも保護者との間だけで考えられるものではない。近隣の園の保育者同士の共有，地域住民との共有，保育の専門機関である大学や病院との共有，小学校との共有など乳幼児期の教育，保育を理解し，連携して支えるうえでの必要な場に目を広げるべきである。共有することで1人ひとりの保育者の指導計画は，子どもにとってよりふさわしい指導計画へと改善されていくに違いない。平成29年に告示された新しい要領・指針においても「社会に開かれた教育課程」の考え方に示されているように，こうした「保育の共有化」は重要なキーワードである。

　子どもたちが地域に出かけてさまざまな仕事や働く人たちに触れる，逆に地域の人たちが幼稚園や保育所等に入り込んで活動することは，保育を共有することになる。クラスの指導計画にも保育者間の連携を生かしたい。ティーム保育という形で，すでに実践されている園もある。同じ園，近隣の園の保育者，専門学校や大学の専門教員と協力して連携活動をすることで，指導計画に広がりや深まりが加味される。

　目の前の子どもを見失ってはいけないが，自分だけの指導計画から脱皮して，

保育活動の共有化と連携で得られるものは多くある。みんなで子どもを育てるという意識と感覚をもつことが必要であろう。

(2) 今後の乳幼児教育の方向

1世紀半にも及ぼうとする乳幼児教育の歴史の中では，つねに子どもを原点においた実践がなされてきた。近年の子どもの育ちの変化，すなわち基本的生活習慣の欠如，コミュニケーション能力の不足，自制心や規範意識の不足，運動能力の低下，小学校生活への不適応，学びに対する意欲や関心の低下といった現実から，子どもの育ちの連続性を見通し，家庭，地域，幼稚園，保育所等，小学校との連携のもとに子育てを推進しようとするものである。

幼稚園，保育所等での教育課程，保育課程，保育課程の編成，長期・短期の指導計画の作成においては，子どもを見失うことなく保育の原点は子どもであることを根底にすえて，子どものための最善な利益が保証できる保育を目指したい。

【引用・参考文献】

『倉橋惣三選集』第4巻，フレーベル館，1969
文部科学省「幼稚園教育要領」（告示）2017
厚生労働省「保育所保育指針」（告示）2017
内閣府・文部科学省・厚生労働省「幼保連携型認定こども園教育・保育要領」（告示）2017
佐伯　胖『幼児教育へのいざない』東京大学出版会，2001
森上史朗編「最新保育資料集　2015」ミネルヴァ書房，2015
民秋　言編「幼稚園教育要領・保育所保育指針の成立と変遷」萌文書林，2008
文部科学省「幼保一体化と幼児期からの体系的な教育の実施について」2010
文部科学省「幼稚園教育年鑑　平成26年度版」東洋館出版社，2014
内閣府・文部科学省・厚生労働省「幼保連携型認定こども園の教育・保育要領の告示について（通知）」2014

幼稚園・保育所・認定こども園等における保育の計画

〈学習のポイント〉 ①幼稚園教育要領，保育所保育指針，幼保連携型認定こども園教育・保育要領における保育内容の考え方を理解して，教育課程の編成や全体的な計画の作成について具体的に考えよう。
②幼児教育施設における教育課程や全体的な計画と指導計画の関連を理解し，編成や作成をするにあたって，それぞれの施設の特色に応じた基本的な考え方や留意することについてまとめよう。

1．幼稚園教育要領，保育所保育指針，幼保連携型認定こども園教育・保育要領と保育の計画

1 幼稚園教育要領の改訂と教育課程改善の基本的な考え方

　幼稚園教育要領（以下「教育要領」とする）は，時代の変化や子どもたちの状況，社会の要請等を踏まえ，おおよそ10年を目安にして改訂されている。平成20（2008）年に行われた前回の改訂では，教育基本法第11条（幼児期の教育）の規定を踏まえ，生涯にわたる人格形成の基礎を培う幼児教育の重要性にかんがみ，幼稚園と保育所との連携の強化を図りつつ，その質の向上など幼児教育の推進に向けて取り組むといった目標が掲げられ，各園において教育課程の改善が図られるよう促された。

　文部科学省は，中央教育審議会（以下「中教審」とする）の答申（平成28〈2016〉年12月21日）を受け，子どもたちの現状や課題を踏まえつつ，教育要領の改訂に着手した。答申では，2030年とその先の社会のあり方を見すえながら，1人ひとりの子どもたちが，自分の価値を認識するとともに，相手の価値を尊重し，多様な人々と協働しながらさまざまな社会的変化を乗り越え，よりよい人生とよりよい社会を築いていくために，教育課程を通じて初等中等教育が果たすべき役割を示すことを意図している。

　平成29（2017）年3月告示の改訂では，学校を変化する社会の中に位置づけ，学校教育の中核となる教育課程について，「よりよい学校教育を通じてよりよい社会を創る」という目標を学校と社会とが共有し，それぞれの学校において，必要な教育内容をどのように学び，どのような資質・能力を身につけられるようにするのかを明確にしながら，社会との連携・協働によりその実現を図っていくという「社会に開かれた教育課程」を目指すべき理念として位置づけることとしている。これによって，教職員間，学校段階間，学校と社会との間の相互連携を促

し，さらに学校種などを越えた初等中等教育全体の姿を描くことを目指すものである。

こうした理念の実現に向けて必要となる教育課程のあり方について，その基準を定めるのが，学習指導要領および教育要領である。

教育要領の改訂では，「小学校・中学校・高等学校等，各教育を終える段階で身に付けておくべき力は何か」という観点を共有しながら，生きる力の基礎となる育みたい資質・能力の3つの柱をもとに幼児教育の特質を踏まえ，具体化し整理して示されたことが特徴である。

幼児教育においては，その特性から，この時期に育みたい資質・能力は，小学校以降のようないわゆる教科指導で育むのではなく，幼児の自発的な活動である遊びや生活の中で，感性をはたらかせてよさや美しさを感じ取ったり，不思議さに気づいたり，できるようになったことなどを使いながら試したり，いろいろな方法を工夫したりすることなどを通じて育まれることが明記されている。

また，5領域の内容等を踏まえ，5歳児修了時までに育ってほしい具体的な姿を資質・能力の3つの柱を踏まえつつ，明らかにしたものが，「幼児期の終わりまでに育ってほしい姿」として10項目に整理されて示された。今回の改訂では教育要領，保育所保育指針（以下，「保育指針」とする），幼保連携型認定こども園教育・保育要領（以下「教育・保育要領」とする）において整合性が図られ，共通の「見方」「考え方」として示されている。

さらに，「幼児期の終わりまでに育ってほしい姿」は，5歳児後半の評価の手立てともなるもので，幼稚園等と小学校の教員がもつ5歳児修了時の姿が共有化されることにより，幼児教育と小学校教育との接続のいっそうの強化が図られることが期待されている。

小学校の各教科等においても，生活科を中心としたスタートカリキュラムの中で，合科的*・関連的な指導や短時間での学習などを含む授業時間や指導の工夫，環境構成等の工夫が行われるようになった。さらに，子どもの生活の流れの中で，幼児期の終わりまでに育った姿が発揮できるような工夫を行いながら，幼児期に育まれた資質・能力を徐々に各教科等の特質に応じた学びにつないでいくように示されている。

幼児教育における学びの過程は，発達の段階によって異なり，一律に示すものではないが，たとえば3歳児の前半では，安全な状況の中で，保育者を頼りにしながら安心して生活を送る中でそれぞれの幼児が自分の好きな遊びを見つけて楽しむ中で気づいていくことが増えていき，5歳児の後半では，遊具・素材・用具や場の選択等から遊びがつくり出され，やがては楽しさやおもしろさの追求，試行錯誤等を行う中で遊びに没頭し，遊びが終わる段階でそれまでの遊びを振り返

*合科的とは，学校で教える科目をいくつかまとめて総合的に教える教育法のこと。

るといった過程をたどることが多い。幼児教育において保育者は，育みたい資質・能力を念頭に置いて環境を構成し，このような学びの過程の中で，1人ひとりの違いにも着目しながら，総合的に指導していくことが前提となる。

(1) 幼児教育において育みたい資質・能力

> 幼稚園においては，生きる力の基礎を育むため，この章の第1章に示す幼稚園教育の基本を踏まえ，次に掲げる資質・能力を一体的に育むよう努めるものとする。
> （教育要領 第1章総則 第2 幼稚園教育において育みたい資質・能力及び
> 「幼児期の終わりまでに育ってほしい姿」1））

	幼児教育において育みたい資質・能力
(1)	豊かな体験を通じて，感じたり，気づいたり，わかったり，できるようになったりする「知識及び技能の基礎」
(2)	気づいたことや，できるようになったことなどを使い，考えたり，試したり，工夫したり，表現したりする「思考力，判断力，表現力等の基礎」
(3)	心情，意欲，態度が育つ中で，よりよい生活を営もうとする「学びに向かう力，人間性等」

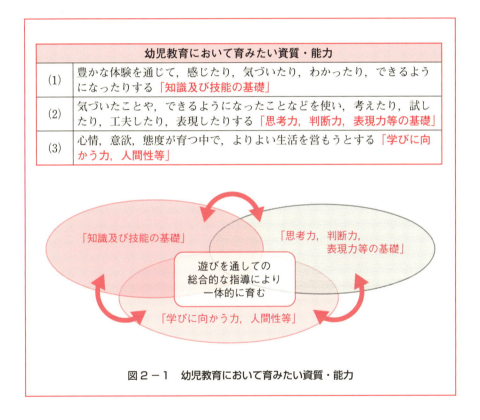

図2-1 幼児教育において育みたい資質・能力

(2) 幼児期の終わりまでに育ってほしい姿

> 次に示す「幼児期の終わりまでに育ってほしい姿」は，第2章に示すねらい及び内容に基づく活動全体を通して資質・能力が育まれている幼児の幼稚園修了時の具体的な姿であり，教師が指導を行う際に考慮するものである。
> （教育要領 第1章総則 第2 幼稚園教育において育みたい資質・能力及び
> 「幼児期の終わりまでに育ってほしい姿」3）

教育要領における「幼児期の終わりまでに育ってほしい姿」		
(1)	健康な心と体	幼稚園生活の中で，充実感をもって自分のやりたいことに向かって心と体を十分に働かせ，<u>見通しをもって行動</u>し，自ら健康で安全な生活をつくり出すようになる。
(2)	自立心	<u>身近な環境に主体的に関わり</u>様々な活動を楽しむ中で，しなければならないことを自覚し，自分の力で行うために考えたり，工夫したりしながら，諦めずにやり遂げることで達成感を味わい，自信をもって行動するようになる。
(3)	協同性	友達と関わる中で，互いの思いや考えなどを共有し，共通の目的の実現に向けて，考えたり，工夫したり，協力したりし，充実感をもってやり遂げるようになる。
(4)	道徳性・規範意識の芽生え	友達と様々な体験を重ねる中で，してよいことや悪いことが分かり，自分の行動を振り返ったり，友達の気持ちに共感したりし，相手の立場に立って行動するようになる。また，<u>きまりを守る必要性が分かり</u>，自分の気持ちを調整し，友達と折り合いを付けながら，きまりをつくったり，守ったりするようになる。
(5)	社会生活との関わり	家族を大切にしようとする気持ちをもつとともに，地域の身近な人と触れ合う中で，人との様々な関わり方に気付き，相手の気持ちを考えて関わり，自分が役に立つ喜びを感じ，地域に親しみをもつようになる。また，幼稚園内外の様々な環境に関わる中で，遊びや生活に必要な情報を取り入れ，情報に基づき判断したり，情報を伝え合ったり，活用したりするなど，<u>情報を役立てながら活動するようになる</u>とともに，公共の施設を大切に利用するなどして，社会とのつながりなどを意識するようになる。
(6)	思考力の芽生え	身近な事象に積極的に関わる中で，物の性質や仕組みなどを感じ取ったり，気付いたりし，考えたり，予想したり，工夫したりするなど，多様な関わりを楽しむようになる。また，<u>友達の様々な考えに触れる中で</u>，自分と異なる考えがあることに気付き，自ら判断したり，考え直したりするなど，新しい考えを生み出す喜びを味わいながら，自分の考えをよりよいものにするようになる。
(7)	自然との関わり・生命尊重	自然に触れて感動する体験を通して，自然の変化などを感じ取り，好奇心や探究心をもって考え言葉などで表現しながら，身近な事象への関心が高まるとともに，自然への愛情や畏敬の念をもつようになる。また，身近な動植物に心を動かされる中で，生命の不思議さや尊さに気付き，身近な動植物への接し方を考え，命あるものとしていたわり，大切にする気持ちをもって関わるようになる。
(8)	数量や図形，標識や文字などへの関心・感覚	<u>遊びや生活</u>の中で，数量や図形，標識や文字などに親しむ体験を重ねたり，標識や文字の役割に気付いたりし，<u>自らの必要感に基づきこれらを活用し</u>，興味や関心，感覚をもつようになる。
(9)	言葉による伝え合い	<u>先生や友達と心を通わせる中で</u>，絵本や物語などに親しみながら，豊かな言葉や表現を身に付け，経験したことや考えたことなどを言葉で伝えたり，相手の話を注意して聞いたりし，言葉による伝え合いを楽しむようになる。
(10)	豊かな感性と表現	心を動かす出来事などに触れ感性を働かせる中で，様々な素材の特徴や表現の仕方などに気付き，感じたことや考えたことを自分で表現したり，友達同士で<u>表現する過程を楽しんだり</u>し，表現する喜びを味わい，意欲をもつようになる。

※下線部分はとくに留意してほしい点

この「幼児期の終わりまでに育ってほしい姿」は，どの項目も「〜ようにする」のではなく，「〜ようになる」という方向性を示しており，達成・到達する目標やねらいではなく，向かってほしいという願いや方向を示している。

また，それぞれの項目で留意することが盛り込まれている。たとえば(4)の「道徳性・規範意識の芽生え」では，きまりを守る必要性について，子ども自身が納得してわかっていく，きまりを守ろうとすることが大切であることが示されているし，(8)の「数量や図形，標識や文字などへの関心・感覚」については，たくさん知ることや，早く覚えることではなく，遊びや生活の中で必要感に基づいて幼児自ら興味関心をもつことが大切であると示されているところにも注目し，誤解のないように計画を立てて実践することが大切である。

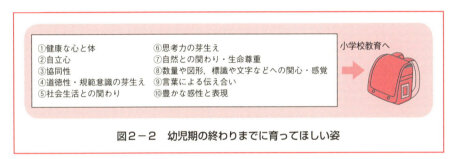

図2-2　幼児期の終わりまでに育ってほしい姿

(3) カリキュラム・マネジメント

「幼児教育において育みたい資質・能力の実現に向けて」は，幼稚園等において，子どもの姿や地域の実情等を踏まえつつ，どのような教育課程を編成し，実施・評価し改善していくのかというカリキュラム・マネジメントを確立することが求められる。

カリキュラム・マネジメントは，教職員が全員参加で，幼稚園等の特色を構築していく営みであり，園長のリーダーシップのもと，すべての

幼稚園等における
カリキュラム・マネジメントについて

・幼児教育において育みたい資質・能力の実現に向けて，教育課程を編成し，実施・評価し改善していくのかというカリキュラム・マネジメントを確立することが求められる。

教員1人ひとりが教育課程をより適切なものにあらためていくという基本的な姿勢をもつことが重要!

図2-3　幼稚園等におけるカリキュラム・マネジメント

教職員が参加することが重要である。また，こうしたカリキュラム・マネジメントを園全体で実施していくためには，教員1人ひとりが教育課程をより適切なものにあらためていくという基本的な姿勢をもつことも重要である。

○幼稚園等では，教科書のような主たる教材を用いず環境を通して行う教育を基

本としていること，家庭との関係において緊密度が他校種と比べて高いこと，預かり保育や子育ての支援などの教育課程以外の活動が，多くの幼稚園等で実施されていることなどから，カリキュラム・マネジメントはきわめて重要である。
○このため，幼稚園等においては，以下の3つの側面からカリキュラム・マネジメントをとらえる必要がある。

①各領域のねらいを相互に関連させ，「幼児期の終わりまでに育ってほしい姿」や小学校の学びを念頭におきながら，幼児の調和のとれた発達を目指し，幼稚園等の教育目標等を踏まえた総合的な視点で，その目標の達成のために必要な具体的なねらいや内容を組織すること。
②教育内容の質の向上に向けて，幼児の姿や就学後の状況，家庭や地域の現状等に基づき，教育課程を編成し，実施し，評価して改善を図る一連のPDCAサイクルを確立すること。
③教育内容と，教育活動に必要な人的・物的資源等を，家庭や地域の外部の資源も含めて活用しながら効果的に組み合わせること

○各幼稚園等では，これまで以上に前述の3つの側面からカリキュラム・マネジメントの機能を十分に発揮して，幼児の実態等を踏まえたもっとも適切な教育課程を編成し，保護者や地域の人々を巻き込みながらこれを実施し，改善・充実を図っていくことが求められる。　　　　　　（平成28.12.21　中教審答申参考）

(4) 幼児期にふさわしい評価のあり方

　幼稚園における評価については，教育要領第2章の「ねらい及び内容」に示された各領域のねらいを視点として，幼児の発達の実情から向上が著しいと思われるものを評価してきたが，今回の改訂において「幼児期の終わりまでに育ってほしい姿」が示されたことに伴い，幼児期の評価についても，その方向性を踏まえて改善が検討される。
　具体的には，次の4点が中教審の答申で述べられている。
①幼児1人ひとりのよさや可能性を評価するこれまでの幼児教育における評価の考え方は維持しつつ，評価の視点として，教育要領等に示す各領域のねらいのほか，5歳児については，「幼児期の終わりまでに育ってほしい姿」を踏まえた視点を新たに加えること。
②その際，他の幼児との比較や一定の基準に対する達成度についての評定によってとらえるものでないことに留意すること。
③幼児の発達の状況を小学校の教員が指導上参考にできるよう，指導要録の示し方の見直しを図るとともに，指導要録以外のものを含め，小学校と情報の共有化の工夫を図ること。

④日々の記録や，実践を写真や動画などに残し可視化したいわゆる「ドキュメンテーション」，ポートフォリオなどにより，幼児の評価の参考となる情報を日ごろから蓄積するとともに，このような幼児の発達の状況を保護者と共有することを通じて，幼稚園等と家庭が一体となって幼児とかかわる取り組みを進めていくこと。

(5) 教育内容の見直し

近年の子供の育ちをめぐる環境の変化等を踏まえた教育内容の見直しについて，平成29年3月告示の改訂では，以下の点に注目して改訂が実施された。

○安全な生活や社会づくりに必要な資質・能力を育む観点から，状況に応じて自ら機敏に行動することができるようにするとともに，安全についての理解を深めるようにする。

○幼児期における多様な運動経験の重要性の指摘を踏まえ，幼児が遊ぶ中で体の諸部位を使ったさまざまな体験を重視するとともに，食の大切さに気づいたり，食に対する態度を身につけたりすることを通じて，幼児の心身の健やかな成長の増進を図るようにする。

○幼児期におけるいわゆる非認知的能力を育むことの重要性の指摘等を踏まえ，身近な大人との深い信頼関係に基づくかかわりや安定した情緒のもとで，たとえば，親しみや思いやりをもってさまざまな人と接したり，自分の気持ちを調整したり，くじけずに自分でやり抜くようにしたり，前向きな見通しをもったり，幼児が自分のよさや特徴に気づき，自信をもって行動したりするようにする。

○学びの過程の重要性を踏まえ，具体的な活動の中で，比べる，関連づける，総合するといった，思考の過程を示すなど，思考力の芽生えを育むようにする。

○社会に開かれた教育課程の重要性を踏まえ，自然に触れたり，わが国や地域社会におけるさまざまな文化や伝統に触れたり，異なった文化等に触れたりし，これらに親しみをもてるようにするなどして，幼児に，自然や身のまわりのものを大切にする態度や，社会とのつながりの意識を育んだり，多様性を尊重する態度や国際理解の意識の芽生え等を育んだりするようにする。その際，園内外の行事を活用することも有効と考えられる。等

(6) 主体的・対話的で深い学び

○幼児教育における重要な学習としての「遊び」は，環境の中でさまざまな形態により行われており，以下のアクティブ・ラーニングの視点から，絶えず指導の改善を図っていく必要がある。その際，発達の過程により幼児の実態は大きく異なることから，柔軟に対応していくことが必要である。

①直接的・具体的な体験の中で，「見方・考え方」をはたらかせて対象とかかわって心を動かし，幼児なりのやり方やペースで試行錯誤を繰り返し，生活

を意味あるものとして捉える「**深い学び**」が実現できているか。
② 他者とのかかわりを深める中で，自分の思いや考えを表現し，伝え合ったり，考えを出し合ったり，協力したりして自らの考えを広げ深める「**対話的な学び**」が実現できているか。
③ 周囲の環境に興味や関心をもって積極的にはたらきかけ，見通しをもって粘り強く取り組み，自らの遊びを振り返って，期待をもちながら，次につなげる「**主体的な学び**」が実現できているか。

> 幼児期は，とくに1人ひとりが違うってことをしっかりと受け止めた「見方や考え方」をして保育するために，日ごろから教材の研究をすることが大切！

- 教科書のような主たる教材を用いるのではなく，体を通して体験的に学ぶ幼児教育において，幼児が主体的に活動を展開できるかどうかは，教師の環境の構成にかかっており，幼児の発達に即して，幼児の経験に必要な遊具や用具，素材等の検討・選択および環境の構成のしかたなど，教師が日常的に教材を研究することはきわめて重要である。

図2−4　教材を研究することの重要性

2 保育所保育指針の改定と保育の計画改善の基本的な考え方

　保育指針は，平成20年3月に厚生労働大臣により告示され，解説書が通知された。保育指針の告示化の意味するものは大きく，技術的助言（ガイドライン）から法律として規範性を示すものとなった。その後，平成27（2015）年4月から子ども・子育て支援新制度が施行され，保育指針が改定された平成20年以降，保育をめぐる状況は大きく変化している。

　厚生労働省は，社会保障審議会児童部会保育専門委員会において，平成27年12月より，前回改定時からの保育をめぐるさまざまな状況の変化を踏まえ，幅広い見地から改定に向けた検討を行い，平成28年12月21日，保育指針の改定に関する議論を次のように取りまとめた。

> 近年，子育てをめぐる地域や家庭の状況も変化し，核家族化の進展や地域のつながりの希薄化から，日々の子育てに対する助言，支援や協力を得ることが困難な状況となるとともに，兄弟姉妹の減少から，乳幼児と触れ合う経験が乏しいまま親になることも増えてきている。また，（中略）
> このような子育て家庭を取り巻く環境の変化によって，就労の有無や状況にかかわらず，子育ての負担や不安，孤立感が高まっている。こうした状況の中，児童虐待の発生も後を絶たず，大きな社会的な問題になっている。
> 保育所利用児童数は，1，2歳児を中心に大きく増加している。(中略)

> 保育指針が保育所保育の質の一層の向上の契機となり，保育所で働く保育士等はもちろん，保育に関わる幅広い関係者にもその趣旨が理解され，全ての子どもの健やかな育ちの実現へとつながる取組が進められていくことが重要である。

審議会では，課題として「**保育指針の告示，施行を契機として乳幼児期の重要さを国民が共有する機会となるよう，一般向けの啓発の取組が必要**」とも述べている。この取りまとめの報告を受けて，厚生労働省は保育指針の改定に着手し，平成29年3月31日，告示した。

各保育所は，この指針において規定される保育の内容に係る基本原則に関する事項等を踏まえ，各保育所の実情に応じて創意工夫を図り，保育所の機能および質の向上に努めることが求められる。

さらに，保育指針第1章総則の「3 保育の計画及び評価」において，従来の「保育課程」に替えて「全体的な計画」を作成することについて次のように示している。

保育所保育指針の改定のポイント

(1) 乳児・1歳以上3歳未満児の保育に関する記載の充実
(2) 保育所保育における幼児教育の積極的な位置づけ
(3) 子どもの育ちをめぐる環境の変化を踏まえた健康および安全の記載の見直し
(4) 保護者・家庭および地域と連携した子育て支援の必要性
(5) 職員の資質・専門性の向上

図2-5 保育指針改定のポイント

> (1) 全体的な計画の作成
>   ア 保育所は，1の(2)に示した保育の目標を達成するために，各保育所の保育の方針や目標に基づき，子どもの発達過程を踏まえて，保育の内容が組織的・計画的に構成され，保育所の生活の全体を通して，総合的に展開されるよう，全体的な計画を作成しなければならない。
>   イ 全体的な計画は，子どもや家庭の状況，地域の実態，保育時間などを考慮し，子どもの育ちに関する長期的見通しをもって適切に作成されなければならない。
>   ウ 全体的な計画は，保育所保育の全体像を包括的に示すものとし，これに基づく指導計画，保健計画，食育計画等を通じて，各保育所が創意工夫して保育できるよう，作成されなければならない。
> (2) 指導計画の作成
>   ア 保育所は，全体的な計画に基づき，具体的な保育が適切に展開されるよう，子どもの生活や発達を見通した長期的な指導計画と，それに関連しながら，より具体的な子どもの日々の生活に即した短期的な指導計画を作成しなければならない。
> (※ 教育要領では，「全体的な計画の作成」として「教育課程を中心に，第3章に示す教育課程に係る教育時間の終了後等に行う教育活動の計画，学校保健計画，学校安全計画などを関連させ，一体的に教育活動が展開されるよう全体的な計画を作成する」となっている)

3 幼保連携型認定こども園教育・保育要領の改訂と全体的な計画改善の基本的な考え方

　新しい教育・保育要領は，内閣府特命担当大臣決定に基づき設置された改訂に関する検討会での審議のまとめを踏まえつつ，学校と児童福祉施設の両方の位置づけをもつ幼保連携型認定こども園として，次の方針に基づき改正され，平成29年3月31日に公示された。

---

(1) 基本的な考え方
　①新幼稚園教育要領および新保育所保育指針との整合性の確保
　【新幼稚園教育要領との整合性】
　●育みたい資質・能力の明確化
　●「幼児期の終わりまでに育ってほしい姿」を明示
　●乳幼児理解に基づいた評価の実施
　●特別な配慮を必要とする園児への指導の充実
　●満3歳以上の園児の教育および保育の内容の改善と充実
　【新保育所保育指針との整合性】
　●乳児期及び満1歳以上満3歳未満の園児の保育に関する視点及び領域，ねらい及び内容並びに内容の取扱いを新たに記載したこと。
　●近年の課題に応じた健康及び安全に関する内容の充実，特に，災害への備えに関してや教職員間の連携や組織的な対応について強調して記載
　②幼保連携型認定こども園として特に配慮すべき事項等の充実
　●幼保連携型認定こども園として特に配慮すべき事項として，満3歳以上の園児の入園時や移行時について，多様な経験を有する園児の学び合いについて，長期的な休業中やその後について等を記載したこと。
　●多様な生活形態の保護者が在園していることへの配慮や地域における子育て支援の役割等，子育ての支援に関して記載を充実させたこと。

　　　　　図2-6　幼保連携型認定こども園教育・保育要領の改訂の方針
資料：内閣府子ども子育て本部「子ども・子育て支援新制度について」平成29年6月

　幼保連携型認定こども園における教育および保育は，就学前の子どもに関する教育，保育等の総合的な提供の推進に関する法律（平成18＜2006＞年法律第77号。以下「認定こども園法」とする）第2条第7項に規定する目的および第9条に掲げる目標を達成するため，乳幼児期全体を通して，その特性および保護者や地域の実態を踏まえ，環境を通して行うものであることを基本としている。
　さらに保育教諭等は，家庭や地域での生活を含めた園児の生活全体が豊かなものとなるようにするため，園児との信頼関係を十分に築くことが大切である。園児が自ら安心して身近な環境に主体的にかかわり，環境とのかかわり方や意味に気づき，これらを取り込もうとして，試行錯誤したり，考えたりするようになっ

てほしい。このような幼児期の教育における「見方」「考え方」を生かし、活動が豊かに展開されるよう環境を整え、園児とともによりよい教育および保育の環境を創造するように努めるものと示されている。

認定こども園だけでなく幼稚園でも保育所においても、同様で、次の事項を重視して教育および保育を行うことが必要である。教育・保育要領の「第1章総論第1　1幼保連携型認定こども園における教育及び保育の基本」には、以下のように記されている。

> (1) 乳幼児期は周囲への依存を基盤にしつつ自立に向かうものであることを考慮して、周囲との信頼関係に支えられた生活の中で、園児一人一人が安心感と信頼感をもっていろいろな活動に取り組む体験を十分に積み重ねられるようにすること。
> (2) 乳幼児期においては生命の保持が図られ安定した情緒の下で自己を十分に発揮することにより発達に必要な体験を得ていくものであることを考慮して、園児の主体的な活動を促し、乳幼児期にふさわしい生活が展開されるようにすること。
> (3) 乳幼児期における自発的な活動としての遊びは、心身の調和のとれた発達の基礎を培う重要な学習であることを考慮して、遊びを通しての指導を中心として第2章に示すねらいが総合的に達成されるようにすること。
> (4) 乳幼児期における発達は、心身の諸側面が相互に関連し合い、多様な経過をたどって成し遂げられていくものであること、また、園児の生活経験がそれぞれ異なることなどを考慮して、園児一人一人の特性や発達の過程に応じ、発達の課題に即した指導を行うようにすること。

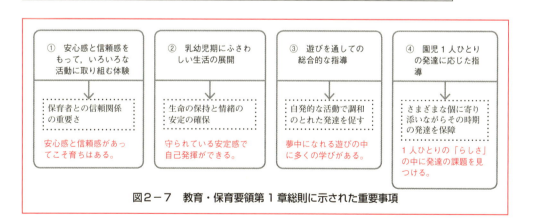

図2-7　教育・保育要領第1章総則に示された重要事項

その際、保育教諭等は、園児の主体的な活動が確保されるよう、園児1人ひとりの行動の理解と予想に基づき、計画的に環境を構成しなければならない。この場合において、保育教諭等は、園児と人やものとのかかわりが重要であることを

踏まえ，教材を工夫し，物的・空間的環境を構成しなければならない。

また，園児1人ひとりの活動の場面に応じて，さまざまな役割を果たし，その活動を豊かにしなければならない。

(1) 教育および保育の内容ならびに子育ての支援等に関する全体的な計画の役割

各幼保連携型認定こども園においては，教育基本法（平成18年法律第120号），児童福祉法（昭和22＜1947＞年法律第164号）および認定こども園法その他の法令ならびにこの教育・保育要領の示すところに従い，教育と保育を一体的に提供するため，創意工夫を生かし，園児の心身の発達と幼保連携型認定こども園，家庭および地域の実態に即応した適切な教育および保育の内容ならびに子育ての支援等に関する**全体的な計画を作成**するものとする。

教育および保育の内容ならびに子育ての支援等に関する「全体的な計画」とは，教育と保育を一体的に捉え，園児の入園から修了までの在園期間の全体にわたり，幼保連携型認定こども園の目標に向かってどのような過程をたどって教育および保育を進めていくかを明らかにするものであり，子育ての支援と有機的に連携し，園児の園生活全体を捉え，作成する計画である。

「幼児期の終わりまでに育ってほしい姿」を踏まえ教育および保育の内容ならびに子育ての支援等に関する全体的な計画を作成すること，その実施状況を評価して改善を図っていくこと，また実施に必要な人的または物的な体制を確保するとともにその改善を図っていくことなどを通して，教育および保育の内容ならびに子育ての支援等に関する全体的な計画に基づき組織的かつ計画的に教育および保育活動の質の向上を図っていくことについては幼稚園・保育所と同様である。

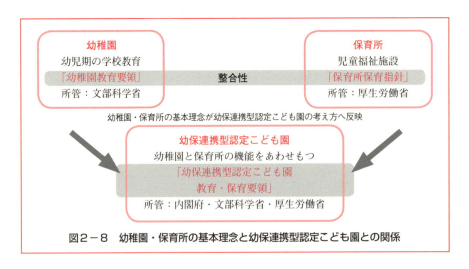

図2-8 幼稚園・保育所の基本理念と幼保連携型認定こども園との関係

2. 教育課程と全体的な計画

1 教育および保育と教育課程・全体的な計画

　保育とは乳幼児がよりよい方向に向かって発達していくのを援助することである。つまり，乳幼児が安定した情緒のもとで十分自己発揮できる環境を用意し，健康・安全で乳幼児期にふさわしい生活が展開されるよう，心身の調和のとれた発達を図り，豊かな人間性をもつ子どもを育成しようとする営みである。

　幼稚園や保育所，認定こども園での「教育と養護」の営みを「保育」と称する意味は深い。親（親権を行う者）は，その保護する子どもを監護し教育する権利をもち，義務を負っている（民法第820条）。幼稚園・保育所・認定こども園では，この親の監護権・教育権の一部を一時的に委譲されて，一定の免許・資格をもつ者が，乳幼児の心身の発達を助長し，さらに家庭養育を補完するために保育を行っている。とくに保育所・幼保連携型認定こども園では保護者の委託を受けて保育を行うことが，法的にも明示されている（児童福祉法第39条）。

　幼稚園・保育所・認定こども園の保育は，乳幼児期固有の教育課題に応え，養育の第一責任者である親の養育では満たされない分野（領域）を担い，親の子育てを社会的に支援する仕組みでもある。制度としての幼稚園・保育所・認定こども園の保育は社会的・公共的な性格を強くもっている

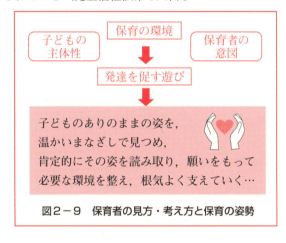

図2-9　保育者の見方・考え方と保育の姿勢

ので，当然，保育の方針，目標や指導の内容などを明示して，社会的な了解を得て，子どもを幼稚園・保育所・認定こども園に託している親に教育・保育の内容を公約し，責任を明らかにすべきものである。

　したがって，幼稚園・保育所・認定こども園で行われる教育・保育は，確かな保育理論に基づいたもので，幼児教育・保育の目標が明確に示された全体的・基本的な計画がまず必要である。その計画に基づいて，1人ひとりの教師・保育士等が意識的・具体的に保育実践を進めるためには，園や所の職員全員が協力して，教育・保育目標を設定し，ねらいや指導内容を検討し，具体的な指導の視点をとらえなければならない。これらを一連の流れとして組織化するのが教育課程の編成，各種の計画や全体的な計画の作成における作業である。

「教育要領」や「保育指針」「教育・保育要領」では，幼稚園や保育所，幼保連携型認定こども園は，乳幼児の在園期間の全体にわたって，園の基本や目標に向けてどのような筋道をたどって教育・保育を進めるかを明らかにした教育課程やそれを包含した「全体的な計画」を立てることと示されている。それぞれの要領や指針に示された計画に含まれる内容については次のようにまとめられる。

幼稚園	保育所	幼保連携型認定こども園
全体的な計画 （教育課程＋その他の計画）	**全体的な計画** （指導計画，保健・食育計画等）	**全体的な計画** （教育課程＋その他の計画）
教育課程を中心に，教育要領第3章に示す<u>教育課程終了後等に行う教育活動の計画</u>，<u>学校保健計画</u>，<u>学校安全計画</u>などを関連させ，一体的に教育活動が展開されるよう<u>全体的な計画</u>を作成する。	保育所保育の全体像を包括的に示すものとし，これに基づく<u>指導計画</u>，<u>保健計画</u>，<u>食育計画</u>等を通じて，各保育所が創意工夫して保育できるよう，作成されなければならない。	「幼児期の終わりまでに育ってほしい姿」を踏まえ<u>教育及び保育の内容並びに子育ての支援</u>等に関する全体的な計画を作成する。
今回の改訂・改定においては，従来は「教育課程・保育課程・保育の計画」等の名称で示されていた園児の**在園期間全体を見通して**示した諸計画を，幼稚園・保育所・認定こども園ともに「**全体的な計画**」という文言で示されている。それぞれで，**施設特有の事情により留意する事項**があり，表し方の違いはあるが，乳幼児期における生活を営むうえで必要な教育・保育の計画を作成し，総合的・包括的に捉えて，日々の指導計画に反映させていくという**考え方は共通**している。		

　また，「全体的な計画」の特徴とポイントをまとめると次のようになる。

「全体的な計画」のポイント
○従来の教育課程，保育課程を包含している。
○園生活全体を通して実現するものを示す。
○発達の連続性（入園時〜小学校就学の始期に達するまで）を見通す。
　・教育課程にかかる教育週数は，幼稚園と同様に39週とする。
　・1日の教育課程に係る教育時間は，4時間を標準とする。
　・教育・保育の時間は，保育を必要とする満3歳以上の子どもに対して4時間標準の教育時間を含めて，1日8時間を原則とする。

2 教育課程・全体的な計画と指導計画の意義

　幼稚園・保育所・認定こども園は，乳幼児教育（保育）の基本に基づいて乳幼児期にふさわしい生活を展開し，乳幼児が発達に必要な体験をしていく場である。当然，教育・福祉の趣旨に即してその目的・目標を達成するためには，乳幼児の発達を見通し，それぞれの時期に必要な教育・保育の内容を明らかにし，適切な指導が行われるようにしなければならない。

そのためには，教育要領，保育指針，教育・保育要領の示す事柄を理解し，目の前にいる乳幼児の実態をとらえ，乳幼児の充実した生活が展開できるような全体的な計画を作成して教育・保育を行わなければならない。

　さて，この全体的で基本的な計画とは，乳幼児が入園（入所）から卒園（卒所）までの期間に，どのような筋道をたどって成長し，その過程で幼稚園・保育所・認定こども園が設定した教育・保育の目的や目標に向かってどのような内容で指導を進めるかを，体系的に組織して示すものである。これを全体的な計画（従来の教育課程・保育課程を含む）といい，その策定については，各幼稚園・保育所・認定こども園において「編成（作成）する」という。

　この教育課程・全体的な計画は，具体的な指導計画を作成する際の骨格となるものであるので，その編成（作成）にあたっては教育・保育の内容と方法および乳幼児の生活と発達について十分理解することが必要である。乳幼児の心身の発達の実態や幼稚園・保育所・認定こども園の置かれている状況，地域の実態に即し，保護者の期待に応えた創意ある教育課程・全体的な計画を編成（作成）せねばならない。

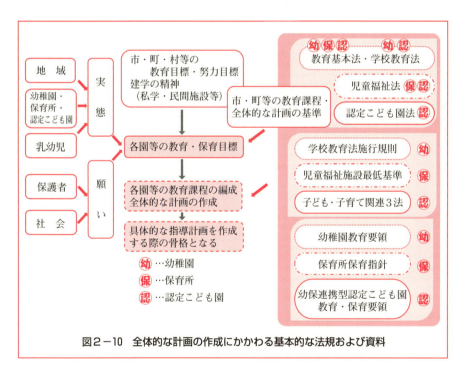

図2-10　全体的な計画の作成にかかわる基本的な法規および資料

　そのために，保護者から提出される調書や園内の累積資料などによって地域の実態をとらえ，保護者の期待や乳幼児の家庭生活や生育の実情，発達の状況などを検討・分析しなければならない。そして，教育・保育に関する法規や基準に基

づいて,教育・保育の方針および目標を設定し,その目標達成のための指導事項を組織化していくわけである。

　教育課程・全体的な計画編成・作成作業は,全職員の協力により園長の責任のもとに行われるもので,職員１人ひとりの教育・保育の方向が意識化され,それぞれの指導内容とその意味や位置づけを認識することになると考えられる。教育課程・全体的な計画の編成・作成は,こうした意味でも重要な意義をもつ。

3 教育課程の編成・全体的な計画作成にあたっての基本的な考え方

　幼稚園における教育課程の編成と保育所や幼保連携型認定こども園における全体的な計画の作成については,教育要領,保育指針,教育・保育要領に次のように掲げられている。また,その編成・作成にあたって明確にとらえなければならない教育・保育の基本は,各要領・指針等において次のように示されている。

>**幼稚園教育要領**
>　「前文」ならびに「教育課程の役割と編成等」(教育要領の第１章　総則)
>**保育所保育指針**
>　「保育の計画及び評価」(保育指針の第１章　総則)
>**幼保連携型認定こども園教育・保育要領**
>　「教育及び保育の内容並びに子育ての支援等に関する全体的な計画等」
>(教育・保育要領の第１章　総則)

幼稚園教育要領「前文」
　これからの幼稚園には,学校教育の始まりとして,こうした教育の目的及び目標の達成を目指しつつ,一人一人の幼児が,将来,自分のよさや可能性を認識するとともに,あらゆる他者を価値のある存在として尊重し,多様な人々と協働しながら様々な社会的変化を乗り越え,豊かな人生を切り拓(ひら)き,持続可能な社会の創り手となることができるようにするための基礎を培うことが求められる。このために必要な教育の在り方を具体化するのが,各幼稚園において教育の内容等を組織的かつ計画的に組み立てた教育課程である。(以下省略)

幼稚園教育要領
第１章　総則
第３　教育課程の役割と編成等
１　教育課程の役割
　各幼稚園においては,教育基本法及び学校教育法その他の法令並びにこの幼稚園教育要領の示すところに従い,創意工夫を生かし,幼児の心身の発達と幼稚園

及び地域の実態に即応した適切な教育課程を編成するものとする。
　また，各幼稚園においては，6に示す全体的な計画にも留意しながら，「幼児期の終わりまでに育ってほしい姿」を踏まえ教育課程を編成すること，教育課程の実施状況を評価してその改善を図っていくこと，教育課程の実施に必要な人的又は物的な体制を確保するとともにその改善を図っていくことなどを通して，教育課程に基づき組織的かつ計画的に各幼稚園の教育活動の質の向上を図っていくこと（以下「カリキュラム・マネジメント」という。）に努めるものとする。（以下省略）

　幼稚園・保育所・認定こども園における保育，とくに幼児の教育は，好奇心や活動性に満ちた幼児の自発的な活動を援助し，望ましい方向に向けて発達するように環境をつくることをもとにして行う。そのためには，「幼児期にふさわしい生活が展開されるようにすること」「遊びを通して総合的に指導すること」「1人ひとりの発達の特性に応じた指導をすること」を深く理解することが重要であり，それが教育課程・全体的な計画を編成・作成するうえでの基本姿勢である。

保育所保育指針
第1章　総則
3　保育の計画及び評価
　(1) 全体的な計画の作成
　　ア　保育所は，1の(2)に示した保育の目標※1を達成するために，各保育所の保育の方針や目標に基づき，子どもの発達過程を踏まえて，保育の内容が組織的・計画的に構成され，保育所の生活の全体を通して，総合的に展開されるよう，全体的な計画を作成しなければならない。
　　イ　全体的な計画は，子どもや家庭の状況，地域の実態，保育時間などを考慮し，子どもの育ちに関する長期的見通しをもって適切に作成されなければならない。
　　ウ　全体的な計画は，保育所保育の全体像を包括的に示すものとし，これに基づく指導計画，保健計画，食育計画等を通じて，各保育所が創意工夫して保育できるよう，作成されなければならない。

※1　1の(2)…保育の目標
ア　保育所は，子どもが生涯にわたる人間形成にとって極めて重要な時期には，その生活時間の大半を過ごす場である。このためは，保育所の保育は，子どもが現在を最も良く生き，望ましい未来をつくり出す力の基礎を培うためには，次の目標を目指して行わなければならない。
　(ア)　十分に養護の行き届いた環境の下に，くつろいだ雰囲気の中で子どもの様々な欲求を満たし，生命の保持及び情緒の安定を図ること。
　(イ)　健康，安全など生活に必要な基本的な習慣や態度を養い，心身の健康の基礎を培うこと。

(ウ) 人との関わりの中で，人に対する愛情と信頼感，そして人権を大切にする心を育てるとともに，自主，自立及び協調の態度を養い，道徳性の芽生えを培うこと。
　　(エ) 生命，自然及び社会の事象についての興味や関心を育て，それらに対する豊かな心情や思考力の芽生えを培うこと。
　　(オ) 生活の中で，言葉への興味や関心を育て，話したり，聞いたり，相手の話を理解しようとするなど，言葉の豊かさを養うこと。
　　(カ) 様々な体験を通して，豊かな感性や表現力を育み，創造性の芽生えを培うこと。
　イ　保育所は，入所する子どもの保護者に対し，その意向を受け止め，子どもと保護者の安定した関係に配慮し，保育所の特性や保育士等の専門性を生かして，その援助に当たらなければならない。

幼保連携型認定こども園教育・保育要領
第1章　総則
第2　教育及び保育の内容並びに子育ての支援等に関する全体的な計画等
　1　教育及び保育の内容並びに子育ての支援等に関する全体的な計画の作成等
　　(1)　教育及び保育の内容並びに子育ての支援等に関する全体的な計画の役割
　　(2)　各幼保連携型認定こども園の教育及び保育の目標と教育及び保育の内容並びに子育ての支援等に関する全体的な計画の作成（以下省略）

---

4 教育課程の編成・全体的な計画の作成に関する基準

　幼稚園の教育課程の編成にあたっては，学校教育法第22条に幼稚園教育の目的，第23条に目標が定められ，第25条で「幼稚園の教育課程その他の保育内容に関する事項は第22条及び第23条の規定に従い，文部科学大臣が定める」としている。

　また教育課程を中心に，教育要領の第3章に示す「教育課程に係る教育時間の終了後等に行う教育活動の計画」「学校保健計画」「学校安全計画」などを関連させ，一体的に教育活動が展開されるよう「全体的な計画」を作成するとされた。

　保育所の全体的な計画の編成については，児童福祉法第39条に保育所設置の目的，児童福祉施設最低基準第35条に保育内容を定めている。平成29年3月に告示された保育指針には，総則において保育所保育に関する基本原則として「保育所の役割」や「保育の目標」「保育の方法」「保育の環境」「保育所の社会的責任」について述べており，養護に関する基本的事項である養護の理念に基づき，「養護に関わるねらい及び内容（※「生命の保持」「情緒の安定」について）」が記載されている。さらに，「保育の計画及び評価」として，「全体的な計画の作成」，それに基づいた具体的な「指導計画の作成」，「指導計画の展開」ならびに

「保育内容等の評価」「評価を踏まえた計画の改善」について示されている。

　保育指針の第2章においては，保育の内容として新たに「乳児保育に関わるねらい及び内容」と「1歳以上3歳未満児の保育に関わるねらい及び内容」が示され，乳児保育では「健やかに伸び伸びと育つ」「身近な人と気持ちが通じ合う」「身近なものと関わり感性が育つ」という3つの視点が，「内容」と「内容の取扱い」についても記載された。また，1歳以上3歳未満児の保育においては3歳以上児とは別の項目で「健康」「人間関係」「環境」「言葉」「表現」の5領域の視点からねらいと内容が示されている。それぞれの項目においては「内容の取扱い」についても記載され，保育の実施に関わる配慮事項や小学校との接続，家庭および地域社会との連携等，留意すべき事項についても示されている。

　全体的な計画としては，指導計画のほかに子どもの健康や安全に関する計画や食育の推進，事故防止，災害対策，園内だけでなく地域にも開かれた子育て支援などの計画も盛り込むように示された。

　幼保連携型認定こども園は，保育の基本として「乳幼児期の教育及び保育は，子どもの健全な心身の発達を図りつつ生涯にわたる人格形成の基礎を培う重要なものであり，（中略）就学前の子どもに関する教育，保育等の総合的な提供の推進に関する法律（平成18年法律第77号。以下「認定こども園法」という）第2条第7項に規定する目的および第9条に掲げる目標を達成するため，乳幼児期全体を通して，その特性及び保護者や地域の実態を踏まえ，環境を通して行うものであることを基本とし，家庭や地域での生活を含めた園児の生活全体が豊かなものとなるように」と示された。

　全体的な計画の作成にあたっては，園児が入園してから修了するまでの在園期間全体を通して行われるものであり，教育要領や保育指針と共通の事項に留意して進めるとともに，教育・保育要領の第1章総則の第3において認定こども園ならではの特に配慮すべき事項を踏まえて作成することとされている。

　これらの法規等の関連を示すと次のようになる。

幼稚園	保育所	幼保連携型認定こども園
教育基本法　（公布） 　第一章　教育の目的及び理念 　第二章　教育の実施に関する基本 （学校教育） 　　第六条　法律に定める学校は，公の性質を有するものであって，国，地方公共団体及び法律に定める法人のみが，これを設置することができる。 　　　2　前項の学校においては，教育の目標が達成されるよう，教育を受ける者の心身の発達に応じて，体系的な教育が組織的に行われなければならない。この場合において，教育を受ける者が，学校生活を営む上で必要な規律を重んずるとともに，自ら進んで学習に取り組む意欲を高めることを重視して行われなければならない。		

(幼児期の教育)
　第十一条　幼児期の教育は，生涯にわたる人格形成の基礎を培う重要なものであることにかんがみ，国及び地方公共団体は，幼児の健やかな成長に資する良好な環境の整備その他適当な方法によって，その振興に努めなければならない。

学校教育法（公布）	児童福祉法（公布）	児童福祉法（公布）
第三章　幼稚園 第22条－幼稚園教育の目的 第23条－幼稚園教育の目標 第24条－家庭・地域との連携 第25条－教育課程・保育内容の決定 第26条－入園できる年齢	第三章　事業,養育里親及び施設 第39条－保育所設置の目的 保育所は，保育を必要とする乳児・幼児を日々保護者の下から通わせて保育を行うことを目的とする施設（利用定員が二十人以上であるものに限り，幼保連携型認定こども園を除く。）とする。	第39条の2－幼保連携型認定こども園設置の目的 幼保連携型認定こども園は，義務教育及びその後の教育の基礎を培うものとしての満3歳以上の幼児に対する教育（教育基本法（平成18年法律第120号）第6条第1項に規定する法律に定める学校において行われる教育をいう。）及び保育を必要とする乳児・幼児に対する保育を一体的に行い，これらの乳児又は幼児の健やかな成長が図られるよう適当な環境を与えて，その心身の発達を助長することを目的とする施設とする。 2 幼保連携型認定こども園に関しては，この法律に定めるもののほか，認定こども園法の定めるところによる。
学校教育法施行規則（通知）	児童福祉施設の設備及び運営に関する基準（通知）	就学前の子どもに関する教育，保育等の総合的な提供の推進に関する法律
第三章　幼稚園 第37条－教育週数39週 第38条－幼稚園の教育課程	第五章　保育所 第35条－保育内容 保育所における保育は，養護及び教育を一体的に行うことをその特性とし，その内容については，厚生労働大臣が定める指針に従う。	＝　認定こども園法(公布) 第一章　総則 第2条 ・幼保連携型認定こども園の目的 第9条 ・教育及び保育の目標 第6条及び第10条 ・教育及び保育の内容
幼稚園教育要領（告示）	保育所保育指針（告示）	幼保連携型認定こども園教育・保育要領（告示）
前文 第一章　総則 第1　幼稚園教育の基本 第2　幼稚園教育において育みたい資質・能力及び「幼児期の終わりまでに育ってほしい姿」	第一章　総則 1　保育所保育に関する基本原則 役割，目標，方法　等 2　養護に関する基本的事項 養護の理念，ねらい及び内容 3　保育の計画及び評価	第一章　総則 第1　幼保連携型認定こども園における教育及び保育の基本及び目標等 第2　教育及び保育の内容並びに子育ての支援等に関する全体的な計画等

第3　教育課程の役割と編成等	4　幼児教育を行う施設として共有すべき事項 ※（「育みたい資質・能力」）「幼児期の終わりまでに育ってほしい姿」 第二章　保育の内容 1　乳児保育に関わるねらい及び内容 ※「健やかに伸び伸びと育つ」「身近な人と気持ちが通じ合う」「身近なものと関わり感性が育つ」という視点 2　1歳以上3歳未満児の保育に関わるねらい及び内容 3　3歳以上児の保育に関するねらい及び内容 ※「健康，人間関係，環境，言葉，表現」の5領域の視点 4　保育の実施に関して留意すべき事項 ※小学校との接続等 第三章　健康及び安全 第四章　子育て支援 第五章　職員の資質向上	第3　幼保連携型認定こども園として特に配慮すべき事項 第二章　ねらい及び内容並びに配慮事項 第1　乳児期の園児の保育に関するねらい及び内容 第2　満1歳以上満3歳未満の園児の保育に関するねらい及び内容 第3　満3歳以上の園児の教育及び保育に関するねらい及び内容 第4　教育及び保育の実施に関する配慮事項 第三章　健康及び安全 第四章　子育ての支援
第4　指導計画の作成と幼児理解に基づいた評価		
第5　特別な配慮を必要とする幼児への指導		
第6　幼稚園運営上の留意事項		
第7　教育課程に係る教育時間終了後等に行う教育活動など		
第二章　ねらい及び内容 　健康，人間関係，環境，言葉，表現		
第三章　教育課程に係る教育時間の終了後等に行う教育活動などの留意事項		

5　教育課程の編成や全体的な計画の作成にあたっての基本的条件

(1) 編成・作成者の意識

　教育課程・全体的な計画は，各幼稚園・保育所・認定こども園がそれぞれの園や地域の実態を把握し，特色を生かした創意あるものを編成・作成するように心がけたい。そのためには，全職員がそれぞれの保育実践の記録を持ち寄り，乳幼児の発達の過程や実情を把握することが必要である。そのうえで，望ましい乳幼児像や乳幼児にふさわしい生活，その生活を保障するための長期的な見通しなどについて話し合い，基本的な点で共通理解をしていきたい。それが，保育全体の基本的なあり方をあらためて見直し，保育の流れを組み立てることになる。

(2) 教育目標・保育目標の明確化

　各幼稚園・保育所・認定こども園には，そこで責任をもって行われる教育・保育の基本的な姿勢を示した教育・保育目標がある。これは，法に定められた幼稚園教育や保育所保育，認定こども園の教育・保育の目的や目標を効果的に達成するため，それぞれの乳幼児の発達の特性や地域の実態に基づき，とくに強調したいこと，留意したいことを中心に設定している。

　教育・保育目標を設定する意義は，次のようなものである。

図2-11 編成・作成者の意見
＜全職員がそれぞれの保育実践の記録や資料を持ち寄り協議する＞

ア．幼稚園・保育所・認定こども園の教育・保育目標は「**どのような幼児観や保育観をもっているか**」「**どのような子どもに育てたいのか**」などの，乳幼児および保護者，地域に対する各幼稚園・保育所・認定こども園の公約である。

イ．教育・保育目標は，各幼稚園・保育所・認定こども園の教育課程・全体的な計画の冒頭に示され，それらの自主編成（作成）の全体的・中心的な柱となる精神を表すものである。

ウ．教育・保育目標は，各幼稚園・保育所・認定こども園の保育者集団が自らの保育姿勢を明らかにし，よりよい保育を目指すための柱でもある。職員全員で教育・保育の方向性を話し合い，全員の共通理解を図ることが必要である。

エ．教育・保育目標は，保育実践を評価し，保育を振り返る基準としての意味をもつ。

(3) 乳幼児の発達の見通しと「ねらい」の組織化

　教育課程，全体的な計画は，幼稚園・保育所・認定こども園で指導する事項を系統的に組織した計画である。**乳幼児がどのような発達をするか，どの時期にどのような生活が展開されるかなど，発達の節目をさぐり，長期的に発達を見通したものでなくてはならない。**そのうえで，各時期の「ねらい」を組織化していく。

ア．これまでの保育実践をもとに，乳幼児が入園・入所から修了までの園生活の中で見せた姿の変容から発達の節目をとらえ，長期的な発達の過程を見通す。

イ．幼児の発達の過程に応じて，それぞれの時期に教育目標・保育目標がどのように達成されていくかについて，おおよその予測をし，その時期に合った「ねらいや内容」を押さえる。

ウ．教育要領・保育指針等に示された「ねらい」は，発達の側面からまとめられている。乳児期には3つの視点から，満1歳以上満3歳未満児および満3歳以上の幼児には5領域の視点からまとめられているが，人間の発達はさまざまな側面が絡み合い，影響し合って遂げられるものであるから，保育を行う場合，これを総合的な指導の視点にしていく必要がある。これを，それぞれの時期の「ねらい」としていくわけである。

(4) 実態の把握

　各幼稚園・保育所・認定こども園の乳幼児の実態に即した教育課程・全体的な計画を編成，作成するには，それぞれの園に累積されている資料などから，乳幼児の発達の過程を的確に把握する必要がある。また，各園では地域環境や，人的・物的条件が異なり，それぞれに特色をもっている。乳幼児の生活や発達はこれらの条件に影響を受けやすいので，十分に実態を把握し，その上に立って教育課程・全体的な計画を編成（作成）することが大切である。

　次に具体的な実態把握について述べる。

ア．幼児の実態

　・成育歴　　　・家庭環境　　・生活のしかたや生活経験の内容
　・性格，行動，情緒の傾向　・興味や欲求の傾向　・心身の発達の状況
　〔家庭での姿やこれまでの育ち方だけでなく，幼児教育施設における集団の中での1人ひとりの発達の姿をとらえるようにする〕

イ．幼稚園・保育所・認定こども園の実態

　・地域環境　　・園舎，園庭のつくり　・諸施設　・教職員の構成
　・園児数　　　・学級編成
　〔施設内の物的環境や人的環境とともに，園舎等の活用のしかたや教職員がかもし出す雰囲気にも注目する〕

ウ．保護者の実態
・子どもに対する愛情や意識　　・子どもへの願いや期待
・保護者同士の関係　　　　　　・乳幼児を教育・保育する施設への期待
・家庭の雰囲気や生活のしかたや姿勢
〔保護者や家族がその子どもをどのように見ているか，どのように育ってほしいと願っているか，そこから推察される家庭の雰囲気や生活のしかたをとらえるようにする〕

エ．幼児を取り巻く地域社会の実態
・乳幼児教育・保育施設への要請　・自然環境（地形，動植物の状況）
・文化的環境（人口密度，人口動態，生活様式，生活文化，伝承文化，神社，お寺など）
・社会施設（図書館，美術館，児童館，学校，官庁，病院，公園，会社，工場など）
〔環境や施設の状況だけでなく，地域社会の実情が乳幼児にどのような影響を与えているかについてもとらえる〕

オ．社会の動向と幼稚園・保育所・認定こども園への要請
〔官公庁や諸団体，マスコミなどから出ている資料を熟読し，社会の考えや価値観，乳幼児教育・保育施設に求められている役割を理解する〕

6 教育課程の編成・全体的な計画の作成の手順と留意事項

(1) 手順の例

　教育課程や全体的な計画の編成・作成の手順は，それぞれが実態に即して工夫することが大切でさまざまな手順が考えられるが，ここでは「幼稚園教育要領中央説明会資料」の記述を参考にしながら，図式的に示してみる（図2-12）。

(2) 編成にあたっての留意事項

　教育課程・全体的な計画を編成（作成）する際に留意しなければならない事項を列記すると，次のようになる。
① 教育要領，保育指針，教育・保育要領には就学前までに育ってほしい一般的な「ねらい・内容」が示されている。これを教育時間，保育時間のどの時期に，どのような具体的な「ねらい」をもち，どんな内容が子どもの育ちにつながるかを，1人ひとりの子ども，幼稚園，保育所，認定こども園等，地域の実態に合わせて考えていく必要がある。
② 幼稚園・保育所・認定こども園においては，設置の規模，保育の時間，学級の人数，保育者の経験年数，雰囲気などそれぞれの実態が異なる。また，施設・設備，自然環境や園の周辺の状況なども，各園によって異なった特色をもって

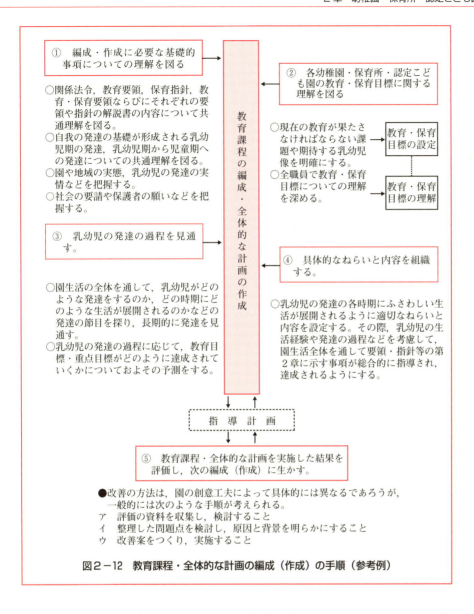

図2-12 教育課程・全体的な計画の編成（作成）の手順（参考例）

いる。教育課程を編成（全体的な計画を作成）するにあたっては，それらの特色が十分生かされていなければならない。そして，そのよさを生かしながら乳幼児が発達に必要な望ましい体験を積み重ねていけるようにする。

③ 乳幼児の家庭での生活のしかたや様式はさまざまであり，地域によってそこで生活する人たちの雰囲気もさまざまである。そうした乳幼児の生活の背景にある家庭や地域の実態をとらえながら，地域の教育力を活用し，生活が豊かになるようにしていく。

④ 学校週5日制が（平成14＜2002＞年より）実施されてから，乳幼児が家庭

や地域で過ごす時間が多くなった。今，さらに家族と過ごす時間が多くもてるような施策が推進しつつある。その中で親の価値観や大人社会が乳幼児に与える影響も大きく，さまざまな課題が生じている。

また，幼稚園での預かり保育，保育所での延長保育の推進，認定こども園でのさまざまな生活リズムの乳幼児の一体的な保育，少子化の進行などから，幼児教育施設に求められる内容も多くなっている。それらを踏まえて，教育課程の編成や全体的な計画の作成をしていくことが大切である。

(3) 教育課程・全体的な計画の様式例

教育課程・全体的な計画の様式はさまざまであるが，一般的な例を次に示す。

○教育（保育）方針
・生涯にわたる人間的発達の基礎を守り育て，生きる力と愛する心の芽生えを培う。　　　　以下略

○教育（保育）目標
1. 子どもらしく伸びやかに………
2. 自分で考え行動し………
3. まわりのことに心を通わせて………

3歳児	期	Ⅰ		Ⅱ				4歳児	期	Ⅰ		Ⅱ			Ⅲ				5歳児	期
	月	4	5	6	7	8			月	4	5	6	7	8	9	10	11	12		月
子どもの姿		・新しい生活に……… ・見るものすべて珍しく…… ・いっしょに遊んだり……						子どもの姿											子どもの姿	
ねらい		保育者に親しむ						ねらい											ねらい	
内容		・保育者との出会いを……… ・好きな遊びを見つける						内容											内容	
環境の構成や援助の視点		・母親のようなやさしく温かい受容的な態度で子ども達と接する ・家庭で親しんでいるおもちゃや用具を用意する ・子どもといっしょに遊んだり身のまわりの始末を手伝ったりしながら…						環境の構成や援助の視点											環境の構成や援助の視点	

この例は3歳児から5歳児まで，3年間の教育課程の一部抜粋である。

3. 3歳以上児の教育および保育における指導計画

1 教育課程・全体的な計画と指導計画

　教育要領，保育指針，教育・保育要領に示されている一般的なねらいが総合的に達成されるように，具体的なねらいと内容を組織化したものが教育課程・全体的な計画である。これは生活の大綱であり，園の教育姿勢を示すものであるから，これを基盤にして具体的な指導計画が立てられ，保育実践が行われる。

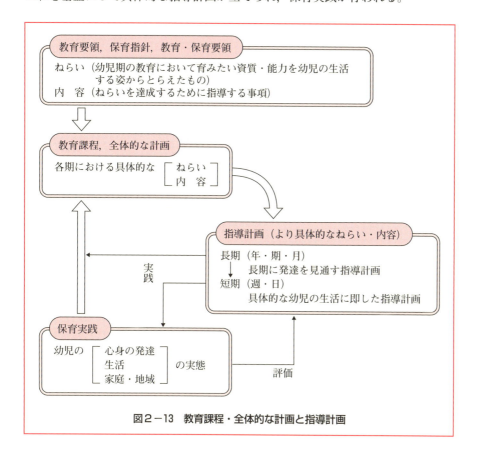

図2-13　教育課程・全体的な計画と指導計画

　<u>教育課程・全体的な計画</u>を編成（作成）するとき，幼児の発達の姿を一般的な傾向としてとらえていく。つまり，<u>ある時期に表れる共通なもの，類似しているものを明らかにして保育の見通しを立てる</u>。
　しかし，<u>指導計画の作成は，目の前にいる幼児の発達していく姿と付き合いながら，1人ひとりの幼児の発達の特性（表れ方の違い）をつかみ，指導を考えていく作業</u>である。このとき，教育課程・全体的な計画に示されたものを，発達のよりどころとしながら，一方では幼児の姿から指導を考えることが大切となる。

指導計画には長期の指導計画と短期の指導計画があるが，長期の指導計画は，教育課程や全体的な計画を幼児の生活にあてはめ，長期に発達を見通すための指導計画であり，短期の指導計画は，長期計画を資料に，先週，前日の幼児の姿から次の具体的な指導を考える計画である。

2 指導計画作成の意義

　幼児が安心して生きいきと遊び，夢中になってなにかに取り組んでいる姿を見ると，この保育の指導計画が見たいという思いにかられる。幼児の充実した生活の裏には，幼児を深く理解したうえで立てられた愛情豊かで綿密な指導計画があり，それに基づく環境の構成や援助が行われているのである。幼児の自発的な行動や主体的な遊び・生活を支えるために指導計画を作成するということは，矛盾する作業のようにも思えるが，ここに幼児教育における指導計画の難しさがある。

　まず，指導計画は保育の展開の予想であるから，実際の保育の展開が予想通りにいくとは限らないし，無理に進めるべきものでもない。幼児の気づきや考え，言動が優先されるべきで，指導計画は柔軟に修正されたり変更されたりするものである。

　すると，そのようなあやふやな計画であるならば，なぜ作成しなければならないかという疑問が出てくる。おおまかな見通しである教育課程・全体的な計画で十分ではないかという考えである。

　では，なぜ指導計画が必要なのかを考えてみよう。

ア．教育要領，保育指針，教育・保育要領に，保育にあたっては具体的な指導計画作成が必要であると明記され，作成する際の留意事項に，幼児１人ひとりの発達の理解に基づくこと，つまり，幼児の姿を丁寧に温かい目で見ることの大切さが示されている。指導計画作成には，保育者の深い幼児理解を培うものがあると考える。

イ．指導計画を作成するにあたっては，当然幼児の姿や経験すること，具体的な活動をイメージする作業が必要である。幼児の表面的な姿だけでなく，内面的なことも含めてイメージしながら，この時期の指導で大切にしなければならないことを，冷静にじっくり考えて指導計画を作成するのである。実践の場での幼児の姿はさまざまで予想外のことも多いが，指導計画を作成しながら考えた「ねらい」や指導上留意することは，この保育現場で十分に生き，瞬間の判断に役立つのである。

ウ．指導計画を作成することによって，自分の保育をじっくり見直すことができる。予想と違い過ぎたり，予想しなかったことに気づいたりすることで，幼児の育ちを見直し，指導上反省する具体的な資料となる。

3 保育実践と指導計画

(1) 保育形態と指導計画

　幼児たちの園生活から保育形態をみると，各園さまざまである。一般的には一斉形態と自由形態という言葉がよく使われる。前者は保育者先導型の保育を指し，幼児を集めて指導する保育形態である。自由形態というのは，幼児の主体性を重視し，幼児自身が活動を生み出すことを大切にしている。そのほか，設定保育，異年齢保育，縦割り保育，解体保育など，それぞれの幼稚園，保育所，認定こども園の教育・保育方針によって保育形態が決められていることが多い。しかし，保育形態を柔軟に考える動きも出てきて，幼児の主体性を大切にして流動的で多様な保育形態を模索している園もある。

　時期や「ねらいと内容」によって保育形態が変化するのは幼児教育の特徴であり，当然のことだから，指導計画の中で活動形態に触れるべきであろう。この場合，○○保育と称するには教育上とくに大切にしたいことがあるので，それを指導内容に明示し，方法のひとつとして形態を示していきたい。保育者の保育形態に対する柔軟な考え方や対応が望まれる。

(2) 活動の考え方と指導計画

　幼児期は心身の発達が著しく，能動的に生きる時期といわれている。身のまわりのことも少しずつ自分でできるようになるし，まわりのものやようすに興味や関心をもってかかわろうとし，少しずつ自分の世界を広げていく。

　幼児教育では，この発達の特性を生かした生活として，幼児が自分から興味をもってかかわって生み出される遊びと，食事，衣服の着脱，片づけなどの生活をしていくうえで必要な生活行動と，日常生活に潤いをもたせる楽しい行事などを活動としてとらえている。

　活動は幼児自身が生み出すもの，気づくもの，必要感をもつものという考えを基本とすると，指導計画で予想される活動はどうとらえればよいのだろうか。長期の指導計画で，幼児の発達の変化や生活，遊びの大きな流れをつかむが，その具体的なイメージは季節的な活動，毎年その時期になると出てくる活動，その時期の出来事に影響されて出てくる活動などの中から見つけることができる。短期の指導計画は，計画の段階で先週，前日の幼児の活動のようすをしっかりとらえることが必要であるが，砂遊びとかままごとなどと表面的にとらえるのではなく，「幼児がなにを楽しんだか」という，経験したことをとらえることが大切である。つまり，幼児が楽しんだ内容を分析し，その楽しみが広がり深まるような環境の構成や援助を考えることである。指導計画に挙げられた活動を行えばいいというのではなく，活動の中で経験することを重視するのである。

4. 乳児ならびに1歳以上3歳未満児の保育における指導計画

1 全体的な計画と指導計画

　保育指針の第1章総則の保育所の役割で「……子どもの状況や発達過程を踏まえ、保育所における環境を通して、養護及び教育を一体的に行うことを特性としている」と述べている。乳児ならびに3歳未満児の保育に関してはとくに養護に関する「ねらい」を重視し、乳幼児期に育ち、経験することが望まれる教育の視点とあわせて保育を考えていきたい。

2 個々の発達に沿った指導計画

　子どもたちは、おおよその発達の筋道で成長していく力をもって生まれてくる。生まれもった素質や周囲の環境の影響を受けて固有の育ちも見せるが、運動機能、知的情緒、社会性などのさまざまな面での発達には一定の道筋があって、多少の早いおそいはあってもその道をたどることが多い。保育指針ではその道程を0歳児の保育では「健やかに伸び伸びと育つ」「身近な人と気持ちが通じ合う」「身近なものと関わり感性が育つ」という3つの視点でねらい・内容として示しており、1歳以上3歳未満児の保育については「健康」「人間関係」「環境」「言葉」「表現」の5領域の視点で示している。これを全体的な発達の姿として見るためには、保育所や認定こども園等で見せてくれる姿を実態としてとらえることが必要になる。

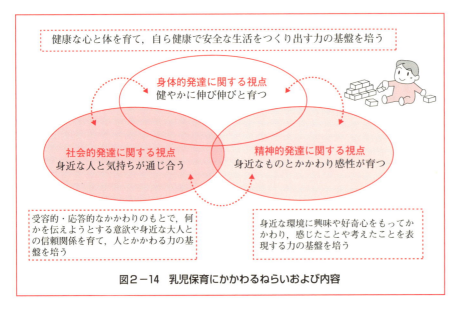

図2-14　乳児保育にかかわるねらいおよび内容

乳幼児の発達に沿った指導計画を作成することは当然であるが，そのためには一般的な発達を示した保育指針や教育・保育要領の深い読み取りと，乳幼児との生活の中で客観的にとらえた変化と，もっとも大切なことは，保育者が乳幼児のその時期の育ちをどのように見ているか，どんな思いをかけて保育しているかによって見えてきた育ちつつあるものの認識である。

③ 1日の生活と指導計画

　指導計画の考え方として，長期の計画のねらいが果たされるように短期の指導計画がつくられると考えられがちであるが，むしろ，もっとも具体的な乳幼児の姿を積み重ねていくことで長期にわたる育ちが予測されると考えるべきであろう。
　そこで，まず目の前にいる乳幼児の保育所等での1日を，指導計画の面から考えてみる。

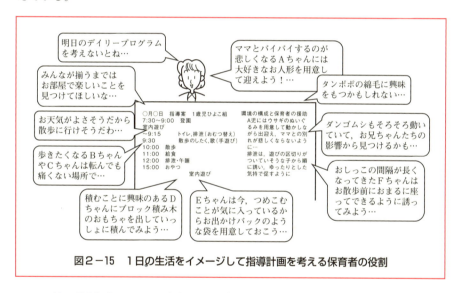

図2-15　1日の生活をイメージして指導計画を考える保育者の役割

ア．1日の生活プログラム（デイリープログラム）の予測をすることで，戸外と室内で過ごす時間・生活と遊び・活動の内容・個人差への配慮などを考える。

イ．前日までの乳幼児の姿から，気づいたこと，変化したこと，気になることなどをわかりやすく書く。保育者の乳幼児理解の深さと保育実践の確かさが問われる。翌日の保育の基礎の部分である。

ウ．ねらい・内容は，乳幼児の育ちつつあるものをより確かにする視点である。生活や遊びの中で経験してほしいこと，その経験を重ねることで身につくものを，「こうなってほしい」「この方向に向かってほしい」という願いをもって掲げる。つまり1日の生活の中で，保育者としてなにを大切にするかを示すものである。これを受けて，指導（環境の構成，保育者の援助）を具体的に考える。

つまり，指導計画は，乳幼児が安定した状況の中で育つという営みが行えるように何を考えるかを示すもので，1日，1週間，期などの生活をプロデュースする役割をもっていると考える。

【引用・参考文献】

岸井勇雄『幼児教育課程総論　第二版』同文書院，1999

ハンドブック教育・保育福祉編集委員会編『ハンドブック教育・保育・福祉』北大路書房，1995

愛知県教育委員会『私たちの園にふさわしい教育課程・保育計画』愛知県教育委員会，1998

文部科学省「幼稚園教育要領」（告示）2017

厚生労働省「保育所保育指針」（告示）2017

内閣府・文部科学省・厚生労働省「幼保連携型認定こども園教育・保育要領」（告示）2017

内閣府・文部科学省・厚生労働省『「幼保連携型認定こども園教育・保育要領，幼稚園教育要領及び保育所保育指針の中央説明会」資料』2017年7月

無藤　隆「幼稚園教育要領の改訂ポイントメモ」facebook　2016年9月18日

内閣府「子ども・子育て支援新制度」2017

中央教育審議会「幼稚園，小学校，中学校，高等学校及び特別支援学校の学習指導要領等の改善及び必要な方策等について（答申）」2016

社会保障審議会児童部会保育専門委員会「保育所保育指針の改定に関する議論のとりまとめ」2016

文部科学省　初等教育課程部会「幼児教育部会における審議の取りまとめについて（報告）」2016年8月26日

第3章 長期指導計画の実際

〈学習のポイント〉　①教育課程・全体的な計画と指導計画の関連と違いを理解しよう。
②指導計画作成の手順およびポイントを具体的に理解しよう。
③年・月の指導計画作成の方法について具体的な実践例をもとに理解しよう。
④保育所における3歳未満児の指導計画の特徴を理解しよう。

1. 教育課程・全体的な計画と指導計画の関連

1 幼稚園における教育課程

　幼稚園教育要領（以下「教育要領」とする）の第1章　総則の第3「教育課程の役割と編成等」の1において，次のように記されている。

> 　各幼稚園においては，教育基本法及び学校教育法その他の法令並びにこの幼稚園教育要領の示すところに従い，創意工夫を生かし，幼児の心身の発達と幼稚園及び地域の実態に即応した適切な教育課程を編成するものとする。
> 　また，各幼稚園においては，6に示す全体的な計画にも留意しながら，「幼児期の終わりまでに育ってほしい姿」を踏まえ教育課程を編成すること，教育課程の実施状況を評価してその改善を図っていくこと，教育課程の実施に必要な人的又は物的な体制を確保するとともにその改善を図っていくことなどを通して，教育課程に基づき組織的かつ計画的に各幼稚園の教育活動の質の向上を図っていくこと（以下「カリキュラム・マネジメント」という。）に努めるものとする。

2 保育所における全体的な計画

　保育所保育指針（以下「保育指針」とする）の第1章総則の3「保育の計画及び評価」において，次のように記されている。

> （1）全体的な計画の作成
> 　ア　保育所は，1の（2）に示した保育の目標を達成するために，各保育所の保育の方針や目標に基づき，子どもの発達過程を踏まえて，保育の内容が組織的・計画的に構成され，保育所の生活の全体を通して，総合的に展開されるよう，全体的な計画を作成しなければならない。
> 　イ　全体的な計画は，子どもや家庭の状況，地域の実態，保育時間などを考慮し，子どもの育ちに関する長期的見通しをもって適切に作成されなければならない。

> ウ 全体的な計画は、保育所保育の全体像を包括的に示すものとし、これに基づく指導計画、保健計画、食育計画等を通じて、各保育所が創意工夫して保育できるよう、作成されなければならない。

　全体的な計画は、子どもの最善の利益を保障するために、発達過程を踏まえて、保育のねらいおよび内容などが総合的に展開されるよう編成され、それぞれの保育所の実態に即した創意工夫のうえに編成されることが必要である。

3 幼保連携型認定こども園教育・保育要領における全体的な計画

　幼保連携型認定こども園教育・保育要領（以下「教育・保育要領」とする）の第1章「総論の第2の1　教育及び保育の内容並びに子育ての支援等に関する全体的な計画の作成等」において、次のように記されている。

> （1）教育及び保育の内容並びに子育ての支援等に関する全体的な計画の役割
> 　　各幼保連携型認定こども園においては、教育基本法（平成18年法律第120号）、児童福祉法（昭和22年法律第164号）及び認定こども園法その他の法令並びにこの幼保連携型認定こども園教育・保育要領の示すところに従い、教育と保育を一体的に提供するため、創意工夫を生かし、園児の心身の発達と幼保連携型認定こども園、家庭及び地域の実態に即応した適切な教育及び保育の内容並びに子育ての支援等に関する全体的な計画を作成するものとする。

※教育課程・全体的な計画の編成手順については第2章の2－ 6 （教育課程の編成・全体的な計画の作成の手順と留意事項）を参照（p.46）。
　幼保連携型認定こども園における「全体的な計画」については第2章の1－ 3 を参照（p.32）。

4 指導計画とは

　指導計画は、各園・各保育所等における教育課程・全体的な計画に示されている「ねらい」「内容」が、幼児のそれぞれの発達の時期にふさわしい生活を展開する中で、達成されるようにするための保育実践の具体的な計画である。したがって教育課程・全体的な計画に示された時期、（期・区切り）ごとのねらいと内容をさらに具体化し、そのねらいと内容にふさわしい生活が展開されるための環境の構成と保育者の援助が示されなくてはならない。
　教育課程・全体的な計画と指導計画は園の生活を見通すときに、車の両輪のような役割を果たすものであり、指導計画を作成するときに、その進むべき方向を確認する羅針盤のような役割を果たすのが教育課程・全体的な計画であるといえる。
　指導計画を作成するということは、次の期間にどのような生活をするかを見通

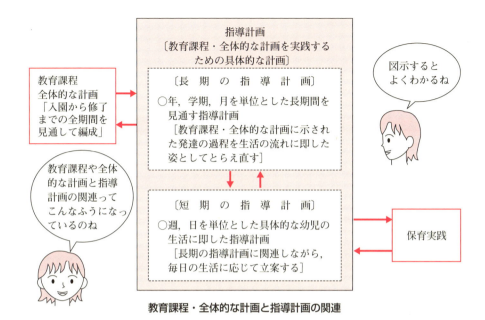

教育課程・全体的な計画と指導計画の関連

すことであり，園生活をどの程度先まで見通すかによっていくつかの種類に区分される。現在，幼稚園・保育所等で実際によく使われている指導計画を見てみると，見通す期間の長さにより長期の指導計画と短期の指導計画の2つに大きく分けられている。

2. 長期指導計画の種類と作成の手順・ポイント

1 長期指導計画の種類

　長期の指導計画としては，1年の生活を見通した年間の指導計画，数か月先を見通した期の指導計画，次の月の生活を見通した月の指導計画がある。
　それらは，教育課程・全体的な計画でとらえた発達の過程を，実際の幼稚園や保育所等の生活の流れに即した姿として具体的にとらえ直していくことと，季節など周囲の環境の変化や行事などを踏まえて，見通しをもちながら具体的なねらいや内容，環境の構成の視点を想定していくことが必要である。指導計画は，長期から短期へとより具体的なねらいと内容を組織していくが，幼児の生活の実態を把握し，弾力的に取り組んでいくことが大切である。また，こうした指導計画は単独で作成されるとは限らず，週の計画は日の計画や月の計画とも重なり，月の計画は，期の計画や年間の計画とも重なってくる。こうした重なりをそのまま

生かした計画の作成のしかたもあり，年間指導計画を期案や月案と組み合わせたものもある。

2 長期指導計画作成の手順

　長期の指導計画は，それぞれの幼稚園・保育所等の教育課程・全体的な計画に沿って，幼児の生活や発達を長期的に見通しながら，具体的な指導の手順や方法を大筋でとらえたものである。長期の指導計画はそれまでの実践の反省や累積された具体的な記録などを，それぞれの時期にふさわしい生活が展開されるように作成することが大切である。その際，季節など周囲の環境の変化や行事なども，幼児の発達や生活を十分に考慮して位置づけることが必要である。

　長期の指導計画は園生活の全体を視野に入れて，学年や学級の関連を十分図りながら作成する必要があるため，全職員の協力のもとに作成していくことが大切である。

　指導計画作成の手順や形式には一定したものはなく，幼児の生活に応じた保育を展開するためのよりどころとなるように，それぞれの幼稚園・保育所等で工夫してつくり出すことが求められている。

参考例　長期指導計画作成の手順

長期の計画

・累積された記録，資料をもとに実態を予測する。

・教育課程・全体的な計画によって教育の道筋を見通しながら，幼児の生活や発達する姿を大筋で予測し，その時期に育てたい方向を明確にする。

・「ねらい」「内容」と幼児の生活の両面から環境を構成する視点を明確にする。

・季節など周囲の環境の変化を考慮に入れ，生活の流れを大筋で予測する。

・短期の計画の評価などを積み重ね，発達を見通し「ねらい」「内容」「環境の構成」などについて検討し，計画の作成に役立てる。

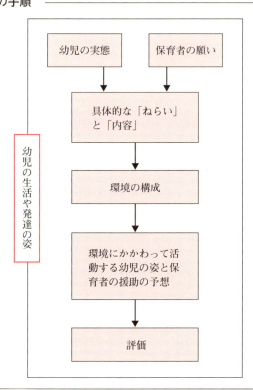

こんな順序で全職員で作成していくといいのね

教育課程と全体的な計画を踏まえて長期の指導計画を考えていくのね

3 長期指導計画作成のポイント

　幼児1人ひとりが，集団の中で十分に自己充実し，自己発揮できるような指導計画を立てるためには，基本的に次ページの参考例のような①から⑤の要素（長期指導計画作成のポイント記載）が必要であり，まずは「幼児の実態を把握する」ことから始まる。

　教育課程・全体的な計画を具体化したねらいや，内容，環境の構成，活動の予想，保育者の援助など，指導の内容や方法を明らかにしていく必要があり，まとめると次のようになる。

参考例　長期指導計画作成のポイント

①幼児の実態を把握する
・日々展開される生活の中で，幼児がさまざまな経験を積み重ねていくことによって，幼児期に育てておきたい力を身につけていくように，計画性ある指導を行わなければならない。
　そのためには幼稚園・保育所等での生活がどのように展開されるか，幼児の興味や関心がどのようになっていくのかなどをとらえる必要がある。

②具体的なねらいや内容を設定する
・教育課程・全体的な計画に組織されている「ねらいと内容」と①の実態を関連させ，幼児に育てたいこと，そのために経験すべきことはなにかをとらえていく必要がある。
　さらに，幼児の生活の流れや季節感などを考慮して具体的な「ねらいと内容」を設定する。

③環境の構成の具体化を図る
・具体的なねらいを構成していくために，幼児がどのような体験をすることが必要かを，幼児の生活する姿に即してとらえる。遊具や用具などのものや，友だちや保育者などの人，身のまわりに起こる事象，時間，空間など，関連づけて幼児がさまざまな体験が得られるような状況をつくり出していく。環境の構成をすることで具体的な内容を明らかにしていく。

④活動を予測する
・幼児は環境から刺激を受け，自分から環境にはたらきかけることによって活動を生み出す。そうした幼児の主体的な営みを大切にしながら，幼児が望ましい方向に向けて活動を展開していけるように，あらかじめ環境にかかわって活動する幼児の姿を予想する。

⑤保育者の援助のあり方を予想する
・保育者は幼児との信頼関係を基盤にして環境の再構成を幼児とともに行ったり，承認，激励，助言などの直接的な援助を行ったりする。その援助は，あくまでも幼児が自分で活動を展開し，ねらいを達成していけることに向けて行うよう予想をしておく。

手順も作成のポイントもわかったけれど

実態を把握して幼児の姿をイメージしなくちゃ

そこからねらいと内容が具体的に設定できるものね

3. 幼稚園における長期指導計画

　入園から修了までの園生活を書き表した教育課程のみで保育することは難しい。教育課程に示された「ねらい」と「内容」を受け止めたうえで，時期ごとのねらいと内容をさらに具体的にし，ねらいと内容にふさわしい生活が展開できる環境の構成と，その環境にかかわって幼児が主体的に活動を生み出していけるように保育者の援助のあり方を示していくことが，指導計画のもつ大きな役割である。

　ここでは教育課程に基づいて，1人ひとりの幼児が生活を通して成長に必要な経験が得られるように，1年先を見通して立てる年の指導計画，1カ月先を見通して立てる月の指導計画について，D幼稚園の実例で述べてみたい。

1 教育目標と教育課程

　教育目標はその幼稚園で「どのような幼児に育てていこうとしているのか」「その幼稚園の教育・保育をどのように進めようとしているのか」などの幼児および保護者・地域に対する教育・保育の公約である。

　教育目標は各幼稚園の教育課程の冒頭に示されることが多い。したがって各園で編成し，実践し，園で責任をもつ教育課程の自主編成の全体的，中心的な柱に

D 幼稚園の教育課程

教育目標
・主体的に生活する子ども　　・豊かに表現することを喜びとする子ども
・友だちと親しむことのできる子ども　・自然と触れ合い感動できる子ども

年齢	期	期のねらい
3歳	1	幼稚園で安心して過ごす
	2	自分のしたいことをして遊ぶ
	3	自分のしたい遊びをする中で，先生や気に入った友だちとかかわって遊ぶ心地よさを味わう
4歳	4	先生に親しみをもち，安定して過ごす
	5	自分のしたい遊びをしたり，友だちといっしょに過ごしたりすることを楽しむ
	6	自分の思いを出しながら友だちとかかわって遊ぶことを楽しむ
	7	1人ひとりが自分の思いや考えをもって遊ぶ中で，友だちといっしょに遊ぶ楽しさを感じる
5歳	8	進級したことを喜び，自分から進んで動こうとする
	9	まわりの環境に自分からかかわって，思いを実現しようとする
	10	友だちのよさを互いに認め合いながら，自分の力を発揮して生活する楽しさを味わう
	11	友だちと共通の目的に向かって取り組む中で，満足感や充実感を味わい自信をもって行動する

今までの資料や記録から実態を予測することからまずスタートね

D幼稚園は3年間の生活を11期でとらえているのね

なる精神を表すものである。
　D幼稚園の教育目標は以下の4点が挙げられている。その教育目標を柱にして教育課程が編成されている。
　D幼稚園では，教育課程の編成の柱に教育目標を掲げ，入園から修了までの幼稚園における3年間の教育期間を見通して，大きく変容する節目をさぐり3年間の幼稚園生活を11期で表している。「ねらい」はその時期において幼児がどのように育って欲しいかを示したもの，幼児が行きつ戻りつしながらも，その方向に育っていく道筋を表している。

2 教育課程から長期指導計画（年間計画）へ
(1) 年間指導計画作成の手順
　D幼稚園の年間指導計画は，教育課程に基づいて，さらに具体的なねらいや内容，環境の構成といった指導の内容や方法を明らかにしたものである（次頁）。
　<u>幼児の姿</u>については，累積された記録や資料をもとに次のような視点でとらえている。
- ・自分を表現する姿や遊びに取り組む姿
- ・教師や友だちとかかわる姿
- ・身近な自然や地域，社会事象への興味関心を示す姿
- ・生活の仕方や道徳性を身につける姿

　<u>ねらい・内容</u>については教育課程をもとに，それぞれの時期の発達する姿や幼稚園生活の流れや遊びの展開を見通し，幼児の興味関心，生活や遊びへの取り組み方の変化，教師や友だちとの人間関係の変化，自然や季節の変化などに応じて具体的に表している。幼児の姿を踏まえ，その時期に育って欲しい姿を具体的に示したものが「ねらい」として書かれている。またそれぞれの時期の幼児の姿に即応した環境の中で，幼児がそれにかかわって展開する具体的な活動を通して何を経験することが必要かを示したものが「内容」として書かれている。
　そして，幼児が具体的な活動を通して，この時期の育ちに必要な経験を積み重ねていけるようにと，「ねらい」と「内容」と幼児の生活の実態から<u>環境の構成をする視点</u>を明確にし，D幼稚園は年間の指導計画を **3** のように作成している。

(2) 年間指導計画作成のポイント
　年間指導計画は，教育課程に基づいて，1人ひとりの幼児の生活や発達を通して，成長に必要な経験が得られるように立てる1年間を見通した保育の計画である。保育の見通しをもち，幼児の経験が偏らないようにすることを意識する。
- ・保育の見通しをもつ

　　日々の保育の中で，幼児の育ちに不安感をもち，焦りがちになる保育者も年

間計画をひと通り視野に入れることで，幼児を見守る余裕が生まれる。
・幼児の経験が偏らない
　　なるべく多様な活動(遊び)を楽しみ，さまざまな経験をして欲しいと願うと，

3 年間指導計画抜粋（D 幼稚園4歳児の例）

期（月）	幼　児　の　姿	ね　ら　い
4期 (4～5月) 先生に親しみをもち安定して過ごす。	○幼稚園に対するうれしさ，不安，戸惑い（緊張）の差が大きく，いろいろな行動で表す。 ○先生に興味をもち，先生の姿を目で追ったり，先生の行動・言葉を興味や関心をもってみる。 ○先生に声をかけてもらうことを喜んだり，先生といっしょにいたい気持ちから後を追ったりする。 ○幼稚園に来たことがうれしく，いろいろな物や場に触れる。	○先生に親しみをもつ。
5期 (6～7月) 自分のしたい遊びをしたり，友だちといっしょに過ごしたりすることを楽しむ。	○幼稚園生活に慣れ，いろいろな場や遊具に目が向き，したいことを見つけて自分で動き出す。 ・気に入った遊びや遊具が見つかり，繰り返し遊ぶ。 ・高いところに登ったり，ベランダから物を落としたりする危険な行動をする幼児もいる。 ○先生や友だちに親しみをもち，いっしょに過ごすことを喜ぶ。 ・先生に安心感や親しみをもちはじめ，先生の近くで過ごすようになる。	○幼稚園生活を楽しみ，自分のしたいことを見つけて遊ぶ。 ○いろいろな素材に触れて自分なりの使い方で楽しむ。
6期 (9～11月) 自分の思いを出しながら友だちとかかわって遊ぶことを楽しむ。	○夏休み後，幼児の心の内をさまざまな形で表す。 ・幼稚園がはじまることを待ちかねていたように，久しぶりに会った友だちを追いかけたり，はしゃいで走り回ったりする。 ・不安なようすで立ったままわりのようすを見たり，「先生あそぼ」と求めたりする。 ○自分のしたいことを表情や態度や言葉で表す。 ・いっしょに遊びたい友だちを誘って，ござを敷いたり遊具を運んだりして，遊ぶ場をつくって遊ぶ。	○自分のしたいことや心を動かしたことに自分なりのかかわり方で楽しむ。 ○自分なりの思いをいろいろな方法で表現しながら，好きな友だちといっしょに遊ぶ。
7期 (12～3月) 1人ひとりが自分の思いや考えをもって遊ぶ中で，友だちといっしょに遊ぶ楽しさを感じる。	○自分のしたいことに熱中して取り組む。 ・「こんなふうにしたい」という思い入れが強くなり，時間をかけてじっくり取り組むようになる。 ・ごっこ遊びの中でなりきって表現したり，必要な物を本物らしくつくろうとしたりする。 ○クラスの友だちといっしょに簡単なルールのある遊びや劇遊びなどをすることを楽しむ。 ・友だちと好きなものになってやりとりをしたり，歌をうたったり踊ったりすることを楽しむ。 ○鬼ごっこや簡単なゲームなどをして，ルールを共有しながら先生やクラスの友だちと遊ぶことを楽しむ。	○自分のしたいことをして楽しみ「またやりたいな」と思う。 ○クラスのみんなで行動する喜びを味わう。

「1年間の保育の青写真」が欲しくなる。年間計画はこの1年どのような保育の展開をするかをイメージする「設計図」である。

次に3年保育4歳児の年間指導計画としてD幼稚園の例を挙げる。

内　　容	環　境　の　構　成
○先生といっしょに動いたり，話をしたり，遊んだりする。 ○先生に絵本や紙芝居を読んでもらったり，先生といっしょに歌ったりする。 ○先生に自分の思いを受け止めてもらったり，身のまわりのことを手伝ってもらったりして，いっしょにするうれしさを感じる。	○安心感がもてる環境。 ・幼児の動きや言葉から気持ちをくみ取り，手助けや言葉がけなどをして，優しく，ゆとりをもって1人ひとりにはたらきかけ，幼児の思いに応えるようにする。 ・1人で手に取って遊べるようなおもちゃ，思わず入ってみたくなるような場を用意しておく。
○自分の気に入った場所や遊具を見つけて遊ぶ。 ○見立てたり，成り切ったりして自分なりの思いをもって遊ぶ。 ○固定遊具で遊んだり，山に登ったりして，体を動かして遊ぶ。 ○いろいろな遊具や道具に触れ，繰り返し使って遊ぶ。	○1人ひとりのしたいことが十分できる環境。 ・教師が幼児の行動を認めることで，幼児が自分から安心して行動に移せるようにする。 ・自分の思いがなかなか表せない幼児には，幼児の気持ちをくんでいっしょにしたいことを見つけたり，いっしょにつくったりしながら思いを表せるようにする。
○興味をもったことに自分からかかわって遊ぶ。 ○自分なりの思いや考えをもって遊ぶ。 ○自分の思いを言葉に表したり，相手の思いや考えを聞いたりする。 ○いっしょに遊ぶ友だちの言葉を聞いて，同じように話したり，相手の動きに合わせたりして遊ぶ。	○自分なりの考えや目的をもって遊ぶことができる環境。 ○いろいろな素材に触れ，使ってみようとする環境。 ・自分の思いを表情や態度で表している姿から，教師はその思いをくみ取って「～だったんだね」と幼児の思いを言葉にして，幼児自身が自分の気持ちをわかってもらえたという安心感がもてるようにする。
○もっとおもしろくするにはどうしたらいいか考え，先生といっしょにやってみようとし，できた喜びを感じる。 ○難しそうに思うことでも何度でもやってみながらうれしさを感じる。 ○大勢の友だちと遊びながら簡単な遊びのルールを守ろうとする。 ○クラスのみんなで歌ったり楽器をならしたり，劇遊びをすることを楽しむ。	○友だちと興味のある遊びにじっくりとかかわることのできる環境。 ・好きな歌を友だちとうたったり，知っている曲に合わせて静かな雰囲気のある場や広くて動きやすい場などが自由に使えたりする。 ○クラスみんなで楽しめる環境 ・長縄とび・コマ・カルタ・すごろくなど，友だちと遊びながら楽しめる遊具を用意し，いろいろな友だちと遊ぶ楽しさが味わえる場を工夫していく。 ・鬼ごっこ・フルーツバスケット・はないちもんめなど，クラスの友だちと触れ合ったり，いっしょに動いたりする楽しさを味わえる場をつくっていく。

4 年の指導計画から月の指導計画作成のポイント

　年間の指導計画と関連させながら月の指導計画を作成する。月の指導計画作成にあたっては，その時期の幼児の姿をとらえることから出発する。

　前月の幼児の姿をもとにして，今月の幼児の姿を予想し，ねらい・内容・環境の構成・保育者の援助を考え作成する。

　「ねらい」・「内容」については当然，教育課程（全体的な計画）・年の指導計画が関連していることを忘れてはならない。

　指導計画作成のポイントは以下のようにまとめられる。

---

1. 子どもの姿
　先月末から今月はじめにかけての育ちつつある子どの姿をとらえます。たとえば，生活行動，遊びへの取り組み，保護者との関係，友だちとの関係などのフレームで，子どもの姿の変化，気になる言動，感動させられた姿などをとらえましょう。

2. ねらい
　「子どもの今，育ちつつあるものをしっかり育てよう」という保育者の指導姿勢，育てたい子どもの姿を書きます。「養護」は，保育園において，この時期に保育者が意識して行うべきことを掲げています。

3. 内容（指導内容）
　「ねらい」を達成するために必要な，子どもに経験させたい事柄を示します。日々，繰り返される活動の中で，子どもの中に積み重ねられていく内面的な経験を大切にしましょう。

月案の構造
各項目には，以下のような密接な関係があります。

- **子どもの姿**：今，育ちつつある特徴的な姿（実態把握）
- **ねらい**：この時期に育って欲しいと願うもの（保育の目標の具体化）
- **環境の構成**：子どもが自ら発達に必要な経験を積み重ねていくことができるように状況をつくること
- **予想される活動**：子どもが具体的に行う活動（育ちにつながる活動）
- **指導**
- **保育者の援助**：具体的な活動を通して，発達に必要な経験ができるように援助すること
- **内容**：「ねらい」を達成するために子どもに経験させたい内容（指導内容）

4. 予想される子どもの活動
　子どもたちの「楽しく遊びたい」という思いを受け止めながら，その活動（遊び）を通して，この時期の育ちに必要な経験ができるような活動の予想をします。季節や活動の連続性にも着目しましょう。

5. 環境の構成と援助
　具体的な活動を通して，この時期の育ちに必要な経験（内容）ができるように，環境の構成や援助を考えます。つまり，子どもの育ちを支えるために，なにをするかという具体的なことをイメージしましょう。

5 月の指導計画例（D幼稚園4歳児10月）

《子どもの姿》
○保育者に誘われてリズム遊びをしたり，友だちと鬼ごっこやかけっこをしたりして，保育者やクラスの友だちみんなといっしょに遊ぶ。
○5歳児のしていることに憧れて同じように動いたり，同じものをつくろうとしたりする。気に入った材料を選び，試しながらつくっていく。
○気に入った遊びの場で，同じことに興味をもったり，いっしょにおもしろがったりしたことがきっかけで新しい友だち関係が生まれる。
○戸外に出て，仲よしの子と園内の魅力的な場所をうまく見つけて遊ぶ。
○心地よい気候に誘われ，みんなで遠足や散歩に出かけることを楽しみにする。

《ねらい》
…育って欲しい姿
○保育者やクラスの友だちといっしょに体を動かして遊ぶことを楽しむ。
○自分なりの思いやイメージをいろいろな方法で表し，相手に伝えようとする。

《内　容》
…経験して欲しいこと
○運動会を意識して，音やリズムを感じて踊ったり，思いきり体を動かしたりすることをクラスの友だちといっしょに楽しむ。
○遊びのイメージや役を決め，自分の「○○のつもり」を言葉や動きに表し，遊びに必要なものをつくる。
○仲間に入りたい友だちの言葉や動きに応じ，受け入れて遊ぶ。
○秋の自然を遊びに取り入れて楽しむ。

4歳児 10月

	第 1 週	第 2 週

行事など
○さわやかな青空が広がる。　　　○運動会

予想される生活（活動　環境の構成　援助）

①運動会を意識して，音やリズムを感じて踊ったり，思いきり体を動かしたりすることをクラスの友だちといっしょに楽しむ。

②遊びのイメージや役を決め，自分の「○○のつもり」を言葉や動きに表し，遊びに必要なものをつくる。

○かけっこをする。
○みんなといっしょにダンスをする。
○運動会の競技をする。
・玉入れ　・三輪車でレッツゴー
・2人は仲よし

○ごっこ遊びをする。
・ジュース屋さん，チケット屋さん，おさいふ屋さん，おうちごっこ，ヒーローごっこ
○空き容器などで好きなものをつくる。
・お面・携帯電話・パソコン
○踊りやかけっこをして遊ぶ。
・運動会の種目，演目

○友だちと向かい合って（手をつないで）遊ぶ。
・手遊び「なべなべそこぬけ」「お寺の和尚さん」「やきいもグーチーパー」
○クラスのみんなと遊ぶ。
・「フルーツバスケット」「いすとり」「爆弾ゲーム」

●毎日「運動会」を楽しめるように
・してみたいことが自分たちで始められるようにしておく（リズム遊びの手具，かけっこのスタートの旗，目印のコーンなど）。
・合図やルールは，子どもの生活の中で使われる言葉でタイミングよく伝え，「集まる」「並ぶ」「みんなと動く」「前を向く」など，保育者の合図を聞いて動くことが楽しくなるようにする。また，子どもに対する信頼を言葉にしたり，個々の苦手なことは付き添っていっしょに行ったりしながら，自信がもてるように支える。

●友だちと触れ合うことでつながりを感じるように
・気に入った友だちと思いを寄せて，遊ぶことができる場を用意する（段ボールやカラーボックスなど）。
・同じようなものを持ったり身につけたりして，"友達といっしょ"の楽しさが味わえるようにする。
・イメージに近い形ができるよう，つくりたいものを子どもによく聞いて必要な部分を手伝っていく。
・お店ごっこではつくったものが"売りもの"として魅力的なものになるように補助する。
・子どもに"何ごっこか""どのような役か"などを聞いて，遊びの流れや場面，役割をはっきりさせて，イメージが共有できるようにする。
・1日のどこかに，みんなといっしょになにかをする時間を設け，誰かとペアになって遊ぶ楽しさや，笑い声をあげて楽しめるような活動ができるようにする。

家庭との連携
【家庭の方に子どもの育つ姿を温かく支えてもらうように伝えましょう】
○4歳児は運動会で"どの種目も全部好き"というわけではなく，好きなものも苦手なものもあります。今，どのようなことを楽しんでいるか，また，どのようなことで頑張ろうとしているかを，クラスだよりや運動会の案内状などで伝え，理解してもらうようにしましょう。

第 3 週	第 4 週
○運動会の後の『運動会ごっこ』　○木の実を集める。	○サツマイモ掘り　○遠足　○誕生会　○春に咲く球根を植える。

④秋の自然を遊びに取り入れて楽しむ。

○年長組や年少組とかかわって遊ぶ。
・バトンタッチリレー　・ダンスなど

・年長児の"お兄さん(お姉さん)先生"のリードで、動きや競争が楽しめるように保育者も教えてもらう立場になって、一生懸命行う。
・3歳児や5歳児とかかわるときは、保育者がわかりにくいことを問いかけたり、言葉を補ったりして、互いの気持ちや指示がわかるようにする。

○木の実や木の葉を使って遊ぶ。
（ドングリ，ジュズ玉，オナモミ，ツバキの実など）
・ドングリキャンディー
・ころがしごっこ
・お料理ごっこ（"具たくさんスープ" "野菜炒め" など自然の材料を使って本物らしく料理する）
○サツマイモの葉やつるで遊ぶ。

③仲間に入りたい友だちの言葉や動きに応じ，受け入れて遊ぶ。

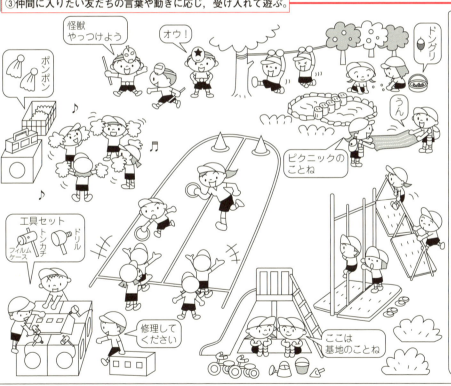

● 見つけたものを使って「つくる」「遊ぶ」喜びを味わえるように
・保育者がいろいろな木の実や木の葉を集めてきて，遊びに使えるように置き，扱い方やおもしろさを伝えていく。
・子どもといっしょに収集に行き，木の実などの落ちていそうな場所を話題にしたり，見つけたときやたくさん集めることができた喜びを，声や動作で表したりして，楽しさを子どもとともに味わうようにする。

【子どもは急には変われないけれど，きっかけをバネにして，急に育とうとすることもあります】
○大きな行事を区切りに，子どもは「大きくなった自分」を喜んで表そうとします。機会をとらえて家庭でも，子どもが自分でできることは自分でするようにしてもらい，園と家庭が協力して，子どもの自立を促すようにしましょう。

① … 内容　 … 活動　 … 環境の構成・援助

4. 保育所における長期指導計画

1 保育目標と全体的な計画

　保育所には，そこで責任をもって行われる保育の基本的な姿勢を示した保育目標がある。これは法に定められた保育所保育の目的や目標を効果的に達成するため，それぞれの乳幼児や地域の実態に基づき，各保育所としてとくに強調したいこと，留意したいことを中心に設定している。保育所の保育目標は各所で「どのような幼児観や保育観をもっているか」「どのような子どもに育てたいのか」などの保護者・地域に対する公約である。保育目標は各保育所の全体的な計画の冒頭に示され，それらの自主編成の全体的・中心的な柱になる。

　全体的な計画は，保育指針に基づき，児童憲章，児童福祉法，児童に関する権利条約などに示されていることを踏まえ，子どもの心身の発達や家庭および地域の実態に即して編成される。施設長の責任のもとに編成するが，全職員が参画し，共通理解と協力体制のもとに創意工夫して編成することが大切である。全体的な計画における具体的なねらいや内容は発達過程に即して組織し，保育指針や解説書に示される発達過程や養護および教育のねらい・内容を参考にしながら保育所の実態に即して工夫することが必要である。全体的な計画作成の手順や留意事項については第2章2－ 6 「教育課程の編成・全体的な計画の作成の手順と留意事項」(p.46) を参照。

　ここでは，H保育所の全体的な計画を例として挙げてみる。
H保育所ではどのような保育所づくりを目指すかということで，基本理念を以下のように掲げ，そこから保育目標を設定し，全体的な計画の作成に取り組んだ。

H保育所の全体的な計画

---基本理念---
保育所保育指針の趣旨を十分に理解し，乳幼児が安定した情緒のもとでその時期にふさわしい生活が展開できる環境を整え，生涯にわたる人間形成の基礎，社会変化に対応できる生きる力の基礎を培うことを基本理念とした。そして基本理念のもとに以下のように保育の目標を設定した。

↓

---保育目標---
心身ともにたくましく健やかな子どもの育成
　├─ 子どもらしく生きいき遊ぶ子
　├─ 友達とかかわりながら共感して遊ぶ子
　└─ 試したり工夫したりして遊ぶ子

↓

発達過程のとらえとねらい（3歳未満児一部抜粋）

生活（睡眠・食事・排泄）面，運動（姿勢）面，認知面，対人関係の変化を中心に発達を見通した。この時期の変化は，目に見える形でとらえやすいが，個人差が大きいので，この見通しにとらわれすぎないようにし，目の前の子どもの姿とともに，前後の発達過程を踏まえて発達を見通した。これをもとにねらいを設定する。

年　齢	発達のとらえ・特徴的な姿		ねらい
0～6ヵ月未満児	○人に対する基本的信頼感の芽生えの時期。	・快と不快の感情の分化。 ・著しい感覚の発達。	○保育所と家庭との一貫した生活リズムを整え，1人ひとりにあった生活のリズムで快適に過ごす。 ○特定の保育者との信頼関係をもとに人とかかわることを喜ぶ。
6ヵ月～1歳3ヵ月未満児	○愛着と人見知り，発語の時期。	・人見知りや警戒心，甘えなどの感情の表出。 ・喃語から単語への変化。 ・急速な運動や姿勢の発達。	○子どものいろいろな感情を敏感に受け止めて，要求を満たしてやり，常に安定して過ごせるようにする。 ○安心できる保育者とのかかわりの中で，喃語＊などで自分の欲求を表現したり，指差しでのやりとりを楽しんだりして安心して過ごす。
1歳3ヵ月～2歳未満児	○探索行動と真似の時期。	・行動範囲の広がりと旺盛な好奇心。 ・二語文の話しはじめ。 ・見立て，つもり遊びの始まり。	○見る，聞く，触れるなどの経験を通して，意欲的に遊ぶことによって身のまわりのものに対する興味や好奇心が芽生え探索を楽しむ。 ○優しく語りかけたり，発音や喃語に応答したりして，言葉のもつ喜びを伝えていくようにする。
2歳児	○自我の芽生えと模倣の時期。	・自分で思うように体を動かす。 ・やりたい気持ちとやって欲しい気持ちの揺れ動き。 ・まねる，模倣する，観る力が増す。	○保育者との安定したかかわりを通して，簡単な身の回りのことを自分でしようとする。 ○保育者を仲立ちとして，自己主張したり，こだわりをもったりしながら，友達とかかわって遊ぶことを楽しむ。 ○保育者の仲立ちによって，見立て，ごっこ遊びなどを楽しみながら友達とのかかわりを広げる。

＊喃語とは，乳児のまだ言葉にならない意味のない声のこと。

2 全体的な計画から長期の指導計画へ

「指導計画」は全体的な計画に基づいて保育目標や保育方針を具体化する実践計画である。長期の指導計画は，1年・1期・1ヵ月の生活を見通した計画であり，具体的なねらいと内容，環境の構成，予想される活動，保育士などの援助，家庭との連携などで構成される。指導計画は保育実践の具体的な方向を示すものであり，1人ひとりの子どもが乳幼児期にふさわしい生活の中で，必要な体験が得られるよう，見通しをもって作成するものである。

（1）指導計画の作成にあたって

保育所に入所している乳幼児は，0歳児から満6歳児までと年齢差の幅が広く，年齢や月齢が低いほど発達（変化）は著しい。しかも個人差が大きく，発達の表

れる時期や表れ方は1人ひとりさまざまである。そこでいずれの保育所においても，発達の著しい3歳未満児と3歳以上児とでは指導計画作成において次のような留意事項がある。

① 乳児保育については，教育・保育要領において「ねらい」および「内容」について，身体的発達に関する視点「健やかに伸び伸びと育つ」，社会的発達に関する視点「身近な人と気持ちが通じ合う」および精神的発達に関する視点「身近なものと関わり感性が育つ」として新たに示されている。1人ひとりの子どもの生育歴，心身の発達等を十分に踏まえて計画を作成すること

② 1歳以上児については，1人ひとりの子どもの生育歴，心身の発達，活動の実態などを踏まえ，自分でやろうとする気持ちを温かく育むことができるような計画を作成すること

③ 3歳以上児については，個の成長と，子ども相互の関係や協同的な活動が促されるよう配慮すること

④ 異年齢で構成される組やグループでの保育においては，1人ひとりの子どもの生活や経験，発達過程などを把握し，適切な援助や環境の構成ができるよう配慮すること

(2) 養護と教育について

保育指針第1章2（1）養護の理念として「保育における養護とは，子どもの生命の保持及び情緒の安定を図るために保育士等が行う援助や関わりであり，保育所における保育は，養護及び教育を一体的に行うことをその特性とするものである。保育所における保育全体を通じて，養護に関するねらい及び内容を踏まえた保育が展開されなければならない」と記されている（保育指針p.6参照）。保育所の生活の中で養護と教育が相互に関連して総合的に行われることを考慮するとともに，一体となって行われることを十分に認識することが大切である。養護と教育は切り離せるものではないことを踏まえたうえで，自らの保育をより正確に把握する視点をもつことが大切である。

(3) 長期の指導計画（年間指導計画）

年間指導計画は，1年間の生活を見通したもっとも長期の指導計画であり，子どもの発達や生活の節目に配慮し，1年間をいくつかの期に区分したそれぞれの時期にふさわしい保育の内容を計画する。そして，家庭との連携や行事など，また地域との連携などに配慮することが求められる。とくに乳児，1歳児保育については発育，発達が著しく，個人差が大きいことから，発達過程と保育所生活へ慣れていく過程と2つの側面から構成していくなどの工夫が必要である。

3 年間指導計画（H保育所の例）

　ここでは0歳児～6ヵ月未満児（抜粋）・6ヵ月～1歳3ヵ月（抜粋）までの長期の指導計画をH保育所の例で挙げてみる。H保育所では，乳児保育を0歳児～6ヵ月未満児および6ヵ月～1歳3ヵ月と大きく2つの区分でとらえて，指導計画を作成している。

　この時期の乳幼児は，とくに心身の発達が顕著な時期であると同時にその個人差も大きいため，1人ひとりの子どもの状態に即した保育が展開できるよう個別の指導計画を作成することが必要になる。

(1) 年間指導計画（0歳児～6ヵ月未満児例）

　3歳未満児（0歳児～2歳児）については養護面を重視して計画をしている。

0～6ヵ月未満児	発達のとらえ	人に対する基本的信頼感の芽生えの時期 ・快と不快の感情の分化 ・著しい感覚の発達

子どもの特徴的な姿	・生理的に未熟な状態で抵抗力が弱い。 ・依存体験により身近な人の顔がわかり，表情の変化や体の動きなどで欲求を表すようになる。 ・喃語を発する。 ・目の前のものをつかもうとしたり，手に口をもっていったりするなど手足の動きが活発になる。
ねらい	◎保健的で安全な環境をつくり，常に体の状態を細かく観察し，疾病や異常は早く発見し，快適に生活できるようにする。 ◎1人ひとりの子どもの生活のリズムを重視して，食欲，睡眠，排泄などの生理的欲求を満たし，生命の保持と生活の安定を図る。 ◎1人ひとりの子どもの状態に応じて，スキンシップを十分にとりながら，心身ともに快適な状態をつくり，情緒の安定を図る。 ◎子どもの状態に優しく応え，発声に応答しながら喃語を育む。 ◎安全，安心できる人的，物的環境のもとで，運動的な活動をうながしたり，感覚のはたらきが豊かになるようにする。
内容	◎1人ひとりの子どもの健康状態を把握し，異常のある場合は適切に対応する。 ◎1人ひとりの子どもの生理的欲求を十分に満たし，保育者の愛情豊かな受容的なかかわりにより，気持ちのよい生活ができるようにする。 ◎1人ひとりの生活のリズムを大切にしながら，ゆったりとした気持ちで授乳やオムツ交換をする。 ◎子どもに優しく語りかけたり，泣き声や喃語に応えながら保育者とのかかわりを楽しいものにする。 ◎立位で抱いたり体位を変えたり腹ばいをさせるなど全身の動きが楽しめるようにする。 ◎聞いたり，見たり，触ったりするなどの感覚が育つようにする。
環境の構成と援助	○子どもの心身の機能の未熟性を理解し，家庭との連携を密にしながら，保健・安全に十分配慮する。 ○家庭との連絡を取り合いながら，1日24時間を視野に入れた保育を心がけ，生活が安定するようにする。 ○個人差に応じて欲求を満たし，次第に睡眠と覚醒のリズムを整え，健康な生活リズムをつくっていく。 ○特定の保育者の愛情深いかかわりが，基本的な信頼関係の形成に重要であることを認識して，担当制を取り入れるなど，職員の協力体制を工夫して保育する。 ○玩具などは，大きさ，形，音質など子どもの発達状況に応じたものであり，遊びを通して感覚の発達に効果的なものを用意する。
子育て支援	○情緒的な絆を築くためには，愛情豊かなおとなとの継続性のある応答的なかかわりが大切であることを伝える。

(2) 年間指導計画（6ヵ月から1歳3ヵ月未満児）

6ヵ月〜 1歳3ヵ月未満児	発達のとらえ	愛着と人見知り，発語の時期 ・人見知りや警戒心，甘え等の感情の表出 ・急速な運動や姿勢の発達 ・喃語から単語への変化
子どもの特徴的な姿	○離乳食から幼児食へと変化する。 ○身近な人や欲しいものに興味を示し，自分から近づいていく。 ○特定の人への積極的なかかわりをするが，人見知りも激しくなる。 ○座る，はう，立つ，歩くといった運動や姿勢の発達が著しい。 ○喃語から会話らしい抑揚がつき，身近な単語を話すようになる。	
ねらい	◎保健的で安全な環境をつくり，常に体の状態を細かく観察し，疾病や異常は早く発見し，快適に生活できるようにする。 ◎1人ひとりの子どもの甘えなどの依存欲求を満たし，情緒の安定を図る。 ◎1人ひとりの子どもの生活のリズムを重視して，食欲，睡眠，排泄などの生理的欲求を満たし生命の保持と生活の安全を図る。 ◎さまざまな身体活動を十分行えるように，安全で活動しやすい環境を整える。 ◎優しく語りかけたり，発声で喃語に応答したりして発語の意欲を育てる。 ◎心地よい雰囲気の中で，聞く・見る・触るなどの感覚や手指の機能の発達をうながすようにする。 ◎玩具，身近な生活用具を豊かに用意し，身のまわりのものに対する興味や好奇心が芽生えるようにする。	
内容	◎1人ひとりの子どもの健康状態を把握し，異常のある場合は適切に対応する。 ◎1人ひとりの子どもの生理的欲求を十分に満たし，保育者の愛情豊かな受容的なかかわりにより，気持ちのよい生活ができるようにする。 ◎楽しい雰囲気の中で喜んで食事ができるようにし，離乳を進めながら，次第に幼児食に移行させる。 ◎寝返り，はいはい，お座り，伝い歩き，立つ，歩くなどそれぞれの状態に合った活動や，つまむ，叩く，引っ張るなど手や指を使って遊べるようにする。 ◎喃語や片言を優しく受け止め，発語や保育者とのやりとりを楽しめるようにする。 ◎保育者といっしょにきれいな色彩のものや楽しい音楽，生活の中でかかわりの深いものを題材にした絵本を与え，感覚が育つようにする。 ◎玩具や身のまわりのものでひとり遊びが楽しめるよう保育者が見守る。	
環境の構成と援助	○感染症にかかりやすいので，日常の状態の観察を十分に行い，家庭との連携を密にしながら，保健，安全に配慮する。 ○家庭との連絡を取り合いながら，1日24時間を視野に入れた保育を心がけ，生活が安定するようにする。 ○特定の保育者とのかかわりを基盤に1人ひとりの欲求に応え，愛情を込めて応答的にかかわるようにする。 ○身のまわりのものなどについては，いつも十分な点検を行い，安全を確認したうえで自由に遊べるようにする。	
子育て支援	○人見知りは，特別な愛情の絆が成立したという証であり，欲求を十分受け止めることの大切さを伝える。	

4 月の指導計画

　3歳以上については幼稚園教育に準じるということで，D幼稚園の4歳児の年間指導計画および10月の指導計画が3の（3）・（5）で掲載されているのでそれを参考にされたい。

　月別指導計画も，3歳未満児においては当然個人別指導計画が主流となる。

　生活面や遊び面，その他注意すべき事項などを押さえながら，「個人別の配慮」を主とした計画を作成する。同じ月齢であっても大きな違いが見られる。そのた

め1人ひとりの育っていく姿をしっかり把握し，それに応じた保育をしていくことが大切である。指導計画の主流になるのは個人別計画である。

3歳未満児の場合は，集団生活であっても1人ひとりの子どもが発達に即した適切な保育を受け，食べること・眠ること・遊ぶことが十分にでき，毎日が健康，安全で情緒の安定した生活が基本とならなくてはいけない。そのためにも養護のかかわりをとりわけ大切にしながら立案する。

ここではS保育所の0歳児9月・M保育所1歳児6月の指導計画（月案）を例として記載する。

(1) 月の指導計画（S保育所0歳児9月）抜粋

月のねらい	○食べる・眠る・遊ぶという欲求が満たされ，機嫌よく過ごす。○はう，歩く，登る，くぐるなど，体をいっぱい動かして遊ぶ。	行事	運動会 誕生会 身体計測 避難訓練	家庭との連携	○夏の疲れが出てくるころなので，食欲の有無，睡眠の状態について連絡を十分取り合って元気に過ごせるようにする。○歩けるようになった子どもたちの様子など，心も体も成長していることを伝え，喜び合えるようにする。○散歩用の靴を用意してもらう。
内容	※生活 ○夏の疲れが出てくる時期なので，食事の量を減らしたりぐっすり昼寝したり無理なく生活する。○汗をかいた時は，清拭をしてもらい麦茶や湯冷ましを飲んで気持ちよく過ごす。○朝夕は涼しい日もあるので衣服の調節をしてもらう。 ※遊び ○はう，伝い歩き，歩行など，体を動かすことを十分行う。○斜面や段差など変化ある場所でも体を動かして遊ぶ。○散歩に出かけたり戸外で元気に遊び，まわりのものに興味をもって見たり触ったりする。○しぐさや片言で自分の要求を表す。○膝に乗せて，リズムに合わせて歌ってもらいながら体を揺すったり，抱っこしてぐるぐる回ったりして，保育者とスキンシップする。	氏名	内容		保育者の援助・環境
		よしみ 0歳3ヵ月	○果汁を哺乳びん，スプーンで飲ませてもらう。○立位で抱かれたり，腹ばいにしたり，体位を変えてもらって楽しむ。○抱いてあやしたり優しく話しかけてもらい，安心して笑ったり喃語を発して喜ぶ。		○ゆったりとした雰囲気の中でスプーンから飲み込むことに慣れさせる。○寝ていることが多いので，起きているときは，笑いかけ，"あっぷぷう"などの顔遊びをしたり，スキンシップを十分取る。
		みのる 0歳11ヵ月	○歩いたり音楽に合わせて体をゆすったりして楽しく体を動かす。○身近なものに興味をもち，触ったり，引っ張り出して遊ぶ。		○保育者も楽しそうに歌ったり，リズムに合わせて体を揺すったりして見せる。○見たい，触りたい気持ちを大切にしたいので，興味をもって遊んでいる時はひとり遊びを十分に楽しませる。
		ひろみ 1歳2ヵ月	○保育者の話しかけに動作で応じてかかわりを楽しんだり，手遊びをしながら言葉を覚えていく。○友だちに関心をもち，いっしょにいることを喜ぶ。○玩具の取り合いが始まる（いやなことは「いやっ」と主張する）。		○1対1ではっきりした発音で話しかけを多くする。○関心を受け止め「○○ちゃんといっしょだね」などと話しかけながら保育者もいっしょに遊び，玩具の取り合いが起きたら，相手の存在を知らせ，生活，遊びの約束を繰り返し教えていく。
		ようこ 1歳3ヵ月	○スプーンを持って自分で食べようとする。○機嫌がよいとき，トイレに誘ってもらい，座ることに慣れる。○すべり台，ジャンピング木馬などで，体を動かして遊んだり，靴を履いて散歩する。		○スプーンですくうとき，こぼす量は多いが，さりげなく手を添えて上手にすくえたときはほめてあげるなど，食べようという意欲を育てていく。○壁面の絵を見せたり「チィッチィ出たかな？」と話しかけながら便器に慣らし，排尿できたときは「チィッチィ出たね」と見せてほめてあげる。○遊んでいる時は近くで見守り，散歩では興味をもったものを見たり触ったりできるよう，時間に余裕をもって出かける。
環境の構成	○多様な遊びの展開ができる大型遊具をつくり，他児の遊びを見て再現する。○いないいないばあが楽しめる扉やトンネルを組み入れた大きな家を設置する。	かずき 1歳5ヵ月	○介助してもらいながら，コップ・スプーンを持って1人で食べてみようとする。○自在に動きまわる楽しさを十分に味わう。○登ったり，くぐったり，いろいろな動きを伴った遊びを楽しむ。		○嫌いなものは横を向いたり舌で押し出したりするが，スプーンには興味をもっているので，1人で口に運べたときはタイミングよくほめたり，時間をおいてから食べさせるなど，楽しい雰囲気の中で進めていく。○歩きやすい安全な場所で「おいで」と呼びかけたり，「上手だね」とほめたりして，歩きたいという気持ちを引き出していく。

(2) 月の指導計画（M保育所1歳児6月）抜粋

保育のポイント	ねらい	◎好きな遊びを見つけ，ひとり遊びを楽しむ。 ◎甘えや欲求を満たしてもらいながら，動作や言葉で活発に自己主張をする。 ○子どもが自分から関心をもった遊びを見守り，共感のまなざしを送りながら，その活動をしっかりと支えていく。ほかの子どもによって遊びが中断されないように，場所を整えたりおもちゃの数を少し多めに揃えておく。 ○おとなに対する独占欲が満たされ，初めてひとり遊びをする気持ちや友だちとかかわる余裕が出てくる。子どもが保育者に依存し，安心感がもてるようにしながら，自己主張ができるようにしていく。 ○梅雨期は気温差が著しいので，健康状態や衣服の調節，衛生面に十分気を配る。	環境のポイント	●室内でも体を動かして遊べるように 梅雨期に入ると戸外で遊べないことが多いので，室内でも体を動かして遊べるように，楽しい遊びや環境を工夫しましょう。 ★豆自動車を使って遊ぼう ・走ったり止まったりして ・くぐって ・よじ登ったり，すべったりして	家庭との連携	◆汗をかきやすい時期なので，調節しやすい衣類を多めに用意してもらう。また，6月は日差しも強くなるので，帽子を持ってきてもらうようにお願いする。 ◆なにに対しても「いや」と言う子が多くなるので，連絡帳を通して日々の子どもの姿を伝え，自己主張の芽生えについて，保護者と共通意識をもてるようにする。 ◆砂や水を使った遊びの後の泥のしみは落ちにくいので，汚れてもよい衣服を用意してもらったり，汚れた衣類は下洗いをしてから返す。

		前月末の子どもの姿	内容	援助・配慮		前月末の子どもの姿	内容	援助・配慮
生活		●こぼすことも多いが，好きなものはフォークや手づかみでどんどん食べる。 ●おむつの中に排尿・排便をした後で，不快な表情を見せたり，保育者に知らせたりする。 ●ぐっすり眠れるようになり，途中で目覚めても泣かずに保育者と過ごすことができる。 ●着替えのとき，自分でズボンに足を入れようとするなどの動作が見られる。	・こぼしながらも，自分で食べようとする。 ・排泄をしたときの感覚や不快感がわかってくる。 ・保育者にそばについていてもらい，安心して眠り，気持ちよく目覚める。 ・保育者と触れ合いながら，楽しく着替えをする。	◆こぼすことや手づかみで食べることは気にせず，自分で食べようとする意欲を大切にする。 ◆「チーが出て気持ち悪かったの？」などと声をかけ，排泄の感覚や不快さを意識できるようにする。 ◆寝つくときや目覚めたときは，まだ不安を感じることが多いようなので，寄り添って声をかけたり触れ合いを大切にしていく。 ◆保育者が手を添え，援助しながら，やりやすい衣服の着脱のしかたを繰り返し経験できるようにする。	ひろし 1歳3か月	●食欲はあるが，キュウリやリンゴなど硬いものは口の中にため，飲み込めない。 ●午睡のときは不安になり，保育者を求めるが，泣かずに過ごす時間が増える。 ●ウサギを指差し，「ワンワン」と知らせたりする。	・ひと口ずつ，よく噛んで食べようとする。 ・おんぶや抱っこをしてもらい，安心してぐっすり眠る。 ・指差しや片言，しぐさで気持ちを伝えようとする。	◆食べ物をどんどん口の中に入れてしまうので，ひと口ずつ食べるように促し，保育者が噛むところを見せる。 ◆依存する気持ちを十分満たし，子守歌を歌ったり，語りかけたりして，気持ちよく眠れるようにする。 ◆伝えたいことを受け止め，「ワンワンいたの。ウサギさんだね」などと言葉を添えていく。
					ビリー 1歳7か月	●コップを持って飲むとき，ほとんどこぼさなくなる。 ●排便すると，「ウンコン」と，おむつを指差す。 ●おとなが掃除をしているとそばへ行き，掃除機のスイッチを押して遊ぶ。 ●たまに「アヤアヤ」と声を上げ，音声をまねた友だちと顔を見合わせて笑う。	・スプーンやフォークを持って，自分で食べる。 ・排便したことを言葉やしぐさで知らせる。 ・おとなの動作をまねたり，興味のあるものに触れる。 ・音声でのやりとりを通して，友だちとのかかわりを楽しむ。	◆自分で食べようとする気持ちが強くなってきているので，大切に見守る。 ◆おむつを気持ちよく取り替えてあげながら，排便の感覚を言葉と結びつける。 ◆人への関心や，自分が興味をもったことをやってみようとする気持ちを，大切に受け止めていく。 ◆言葉（音声）を発することで，友だちと気持ちが通い合う喜びを十分味わわせていく。
遊び		●園庭の水たまりを見つけて手を入れてかき混ぜたり，靴で水をすくったりする。 ●登園すると，すぐに好きなおもちゃを取り出して遊びはじめる。 ●段差や斜面を好み，よじ登ったり，飛び降りたりする。 ●独占欲が強くなり，物の取り合いになどのトラブルが多くなる。 ●保育者や友だちの言葉の一部をオウム返ししたり，しぐさをまねたりする。	・砂や水に触れ，心地よい感覚を楽しむ。 ・気に入ったおもちゃなどでひとり遊びをじっくり楽しむ。 ・体を十分に動かして遊ぶ。 ・自分の気持ちをしぐさや行動で訴えようとする。 ・簡単な言葉のやりとりをしたり，動作をまねたりして遊ぶ。	◆気温や子どもの体調を考慮しながら好奇心を満たし，砂や水の感触を楽しめるようにする。また，砂や水が口に入らないように気をつける。 ◆1人ひとりの子どもがゆったり遊べるよう場所を整えたり，おもちゃの数を揃えておく。 ◆室内でも全身を使って，伸び伸びと遊べるようにする。 ◆「これが欲しかったの？」「○○ちゃんも欲しいって」などと気持ちを察して優しく語りかけ，お互いの存在に気づかせていく。 ◆「ブタさんブーブー」など，軽快な言葉や動作を伴った遊びを楽しみながら，発語を促していく。	はるか 2歳	●おむつがぬれると，「チイ」と知らせることもあるが，平気でいることの方が多い。 ●好きな保育者の膝を独占し，他児を寄せつけない。 ●好きな曲が流れると，音楽に合わせて踊り出す。	・排尿後，言葉やしぐさで知らせようとする。 ・保育者との安定したかかわりを仲立ちとして，友だちに関心をもち，やりとりを楽しむ。 ・リズムに合わせて体を動かして楽しむ。	◆「おしっこが出て気持ち悪かったね」と語りかけておむつを取り替え，快・不快の違いを感じ取らせていく。 ◆甘えたい気持ちを受け止め，自分から他児に代わろうとするときは，ようすを見ながら仲立ちをし，触れ合いが楽しめるようにする。 ◆保育者の歌やテープの曲などで，体を十分動かせるようにする。

5. 幼保連携型認定こども園における長期指導計画

1 指導計画と全体的な計画

　幼保連携型認定こども園教育・保育要領の改訂と全体的な計画改善の基本的な考え方については，第2章1の3において述べられている（p.32参照）。また，指導計画の作成上の基本的事項として，教育・保育要領第1章総則第2の2（2）に，園児の発達に即して園児1人ひとりが乳幼児期にふさわしい生活を展開し，必要な体験を得られるようにすることや，具体的なねらいおよび内容を明確に設定し，適切な必要な環境を構成することなどにより活動が選択・展開されるようにすること等が示されている。

　指導計画作成上の留意事項として，教育・保育要領で述べられている主なものを次に示す。

- 入園当初の1人ひとりが安定していく時期から，園児同士や学級全体で目的をもって協同して園生活を展開し，深めていく時期などに至るまでの過程をさまざまに経ながら広げられていくことを考慮し，活動がそれぞれの時期にふさわしく展開されるようにする
- すでに在園している園児に不安や動揺を与えないようにしつつ，可能な限り個別に対応し，園児が安定感を得て次第に園生活になじんでいくように配慮する
- 園児がさまざまな人やものとのかかわりを通して，多様な体験をし，心身の調和のとれた発達を促すようにし，園児の発達に即して主体的・対話的で深い学びができるようにする
- 言語に関する能力の発達と思考力等との発達が関連していることを踏まえ，園児の言語環境を整え，言語活動の充実を図る
- 園児が次の活動への期待や意欲をもつことができる
- 行事については，教育および保育における価値を十分検討し，適切なものを精選し，園児の負担にならないようにする
- 視聴覚教材やコンピューターなどの情報機器を活用する際には，園生活では得がたい体験を補完するなど，園児の体験との関連を考慮する
- 人材，行事や公共施設などの地域の資源を積極的に活用する
- 幼稚園，保育園等，小学校，中学校，高等学校および特別支援学校などとの交流を図る

　また，園児の理解に基づいた評価の実施については，指導の過程を振り返りながら，園児1人ひとりのよさや可能性などを把握し，指導の改善に生かすことや，評価の妥当性や信頼性が高められるよう創意工夫を行い，組織的かつ計画的な取

り組みを推進することなどが示されている。

　幼保連携型認定こども園の長時間保育においては1人ひとりの子どもの発達の過程や生活のリズム，心身の状態等に十分配慮し，保育の内容や方法，職員の協力体制や家庭との連携などを指導計画に位置づけていくことが大切である。また，教育課程にかかる教育時間とそれ以外の時間においては，担当する保育教諭等が交替してかかわっていくので，子どもの1日の生活を見通して，それぞれを担当する保育教諭等で話し合い，協力して指導計画を作成し，教育課程にかかる教育時間とそれ以外の時間の連続性や関連性などを担当する保育教諭等が共有することが大切である。

　長期指導計画を作成する際には，上記の指導計画作成上の留意事項を踏まえながら，幼稚園における長期指導計画（p.60～）および保育所における長期指導計画（p.68～）を参照し，各園の実情に即した指導計画を立てて実践していくことが大切である。

※幼保連携型認定こども園及び認定こども園についての詳細は第1,2章を参照のこと。

【引用・参考文献】
内閣府・文部科学省・厚生労働省『「幼保連携型認定こども園教育・保育要領，幼稚園教育要領及び保育所保育指針の中央説明会」資料』2017年7月
厚生労働省「保育所保育指針」（告示）2017
内閣府・文部科学省・厚生労働省「幼保連携型認定こども園教育・保育要領」（告示）2017
愛知県教育委員会「わたしたちの園にふさわしい教育課程・保育計画　編成の手引き」p.46, 47, 1998
小学館「Latta」別冊付録「Atta」p.13, 2008
名古屋市カリキュラム研究会『指導計画＆保育のスキルアップ情報誌「Latta」別冊付録「Atta」』小学館，p.28, 29, 2006
榊原洋一・今井和子編著「乳児保育の実践と子育て支援」ミネルヴァ書房，p.204, 205, 2006
全国社会福祉協議会「保育所保育指針を読む」解説・資料・実践，2008
「名古屋市立第一幼稚園教育課程・指導計画」2008
「西尾市幼・保カリキュラム検討委員会報告書」2007

第4章 短期指導計画の実際

〈学習のポイント〉　①短期指導計画の種類を知って，指導計画のどこに位置づけられるのかを理解しよう。
②週案と日案の作成ポイントを踏まえて，日案作成の手順と内容を理解しよう。
③幼稚園と保育所の週案・週日案・日案（部分・1日）の具体例を参考に，指導案を立てながら，実際の保育をイメージしよう。

1. 短期指導計画の種類と作成のポイント

1　短期指導計画とは

　長期の指導計画を細分化して，2週間，1週間，1日，1日の中のある部分，という単位で計画を立てるものが，短期指導計画である。短期指導計画は，長期指導計画をより具体的に，実践しやすく書き記すものである。部分案作成ではとくに，子どもの育ちを学び，そのとき子どもたちに必要な体験がなにかを具体的に考える機会となる。とくに3歳未満児の場合は，1人ひとりの指導の計画を立てる。

　図4－1から，前節の長期指導計画とこの章の短期指導計画のつながりを整理しておこう。

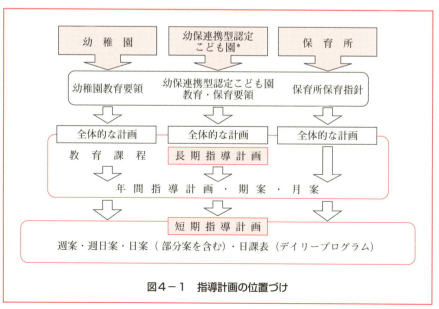

＊幼保連携型認定こども園については，第1, 2章を参照のこと。

図4－1　指導計画の位置づけ

期案・月案との兼ね合いから週単位で計画を立てるものが「週案」であり，1日ごとの計画案が「日案」である。「部分案」のまとまりが日案というとらえ方もできる。週案と日案を組み合わせた「週日案」を利用する園が多く見られるようになっている。そして，保育所の1日の計画は，園ごとの「日課表」（デイリープログラム）に沿って展開されていく。これらを総称して短期指導計画と呼ぶ。

2 週案の作成ポイント

　期案・月案の細部として，週単位の「週案」を作成する際のポイントのひとつは，まず，休日で区切られる保育の流れをどうとらえて，次の週につなげるのか，区切りをつけるのかという判断をし，遊びや活動，生活に見通しをもつことである。それには，子どもたちの姿から興味・関心の度合いを計り，保育者の「ねがい」や「ねらい」を考え合わせて，計画しなければならない。

　そして，園には数々の行事があるため，行事への取り組みを考慮した週案を作成する必要も出てくる。子どもの遊びや活動のまとまりとしての行事と，あらかじめ決められている日に向けて，次第に気持ちを高めていく行事がある。たとえば前者は，さまざまな遊びのまとまりとしての「買い物ごっこ」や「郵便ごっこ」などを保育の流れの中で必然的に計画する場合である。また，後者は，儀式をはじめとして，年度初めに日を決めておく「運動会」「生活発表会」「遠足」などである。さらに，表面的には，子どもたちに直接影響がないようにみえる「保護者会」や「次年度の入園選考」など，保育者としての仕事や園内のスペースの都合が子どもたちの計画に影響を及ぼしていることも少なくない。これらが週案に登場してくると，日ごろの保育に変化が出てくることが予想されるので，週案作成時点での見通しが必要になる。

　さらに，1人ひとり，グループ，クラス全体の子どもたちの遊びや活動，生活を，保育者がどう受け止めているのかということが週案に反映されることから，1人ひとり，グループ，クラス全体の子どもの姿を丁寧に見て，把握しておくことを基本的なポイントとして忘れてはならない。とくに，子どもの姿を丁寧に見たいときは，『子どもたちの遊びの中に入っていっしょに遊ぶ』という基本姿勢をもちたい。

　幼稚園では5日間の園生活の把握だけでは見通しがつきにくいこともあり，2週間単位で週案を立てているところも増えている。

4章　短期指導計画の実際

3 日案の作成ポイント

　日案とは，明日の保育をイメージしながら，1日の指導計画をもっとも具体的に考えるプランである。具体的に考えるためには，子どもたちや環境などの保育を観察する，かかわりながらわかろうとする，それを記録する，話し合って理解し合うということが求められる。その過程における「観察して記録すること」は，実際に保育を行う前に指導計画を立てるうえで，必ずしておかなければならないことである。

　その記録である前日の子どもの姿（評価も含める），生活の流れやプログラム，ねらい，内容，環境構成，保育者の援助，指導上留意したいことなどで，この時期に育てたい心情・意欲・態度がどのような内容や方法によって育てられるかを最終的には幼稚園教育要領（以下「教育要領」とする）や保育所保育指針（以下「保育指針」とする），幼保連携型認定こども園教育・保育要領*（以下「教育・保育要領」とする）につなげて考え，1日のプログラムとして計画していくものである。

　また，わが国にはさまざまな保育理念や保育形態をもつ園がある。たとえば，仏教，キリスト教，シュタイナー**，モンテッソーリ***，そして，自由，一斉，混合，縦割り，オープン，統合保育などと呼ばれるものである。園による保育理念や保育形態の違いから，生活の流れや方法，活動の時間帯に変化が見られ，日案の内容に違いがあることを知っておかなければならない。さらに，保育理念や保育形態の違いとともに，混合保育・縦割り保育については，あわせて取り入れられている場合も多い。

(1) 記録の取り方

　記録に「書くべきこと」「書いておいたほうがよいこと」はなんであろう。

　まずは，子どもたちの今現在の生活の状態を季節や時期を考慮する。次に，遊びのようすやこれまでの活動経験の経過などについて記したい。そして，1人ひとりやグループ・クラスの発達の状況はどうなのか，さらに，子どもたちの人とのかかわりはどうかなど，子どもの発達を援助することが保育者の役割であることから，今，目の前の子どもがどのような状態であるのかを記録に残していく。そうした記録を書き進めると，目の前の子どもたちに，これからどのように育ってほしいのかという発達への「ねがい」が浮かび上がってくる。そして，この「ねがい」に向けて，次の日の具体的な「ねらい」が浮かび上がってくる。具体的な「ねらい」が挙がり，その「ねらい」を達成に近づけるために子どもたちに経験してほしい「内容」が考えられるというように，実習をさせてもらう前にすることが循環していく。

　明日の保育のための記録は，日案を立てて保育をした後で，来るべき明日のために今日の保育を振り返って残しておくものである。その記録は保育の開始と同

*幼保連携型認定こども園教育・保育要領については，第1，2章を参照のこと。

**R. シュタイナー（1861～1925）。オーストリアに生まれた人智学に基づくヴァルドルフ（シュタイナー）幼稚園や学校の創設者。ドイツを中心に今なお世界各地にヴァルドルフ（シュタイナー）幼稚園が発展している。

***M. モンテッソーリ（1870～1952）。イタリア生まれの医学博士。モンテッソーリ教具を考案し，モンテッソーリ・メソッドと呼ばれる教育法に基づいて，療育・幼児教育を実践した女性。わが国にもモンテッソーリの理念をもつ幼児教育の施設がある。

時に始まるといってもよい。日案で計画した保育内容と保育の中での子どもの姿を如実に見る機会となり，計画がその場そのときの子どもたちの実態に合うかどうかの判断の場となる。そのことは評価として，子どもの姿をとらえる大切な要素となり，幼児理解・子ども理解の根幹になる。そして，それは次の日のための新たな課題発見につながっていく。その計画，実践，評価の繰り返しをサイクルとして示したものが，図4－2である。

1）1日の生活の流れを記録する

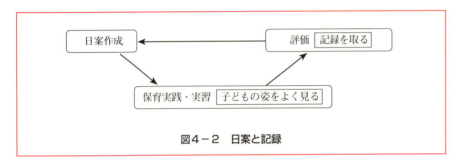

図4－2　日案と記録

　実習生として保育をさせてもらう前に，初めに行うことはなんであろう。
　保育・教育実習においては，まず，1日の園生活の流れを把握することから始めたい。そのためには，1日全体を観察し，記録に残すことである。ここで，子どもたちの生活の流れを理解しておくことは，その後の実習における子どもたちとのかかわりや環境構成，保育者としての配慮や留意点，援助することのもととなるからである。そこで，園の1日の生活の流れを記録した例を挙げよう。

（→保育所の1日の観察記録例）

2）子どもの姿と保育者の援助を記録する

　次に，部分的に切り取った場面の記録から，子ども理解につながる記録を紹介する。
　記録では，実際に起こったことや見たことを実習生としてどのように思い，どう感じたのか，あるいは，気づいたり，困ったり，考えさせられたりしたことなどを考察として記録しておくことが意味をもつ。そのことが，自分自身の実習である実践の場面に役立つからである。

（→子どもの姿と保育者の援助場面の記録例）

《保育所の1日の観察記録例》

月　　日（　）天気　晴	指導担任名　　　　　　　　　先　生
クラス	5歳児　にじ組　男 14名　女 13名　計 27名
実習のねらい	○観　察○・　参　加　・　実　習
	保育所（5歳児）の1日の生活の流れを知る

環境構成と子どもの姿

◎好きな遊びの場面

パズル・カードゲーム
・ルールや順番を守って遊ぶ
・勝ち負けを競って楽しんでいる
・「わたしが読む」「次はぼくだよ」と、文字を読むことへの興味・関心が強くなっている

積み木コーナー
・空き箱でつくった動物たちのための公園や迷路をつくって遊ぶ
・遊びに熱中するあまり、積み木が崩れ、原因をめぐってトラブルになる
・トラブルになったとき、昨日の担任の先生の口調をまねて、「どうしたらいいのかな？」と言う男児がいる

制作コーナー
・空き箱やプラスチック容器などを使い好きなものをつくって遊ぶ

ままごとコーナー
・4人で役割分担をし、園庭の草花などの材料を使い料理をつくって遊ぶ
・Kがリーダーとなり、みんなでアイディアを出し合って遊びを始める
・友だちとは少し違うものをつくろうとしたり、自分が一番ほめられようとしたりして、考えて工夫する

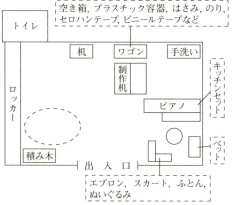

（配置図：トイレ、机、ワゴン、手洗い、ロッカー、制作机、ピアノ、キッチンセット、ベット、積み木、出入口、エプロン、スカート、ふとん、ぬいぐるみ、空き箱、プラスチック容器、はさみ、のり、セロハンテープ、ビニールテープなど）

時間	子どもの姿	保育者のかかわり（◆クラス担任の先生 ◇実習生）	考察
8：30	登園する 持ち物の始末をする ・早く遊びたいために、持ち物の始末をせずに遊びだす	◆きちんと目を合わせて挨拶をする ◇「おはよう」と元気よく挨拶をする ◆「○○くん、カバンがここにあるよ」などと声をかけ、持ち物の始末を促す ◇自分で始末しているようすを傍らに立って笑顔で見守る	・ほとんどの子どもが、自分で持ち物を始末することができる。先に遊びはじめてしまう子どももいるが、先生が声をかけると始末することができた
9：00	◎好きな遊びをする ○ままごとをする ・Kがリーダーとなり草花を使って料理をつくったり、食べたり、場所づくりをしたり、4人の中でいろいろな役割に分かれて遊びを進めている ○空き箱で動物をつくる ・RやJが小箱で好きな動物をつくり、それを持って積み木を並べて遊び始めたことがきっかけとなりほかの子も空き箱で動物をつくり、積み木遊びに参加する ○積み木で遊ぶ ・つくりたいものをつくるスペースが重なり合って、先につくりはじめたのがどちらかでトラブルになる ○パズル・カードゲーム ・読み手になりたい子どもが何人かいて、順番を決める	◆遊びのようすを見守りながら、ときどきお客の役になってごっこ遊びに参加する。子どもがつくったものを食べながら「○味のチャーハンですね」などと声をかける ◇お客さんになって、会話のやりとりをする ◆2人が遊びに興味を示し、小箱で動物をつくり、積み木遊びに参加する。子どもといっしょに遊びながら、あとから参加してきた子どもたちに「動物たちの公園をつくっているんだって」などと声をかけ、遊びのイメージを伝える ◇「狭い」と言うので、すぐに「向こうが空いてるよ」と伝える ◆Sちゃんといっしょに「そうね。どうしたらいいのかしら？」と子どもたちが、考えて動くようにすることを促す ◆子どもが読んだカードの文を同じように声に出して言い、読み手に確認すると同時にほかの子どもにもよくわかるようにしている ◇なかなか思うようにいかない子どもに対して、応援する	・ままごとでは、自分たちで遊びを進めているので、先生はようすを見ながら遊びに入り、子どもがしていることを認めていた。積み木では、初めに遊びはじめた子どもたちのイメージを後から参加してきた子どもに伝えることで、子ども同士でイメージが共有できるように援助していた。子どもの遊び方によって、保育者のかかわり方が違うということに気づいた ・先生は、子どもたちが考えて行動するよう配慮されているのではないかと、わたしがよく考えずに声をかけてしまったことを反省した ・平仮名をスラスラ読める子どもが何人もいることに驚いた。文字ではなく記号のように覚えているように感じた ・カードが取れない子どもにばかり目がいってしまった。たくさん取っている子どもへの言葉かけも必要だったのではないかと思った

時　間	子どもの姿	保育者のかかわり（◆クラス担任の先生 ◇実習生）	考　察
10:15	片づける ・友だち同士で協力して片づける	◆子どもといっしょに片づけながら、片づけるように促す	
10:25	排泄をする	◆今から戸外に出ることを伝え、子どもたちに排泄を促す	
10:30	園庭で「〇〇」体操をする	◆ほかのクラスの子どもに危険がないか配慮する	・先生がなにも言わなくても子どもが自分から整列することができた
10:40	クラス全員で氷鬼をする ・鬼になりたい子どもが手を上げ鬼を決める。鬼になった子どもは帽子を白色にする ・鬼が「10」数える間に、ほかの子どもは逃げる ・数え終わったら鬼は一斉にほかの子どもを捕まえに行く	◆鬼になりたい子どもを集め、帽子を裏返して白色にすることを伝える ◆鬼といっしょに大きな声で「10」数える ◆「そっちに行ったよ」などと声をかけながら、遊びを盛り上げている	・遊び方やルールの確認を担任の先生はしなかったが、トラブルもなく、子どもはとても楽しそうに遊んでいた。保育後、子どもたちは氷鬼が大好きで、1カ月ぐらい続いているという話を聞いた。子どもたちが十分に遊び方やルールを知っているので、先生はとくに説明せず、声をかけたり、鬼として参加して遊びを盛り上げることに援助の重点を置いていることがわかった
10:55	・鬼を交代して、再度行う	◆同じ子どもが鬼にならないように声をかける	
11:05	保育者の前に集まる ・グループごとにかけっこをして保育室に戻る	◇子どもたちが頑張って走るように励ます ◆具体的に「腕をよく振ってね」と声をかけながら、その場で腕を動かして応援する	
11:25	食事の準備をする ・排泄をすませ、手を洗う ・グループから1人ずつ当番の子どもが出て配膳をする ・H君はアレルギーのため、除去食が配られる	◆子どもに排泄や手洗いを促し、保育室全体に目を配りながら、おかずを取り分ける ◆両手でしっかり持って配膳するよう当番に声をかけて確認する	・5歳児は、昨日まで観察した3歳児と比べて、自分たちの役割をもち、それに喜びを感じて行動している。年齢や目の前の子どもの発達、やる気に応じたそれぞれの役割を設定することが大切だと思う
11:50	食事をする ・当番が「いただきます」をする ・会話をしながら楽しく食べている ・食べ終わった子どもから片づける	◆楽しい雰囲気で食事ができるように、子どもたちと会話をしながら食べる	
15:00	降園する		

今日の実習を振り返って

　今日初めて5歳児クラスで実習をさせていただきました。1日の生活を通して、子どもたちの「自分でやりたい」という意欲的な気持ちが伝わってきました。遊びでは、子どもたち自身で材料を用意し、遊びの場所をつくってイメージを友だち同士で伝え合い、遊びを楽しんでいました。遊具の片づけでは、友だちにも「片づけだよ」と声をかけ、進んで片づけを行なっていました。午睡後の布団の片づけでは、自分の布団だけではなく、ほかの子どもの布団も片づけたり、先生といっしょに机を運んだりしていました。子どもが積極的に行動する姿に驚きました。3歳児と比べ、5歳の子どもたちが自分でしようとすることが多かったり、イメージを伝えようとしたり、友だちの考えをわかろうとしたりしているようすに胸が熱くなってしまいました。そこから、保育者としてなにをどのように援助していけばよいのかわからなかったことが今日一番の困ったことです。しかし、子どもたちは先生の姿を見て、先生は子どものほんの少しの変化でもよく見て、具体的に示しながら、認めたり励ましたりすることが大切だということがわかりました。5歳児の子どもの姿をもっと理解し、子どもたちの「自分で」「もっと」〜したいという気持ちを大切にした保育ができるよう努力したいと思います。

　今日の実習中、メモを取っていることで子どもの気が散ってしまうことが何度かありました。子どもの前にいるときはなるべく子どもと接するように心がけ、メモを取るときには子どもとの距離や書くタイミングに注意し、子どもの活動の妨げにならないようにしたいと思います。

　また、観察しながら子どもの中に立つとき、5歳児は3歳児よりは目線が近く感じられましたが、見下ろす姿勢が子どもとの実際の距離をつくってしまうような気がして、腰をかがめて子どもたちと目を合わせたり、しゃがみこんで子どもの目の高さになって話を聞いたりするようにしました。姿勢としては、かなりの苦痛を伴います。着るものの素材は、頻繁に立ったり座ったりする動きに柔軟に対応するものがよいと思いました。

　子どもたちと話をするときと、先生方と話をするときの自分自身の話し言葉にずいぶん差があるように思いました。子どもたちとは、ふだん友だちと話すように自然に話していました。先生方とは緊張感がありますし、かしこまった言葉やふだん使っていない敬語を使おうとしたためか、うまく言いたいことを伝えることができていないのではないかと不安になってしまいました。

《子どもの姿と保育者の援助場面の記録例》
3歳児　もも組「やってみようかな」9月12日（金）晴

環境構成	準備するもの： ・身長計 ・体重計 ・記録簿　　　　［部屋配置図：ロッカー、机、ピアノ、出入口］　　★前日に準備しておく	☆身体測定時に衣服の着脱をいやがる男児がいて、着替えの際にクラス全体が落ち着かない空気に包まれることが予想される。机を用意して、各自が自分の席で着替えることができるようにする。

時間	子どもの姿	保育者の援助
9:30	・朝の挨拶をして、椅子に座って先生の話を聞く。 ・いつも、初めは何でも「いやだ」と言うD男と同じようにするF男 　D男「僕、脱がない。これ（服）脱がなくていい」 　F男「服は脱がない。脱がないの！」 ・保育者の動きにD男は、急にいやがるF男の服をなんとか脱がせようとし、F男が泣き声になる。 ・2人のようすを見て、ほかの13人は静かになって服を脱ぐ。 ・2人も静かになった空気を感じてか、じっとみんなのようすを見ている。 ・F男は、数字に興味をもったのか、脱ごうとしはじめる。 ・名前を呼ばれたD男は、「はぁーい」と照れくさそうに返事をして、着たままで、軽やかに保育者の近くまで来た。 ・D男は、「僕、脱げるよ」と言って保育者の前で脱ごうとするが、なかなか脱げず、「あれぇ」と遠回しに手伝ってほしいようすを見せる。 ・D男は、みんなの視線を感じ、服を脱ぐのをやめ、席に戻ろうとするが、いきなり警戒しているような表情になる。 ・再び前に出てきて、「ズボンも？」と二、三度聞き返し、ズボンから脱ぎはじめると、シャツも脱ぎ、落ち着いて測定ができた。	・「今日は、身体測定をするよ。長いお休みの間に背がどれくらい伸びたのかな、体重はどのくらい増えたのかな、計ってみるよ。楽しみだね」と、今から服を脱いで、身長計・体重計のところに行くことを伝える。 ・F男に「脱いでみようか」と、そばに行く。 ・泣きそうなF男を見て、「ありがとう、手伝ってくれて。やっぱりFくんは、服を脱がないんだって」と言い、この2人は脱がなくてもいいと半ば諦める。 ・測定できそうな子どもからフルネームを呼んで計る。 ・「背が3cm高くなったね」「体重は前と同じだね」「200g重くなったよ」などと、具体的に数字を示して、大きくなったことを実感できるようにする。 ・F男の名前を呼ぶ。 ・D男の名前を呼ぶ。 ・「Dくん、すごいね。自分で脱げるんだ」と言いながら、腕が通せるように袖の先を引っぱって、手伝う。 ・うまく脱げないことを見られていることが恥ずかしいのかと思ったが、声を小さくして「次は、ズボンも脱ごうか」と、声をかける。
考察	これまで、「いやだ」と言い出すと、とことんなにもしなかったこだわりの強いD男だった。身体測定を予定していたが、今日も「やらない」と言うだろうと予想していたため、「どのくらい大きくなってるのかなぁ」と、好きな遊びの時間にD男を抱き上げた。「どこで？」と聞いてきたので、「お部屋で」と言うと、「じゃあ、やる」と言っていたのだが、やはり、スムーズにはいかなかった。ただ、まわりの子ども達が服を脱いで計っているようすを見て、なにか数字を言ってもらうことが楽しそうだと感じたことと、ズボンから脱いだほうが脱ぎやすかったからか、「やってみよう」とする気になったことがうれしかった。みんなにできないところを見られることが恥ずかしいと感じる子どもと、逆に注目されることをうれしいと感じる子どもがいる。それぞれとわたしとのつながりがしっかりもてるように、毎日の子どもの姿をよく見て、1人ひとりと丁寧にかかわっていかなければいけない。今日のD男の姿は、まわりにクラスのみんながいることが大きく影響しているのだと思った。みんなと同じようにしたいと思いはじめたことが、「やってみようかな」という気持ちにしたのだとも思う。	

(2) 日案を書き進めるための手順と内容

　日案作成のひとつの方法として，子どもの姿を記録して予想し，年齢や時期を考慮して，ねらいや内容を考え，経験してほしいことを取り上げるものがある。保育者が先導する傾向が強いために無理を伴うが，保育への準備としての指導案を具体的に書くために必要な要素が多く含まれている。

1）活動の中で経験してほしいことを考えて指導計画を立てる場合

　先週，昨日の子どもの姿から，この活動をして欲しいと願い，子どもたちもこの活動をしたいに違いないと考えて，経験して欲しいこと（内容）を意識し，具体的な活動をイメージして計画を立てる場合，次の表のようになる。

	記入および検討事項	内容
1	期日・担当クラスの構成	・期日，担当クラスの年齢とクラス名，男児と女児の数とクラス全体の数を記入する。
2	週案を見る	・各園の資料や書籍，保育雑誌の週案を見て，一般的なその時期の遊びや活動を調べる。 ・週の生活の流れを考える。 ★週案について質問をし，配属クラスの週単位（必要に応じて月単位）の生活の流れを教えていただき，実習したい活動内容に無理がないかどうか検討しておく。
3	子ども・クラスのようす	・少し前から現在に至るまでの子どもたちの変化を，友達関係・生活習慣の確立・遊びの経過などの実態からとらえる。
4	生活の流れの理解と時間配分	・1日の生活の中で，おおむね毎日行われることの時間帯（登園・降園・食事・昼寝・バス通園の場合の時間差など）について考える。週の初め・終わりに必要なことやそれぞれの方法や場所についても考える。 ・年齢や時期・季節による違い，これまでの回数などから，活動を取り上げる時間帯を考える。 ★実習できる時間を知り，部分実習ならば何分間で何時までということや，1日実習ではとくに通園バスなどによる登園・降園の時間差や生活の流れを確認しておく。
5	活動・ねらい・内容 活動を考える ・年齢・時期検討 ・実態把握 ・場の確保 ↓↑ ねらいを立てる ↓↑ 内容を考える	・前日までの子どもたちのようすを踏まえて，クラスの子どもたちがその日に経験してほしいと願うことを「活動」として取り上げる。年齢・時期にふさわしい活動か，担当クラスの子どもたちの実態に合うものかどうかを検討し，行事などのために使用できる場所が重ならないかどうかを調べて，使用できる場所を確認する。 ・その日そのときの活動の中で保育者が一番大切にしたいことを「ねらい」として立てる。いくつものねらいは，子どもたちへの負担につながり，じっくりかかわることが難しくなる。ねらいの数は，1つか2つにしたい。 ・「内容」は，「ねらい」に近づくための具体的な経験である。具体的な経験への興味づけ，楽しいと感じて行う手立てを探すこと，充足感の見つけ方などがその中心になる。それは，必ずしも1つとは限らず，その日そのときに経験することによって育てたいと考えたことを書く。

6	予想される遊びや活動・動き	・予想した環境の中でどのように遊びを展開し，どのように活動に参加したり，動いたりするのかを予測する。 ・経験してほしい活動に対して，どのように反応し，どのようなしぐさや表情を見せるのだろうか。その日そのときの動き方や発する言葉を思い描いて書いておく。その際，どのような方法で活動のきっかけをつくるのか，どのように活動を進めていくのか，どうやって次につなげていくのかという保育の流れを意識する。
7	環境構成	・「ねらい」と「内容」に近づくための環境を書く。なにをどれくらい，どこに準備してどこに置き，その場がどのように使われるのかを予想して，スペースを空けておく。さらに，いつなにを出す，あるいは片づけるなど，「内容」や「ねらい」を意識した保育のための意図的な環境について書きはじめる。しかし，偶発的になにかが子どもたちの環境の一部になり得ることや意図したこととは違う環境になってしまうことにも余裕をもって対処できるように準備しておく。 ・保育をする保育者自身が人的環境になることや保育室や準備した場の雰囲気も環境の要因として含まれる。
8	保育者の援助や留意点	・子どもの遊びや活動・動きの予測ができたところで，保育者としてなにに留意し，どこでどう手助けをしたり，見守ったり，励ましたりしたらよいのかという援助について書く。 ・「どのような言葉かけで子どもたちの前に立って始めていくか」「頑張っている子どもにはどのように接して，つまづいている子どもにはどう動いてなにをどこまで手助けするのか」「区切るための言葉かけはどうするのか」などといったことについて，「ねらい」と「内容」に近づくためのその日そのときにしたい援助や留意点を書く。思いもよらない展開に対応する心構えについても書いておく。
	・環境を整えながら保育をイメージする	・環境を整え，計画した指導案に沿って，保育をイメージしておく。

※★マークは，実習時の対応

2）子どもの興味関心を中心に遊びや生活を展開する場合

次に，当日の遊びの姿から，翌日の子どもの遊びを予想して計画を立てるものを考えてみよう。この場合，教育要領，保育指針，教育・保育要領から教育課程・保育課程・全体的な計画*，さらに期案・月案・週案があっての日案であるが，必ず子どもの育ちへの見通しがなくてはならない。目の前の子どもの姿をよく見て，内面まで理解しようとする心構えをもって臨みたい。

当日の遊びの姿から，次の日の子どもの遊びを予想して計画を立てる場合は，活動を生み出す能力を幼児期に育てたいという願いをもち，環境による刺激によって子どもたちが活動を発想するには，なにをどうしたらよいかを考えて立案したい。次に手順を示してみる。

*全体的な計画については，「第2章 2．教育課程と全体的な計画」を参照（p.35）。

	記入事項	内容
1	前日の遊びのようすや子どもの姿	・昨日の遊びや生活がどのようなようすだったのか、どこにいて、どんな表情で、誰となにをしていたかなどについて書く。
2	翌日の遊びへの取り組みや予想される子どもの姿	・今、興味・関心のある遊びはなにで、今日もあの遊びはさらに続いていくだろう、あの遊びは続いてほしいなど、明日の子どもの姿をイメージして保育者自身が判断して書く。ここでは、保育の出発点が幼児理解・子ども理解であることに基づく。
3	ねらい	・予想される子どもの姿から、明日一番大切にしたいことを「ねらい」とする。 ・予想してイメージしている明日の保育の中で、課題に感じている心情・意欲・態度の目指す方向についても「ねらい」となる。 ・「ねらい」を立てるということから、子どもが保育者とともに過ごすことに意味をもつことが確認できる。
4	環境のあり方	・ねらいを立てたところで、昨日の反省点や今後の見通しを考えあわせて、必要なものをどのくらい、どこにどうやっておくのか、そして、新たにコーナーを広く設ける準備をする、参加する子どもたちの人数によって次第に広げていくスペースを確保しておくなど、ねらいに向けて、明日の子どもたちの動きとまわりのようすをイメージして書き記していく。図や絵を使って、一目でわかるような描き方をすると、保育者のイメージがいっそうふくらむ。
5	援助の方向	・その日の「ねらい」と1人ひとりの育ってほしい「ねがい」に向かって、どのような援助をしていくのかを書く。保育者の順を追った行動や手順と「援助」を混同しないように留意する。保育の進め方が保育者の援助ではなく、手助けや言葉かけ、動きや表情などが「ねらい」や「ねがい」の先にある子どもの育ちにつながっていくことを見通して、具体的に書きたい。
	・環境を整えながら、保育をイメージする。	・環境を整え、計画した指導案に沿って、保育をイメージしておく。

★実習の場合、流れを引き継いで子どもたちと向き合わなければならない「部分実習」と朝の登園から降園まで責任をもって実習をする「1日実習（責任実習）」などがあり、実習時間に範囲があることも覚えておこう。さらに、「研究保育」をさせてもらうこともある。多くは部分実習であるが、多くの先生たちから保育の基本を学ぶことができる機会である。勉強ができるチャンスととらえて積極的に取り組みたい。

週案・日案の作成後、あるいは作成途中で、図4－3「週案・日案を考えるポイントのまとめ」を活用して、保育へのイメージを明確にしたい。

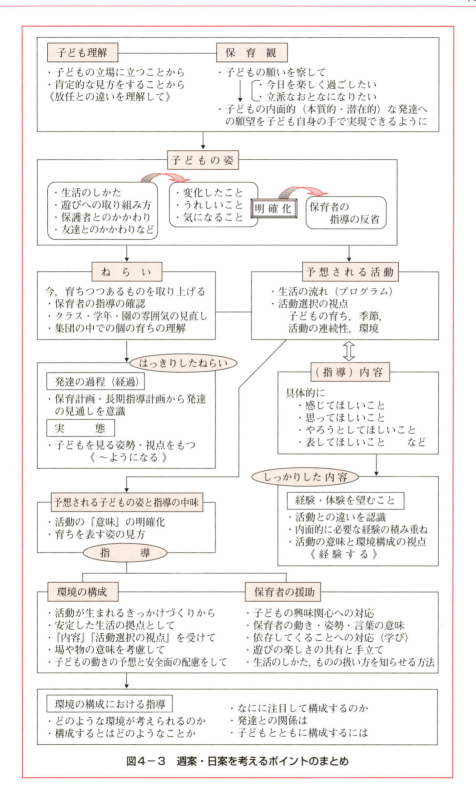

図4-3 週案・日案を考えるポイントのまとめ

2. 乳児・1歳以上3歳未満児の保育における短期指導計画の作成

　乳児（0歳児）の保育における指導計画は，保育内容をとらえる3つの視点（「健やかに伸び伸びと育つ」「身近な人と気持ちが通じ合う」「身近なものと関わり感性が育つ」）が示された（p.41, 52）ことを受け，特定のおとなとの応答的なかかわりを通して，情緒的な絆が形成される時期の指導計画にもねらいと内容が盛り込まれることとなった。

　また，1歳以上3歳未満児の保育における指導計画にも5領域の目標が明示された（p.41, 52）ため，そのねらい内容として自分でしようとする気持ちを育てることにも重きを置くこととなっている。

1　0歳児（0歳8ヵ月　A子）（4月）の指導計画（個人記録）例

0歳児（0歳8ヵ月　A子）（4月）の指導計画（個人記録）例

	…	4月20日		4月21日		4月22日		…
食事	…	赤ちゃんせんべい	1枚	ハイハイン	1枚	ハイハイン	2枚	…
		にゅうめん	1杯	おかゆ	1杯	おかゆ	1/2杯	
		かぼちゃ	1/2皿	野菜スープ	1/2杯	かぼちゃ	1皿	
		きゅうり，キャベツのきざみ	1/2皿	かぼちゃ	1皿	魚のみぞれ煮	1/2皿	
				鮭	1/2皿	野菜スープ	1/2杯	
		ミルク	90cc	ミルク	80cc	ミルク	150cc	
		茶巾しぼり	1コ	赤ちゃんせんべい	1枚			
		はじめは機嫌よく，口をもぐもぐ動かし食べていたが，眠くなったのか，泣き出し，食べられなくなってしまった。		「あー」「うー」と言いながら，保育者がスプーンを近づけると喜んで食べていた。途中で食べ具合が悪くなるが，少しするとまた食べはじめていた。		保育者の顔を見ながらニコニコして，椅子に座っても機嫌がよかった。スプーンで口に運ぶと自分から口を開けて食べていた。満足すると横を向いていた。		
排泄	…	寝転がり，「あー」と声を出して，機嫌よくおむつ替えに応じていた。		保育者が「おむつきれいにしようね」と声をかけると，顔を見ながら，ニコニコしていた。		おならと同時に便が少し出ていた。「きれいにしようね」と声をかけると，顔を見ながら機嫌よく応じていた。		…
睡眠	…	11：30～13：30 食事中に眠くなり，泣き出して，ミルクを飲みながら入眠していった。		10：30～11：10　　15：35～16：30 保育者におんぶされ，散歩に行くと入眠した。		11：40～13：30 ミルクを飲みながら，保育者の抱っこで入眠していった。		…

情緒・運動・言葉等	腹ばいになり、ハイハイマットの中の玩具を触ろうとしたり、近くの玩具に手を伸ばして口へ持っていこうとしたりする姿が見られた。近くでB男、C子が遊んでいると、手を伸ばして「あ、あ」と声を発し、興味を示しているようすだった。また、腹ばいで前進する姿もあった。同じ体勢が長くなるといやがるようすもあるが、座ったり、抱っこしたり、抱っこの向きを変えたりすると、また機嫌よく過ごしていた。 （主任より） 体勢を変えるかかわりが大切です。体勢が変わると視野が広がりますよ。	保育者が抱っこをすると顔をじっと見たり、保育者の笑顔を見てニコッと微笑んだりする。うつ伏せになり、近くに玩具やマラカスがあると、手を伸ばしてずりばいをして触ろうとする。玩具やマラカスの音が鳴ると、手足をバタバタさせて喜んでいる。D子が目の前でうつ伏せになっていると、ずりばいで近づき、「あー！」「うー！」と声を出し、ニコニコうれしそうにしていた。 （主任より） 足指の蹴りと腕の力で前進するずりばいが見られますね。前方に興味のある玩具を置くなどして、ずりばいの経験を十分にできるようにしましょう。	祖父と機嫌よく登園した。保育者が「A子ちゃん、おはよう」と声をかけると、手足をバタバタさせて、ニコニコと笑顔を見せていた。ブロックが気になったのか、ずりばいをして近くに行き、ブロックが入っている箱の中に手を入れて触っていた。箱に身を乗り出すことを繰り返し、不安定だったので、危険がないように保育者が箱を押さえた。
翌月のねらい	①特定の保育者にかかわってもらうことを喜ぶ。 ②腹ばいの姿勢で十分に楽しむ。	内容	①保育者におむつ交換をしてもらい、清潔になることの気持ちよさを感じる。 ②保育者に食べさせてもらうことに慣れ、楽しく食べる。 ③保育者といっしょに腹ばいになり、玩具に手を伸ばすなどして遊ぶ。

　この個人記録は、乳児（0歳児）の保育内容の3つの視点と、それらのねらいおよび内容をおおむね網羅している。とくに、視点のひとつである「健やかに伸び伸びと育つ」のねらい（2）「伸び伸びと体を動かし、はう、歩くなどの運動をしようとする。」と内容（2）、ねらい（3）「食事、睡眠等の生活のリズムの感覚が芽生える。」と内容（3）（4）（5）への明確な連動がみられる。また、視点の2つ目の「身近な人と気持ちが通じ合う」では、ねらい（2）「体の動きや表情、発声等により、保育士等と気持ちを通わせようとする。」と内容（1）（2）（3）（4）（5）すべてへの関連も読み取ることができる。そして、3つ目の視点の「身近なものと関わり感性が育つ」では、ねらい（3）「身体の諸感覚による認識が豊かになり、表情や手足、体の動き等で表現する。」と内容（1）（2）のつながりがみられる。

　このように0歳児においては、日ごろから3つの視点、ねらい、内容を意識して個人記録を書くことによって、1人ひとりへの次の配慮が計画として浮かび上がることになる。いずれ、5領域を総合的にとらえる視点で保育内容を構成していくことになるが、乳児（0歳児）は、3つの視点からその発達を支えたい。

　子どもの姿から導き出された個別の翌月のねらいと内容は、具体的には次のように挙げられる。

【ねらい（例）】

①特定の保育者にかかわってもらうことを喜ぶ。

②腹ばいの姿勢で十分に楽しむ。

【内容（例）】

① 保育者におむつ交換をしてもらい，清潔になることの気持ちよさを感じる。
② 保育者に食べさせてもらうことに慣れ，楽しく食べる。
③ 保育者といっしょに腹ばいになり，玩具に手を伸ばすなどして遊ぶ。

乳児の保育内容の3つの視点

健やかに伸び伸びと育つ
1　ねらい
　（2）伸び伸びと体を動かし，はう，歩くなどの運動をしようとする。
　（3）食事，睡眠等の生活のリズムの感覚が芽生える。
2　内容
　（2）一人一人の発育に応じて，はう，立つ，歩くなど，十分に体を動かす。
　（3）個人差に応じて授乳を行い，離乳を進めていく中で，様々な食品に少しずつ慣れ，食べることを楽しむ。
　（4）一人一人の生活のリズムに応じて，安全な環境の下で十分に午睡をする。
　（5）おむつ交換や衣服の着脱などを通じて，清潔になることの心地よさを感じる。

身近な人と気持ちが通じ合う
1　ねらい
　（2）体の動きや表情，発声等により，保育教諭等と気持ちを通わせようとする。
2　内容
　（1）園児からの働き掛けを踏まえた，応答的な触れ合いや言葉掛けによって，欲求が満たされ，安定感をもって過ごす。
　（2）体の動きや表情，発声，喃語等を優しく受け止めてもらい，保育教諭等とのやり取りを楽しむ。
　（3）生活や遊びの中で，自分の身近な人の存在に気付き，親しみの気持ちを表す。
　（4）保育教諭等による語り掛けや歌い掛け，発声や喃語等への応答を通じて，言葉の理解や発語の意欲が育つ。
　（5）温かく，受容的な関わりを通じて，自分を肯定する気持ちが芽生える。

身近なものと関わり感性が育つ
1　ねらい
　（3）身体の諸感覚による認識が豊かになり，表情や手足，体の動き等で表現する。
2　内容
　（1）身近な生活用具，玩具や絵本などが用意された中で，身の回りのものに対する興味や好奇心をもつ。
　（2）生活や遊びの中で様々なものに触れ，音，形，色，手触りなどに気付き，感覚の働きを豊かにする。

（教育・保育要領　第2章　ねらい及び内容並びに配慮事項　第1　乳児期の園児の保育に関するねらい及び内容より抜粋）

2　2歳児（2歳4ヵ月　E子）（7月）の指導計画（個人記録）例

次に，1歳以上3歳未満児（1歳児，2歳児）の2歳児の指導計画の書き方を次頁に例示する。

この例示の続きには，1週間ごとの評価が書かれ，月案に対して週ごとの振り返りがなされている。そのひとつに，保育者にE子の排泄のリズムがわかってくるまでは，タイミングを計るものの便座に座ってもなかなか排尿しなかったり，おむつの中で排尿した直後であったりした。しかし，7月末になると，水着を着ておむつをしていなかったためか，自分から尿意を伝えることができ，それを保育者が認める努力したことが書かれている。季節や気温もおおいに関係することもわかる。

このように，2歳児の個別の指導計画としては，前月の子どもの姿と実践，評価を踏まえて，おおよその翌月のねらい内容を立案したい。

いずれも，これまでの自園の個人記録の取り方をもとに，ねらっていたことや内容としていたことを抽出してみることから始めてみよう。

2歳児（2歳4ヵ月　E子）（7月）の指導計画（個人記録）例

| 個別指導計画　7月 | 名前　E子　男・⑨ | 2歳児（2歳4ヵ月） | 園長 | 主任 | 担任 |

	食事	排泄	睡眠・着脱・清潔等	運動・人やものへの興味関心・言葉等
子どもの姿	●スプーンを使って食事をしようとする姿が見られるようになってきたが，汁物をぐちゃぐちゃにかき混ぜたり，ご飯を汁物に混ぜたりして，遊び食べになってしまうことがある。 ●保育者が「混ぜ混ぜしたらいやだな」と伝えると，食べることがいやになってしまうのか，エプロンをはずして，「ごちそうさま」をしようとする。	●尿意を自分から伝えることはなく，タイミングよく保育者に誘われて便器に座ると排尿する。 ●遊びが楽しいときは，保育者がトイレに誘っても「いやだ」と言って，泣いてしまう。 ●排尿しそうかどうかがわかるようになってきて，便器に座っても「出ない」と伝えたり，長い間座って排尿したりする。	●ズボンの着脱は，保育者の援助がなくてもほとんど1人で行うことができる。 ●上着は自分で脱ぐことはできるが，着ることは難しいため，保育者といっしょに行っている。 ●服が汚れたり，ぬれたりすると自分で脱ごうとするが，新しい服を着ることをいやがる。	●多くの言葉が出てくるようになって保育者には，自分が経験したことを話し，「○○やって」と，自分の要求を伝える姿が見られる。しかし，他児に対しては自分の思いを伝えることができず，いやなことをされたときに手が出てしまう。 ●水遊びが大好きで，プールに入って水をかけられたり，かけたりすることを楽しんでいる。
ねらい	○スプーンを使って食事をしようとする。	○便器に座って排尿してみようとする。	○保育者といっしょに衣服の着脱をしてみようとする。	○保育者を仲立ちとして，他児に自分の思いを伝えようとする。 ○プールに入り，水遊びを楽しむ。
内容	○保育者に手を添えてもらったり，保育者がスプーンを持つ姿を見たりして，スプーンを使って食べる。	○保育者にタイミングよく声をかけられて，自分で排尿できるようにする。	○汚れたり，ぬれたりした衣服を着替えて，着替えをする心地よさを感じる。	○保育者に思いを受け止めてもらい，自分の言葉で話そうとする。 ○泳ぐまねをしたり，保育者と水をかけ合ったりして，水に親しむ。
保育者の援助	●ご飯を汁の中に入れて食べているときは，「ご飯，おいしいね」「お汁，おいしい！」「別々で食べてみようか」などの声をかけて，別々に食べるようにして，本来の味や食感を味わうようにする。 ●「先生といっしょに○○しよう」「〜してみよう」などと，できる限り否定的な言い方をせず，「○ちゃんのお口のトンネルに入るかな？」などと，食べることが楽しくなるような声かけをする。	●遊びたくてトイレに行くことをいやがることもあるので，遊びに区切りがついたときに誘ったり，「○○が終わったらトイレに行こうね」と声をかけたりすることで，機嫌よくトイレに行くことができるようにする。 ●登園時に家で排尿した時刻を尋ねたり，排尿したそうであればいっしょに行ってもらったりして，家庭との連携を図る。 ●尿意を感じて便器に座っているときには，ようすを見守り，ゆったりとかかわるようにする。	●Tシャツ着脱時には，「○○ちゃんの頭がトンネルに入ります」などと，次の動きを口にして，着脱に興味をもって楽しく着脱できるようにしていく。 ●自分でやろうとしているときにはようすを見守り，できないところや難しいところを見極めて，さりげなく手を貸し，自分でできる喜びを感じることができるようにする。 ●衣服が汚れたり，ぬれたりしたときには，「着替えたら気持ちよくなるね」と，着替えをしようという気持ちにしていく。	●他児が遊んでいた玩具を取ってしまったときは，「使いたかったんだね」と，思いを十分に受け止め，保育者といっしょに「貸して！」と言いながら貸してもらう経験ができるようにする。 ●トラブルになるときは，うまく言葉にならず，手や口が出てしまうことが続いているため，本児の「嫌だった」思いを十分に受け止め，叩いたり噛んだりすると相手も痛いことを伝えていく。 ●保育者もいっしょにプールの中で水をかけ合ったり，バシャバシャしたりして楽しみ，水の冷たさや気持ちよさを感じることができるようにしていく。

3. 3歳以上児（幼児）の保育における短期指導計画の作成

　幼稚園における短期指導計画の作成については，土曜・日曜の連休があること，私立幼稚園ではバス通園の子どもが多いこと，食事は給食であったり，弁当持参であったりすること，制服を持つ園が多く「着替える」という身じたくがあること，預かり保育があることなどを考慮して，月案をもとにして前週の子どもの姿から，週案・週日案・日案を立てていく。

　見通しをもつために立てられる月案に比べ，週案や週日案は見通しをもちながら，より子どもの姿をよく見て，実践につながるものを作成すべきである。

1 月案をもとにした週日案の例

　ここでは，第3章の4歳児10月の月案（p.66），第1週のねらい・内容を週日案に下ろす場合を想定して，具体的に考えてみる。

　運動会を次週に控え，予行練習などと呼ばれる園全体でのリハーサルが予定されていることと，運動会と並行して行われている子どもたちのこの時期のふだんの好きな遊びにも配慮しながら計画した。　　　←（幼稚園　4歳）週日案例

	4歳児　　　　　　組　　10月1日～10月6日		
10月のねらい・内容	・先生やクラスの友だちといっしょに体を動かして遊ぶことを楽しむ。 ・自分なりの思いやイメージをいろいろな方法で表し，相手に伝えようとする。 ・運動会を意識して，音楽を感じて踊ったり，思いきり体を動かしたりすることをクラスの友達といっしょに楽しむ。 ・遊びのイメージや役を決め，自分の「○○のつもり」を言葉や動きに表し，遊びに必要なものをつくる。 （・仲間に入りたい友達の言葉や動きに応じ，受け入れて遊ぶ。） （・秋の自然を遊びに取り入れて楽しむ。）	今週のねらい・内容	・リズムを感じて踊ったり，手足を力いっぱい動かしたりすることをクラスの友達といっしょに楽しむ。 ・運動会が近づいたことがわかって，ゲーム（競技種目）について考えて動く。 ・遊びに必要なものを自分たちで考えてつくる。 ・リズムに合わせて足踏みをしたり，腕を伸ばしたり，膝を曲げたり，ゆっくり動いたりして，クラスの友達といっしょに楽しさを感じながら，曲に合わせて体を動かす。 ・それぞれの遊びのイメージを言葉や動きで表しながら，役割分担をして，必要なものを考えたりつくったりする。
前週の子どもの姿	・好天が続き，戸外で思いっきり体を動かして遊ぶことが多かった。 ・鬼ごっこ，登り棒，リレーごっこなどでは，友だちと競う姿が多く見られるようになっている。 ・自分の考えを言葉にして伝えることができ，相手に伝わったことがわかったときの表情が明るく，わかり合うことの心地よさを感じているようすが喜ばしい。 ・反対に，言葉できちんと伝えることができないときに起こる衝突やトラブルには，まわりにいた子どもたちのそのことに対する声が増えて，みんなでなんとかしようという雰囲気が感じられるようになっている。	歌 絵本	「うんどうかい」 「はしるのだいすき」 「とんぼのうんどうかい」 「きりの　もりの　もりの　おく」 「だから？」

（10月の月案のねらい・内容から今週のねらい・内容を考えていますよ。）

4章　短期指導計画の実際

日にち	1日(月)	2日(火)	3日(水)	4日(木)	5日(金)	6日(土)
内容	・ゴールを目指して、一生懸命走る。 ・リズムを感じながら、曲に合わせて踊る。 ・遊びに必要なものやダンスで身につけるものを考えてつくる。		・運動会が近づいたことがわかって、玉入れについて話し合い、頑張ろうとする。	(子ども運動会) 運動会本番は10月10日(水) ・手足を力いっぱい動かしたり、リズムを感じて踊ったりして、幼稚園全体の友だちといっしょに子ども運動会に参加する。	・友だちといっしょに手遊びやゲームを楽しむ。	
予想される活動	かけっこをする 友だちといっしょにダンスをする 空容器などで好きなものをつくる		運動会の競技(玉入れ)をする ごっこ遊びをする	かけっこをする 玉入れをする ダンスを踊る		

★環境構成と援助のポイント・◆予想される子どもの姿

◆年長組の子どもたちがしていることを見て、同じようにしてみたい、同じものをつくりたいと思う。気に入った材料を選び、試しながらつくっていく。

★毎日「運動会ごっこ」を楽しめるように
①遊びたいこと、してみたいことがすぐにできるように用具（旗・コーンなど）や飾り物（ポンポン）を準備しておく。
②ふだんの生活の中で子どもたちが使っている言葉を合図にしたり、タイミングよくルールを確認したりする。
③頑張っている姿や一生懸命な姿をほめ、苦手なことには付き添っていっしょに行いながら、自信がもてるようにする。

◆気の合う友だちと園内の魅力的な場所を見つけて遊ぶ。（ジュース屋さん・チケット屋さん・おさいふ屋さん・おうちごっこ・ヒーローごっこなど）
◆お気に入りの遊び場で、同じことに興味をもち、いっしょに楽しかった経験をしたことがきっかけで、新しい友だち関係が生まれる。

★友だちと触れ合うことでつながりを感じられるように
①気の合う友だちといっしょに遊ぶことができる場所を用意する。
②同じようなもの（お面・携帯電話・パソコンなど）を持ったり、身につけたりして、『いっしょ』という楽しさを感じるようにする。
③つくりたいもののイメージについて話し合ったり、アイディアを出し合ったりできるように手助けをする。
④遊びのイメージが共有できるように、どのような遊びのどのような場面なのか、また、自分の役割はなにかなど、いっしょに遊びながら確認する。
⑤1日の生活の中で、クラスでの活動の時間を設け、ゲーム（フルーツバスケット・いすとりゲーム・爆弾ゲームなど）や友だちと向かい合って手をつないで動く遊び（なべなべそこぬけ・お寺の和尚さん・やきいもグーチーパーなど）を取り入れて、みんないっしょに楽しむことができるようにする。

◆運動会が近づいたことを知り、頑張って走ったり、友だちといっしょにダンスを踊ったり、かごをねらって玉入れをしたりする。

★運動会に期待をもつように
①園庭の石拾いをしながら、運動会を迎える意識をもつようにする。
②年長児がつくった入場門のマスコットを見て、動きの目印を知る。
③おうちの人が見に来てくれることを知らせて楽しみにする。

2 週案の例

夏休み明けの子どもの姿を把握したうえで，実際に週案を立ててみよう。

3歳児　＿＿＿＿＿組　9月1日～9月12日

子どもの姿	ねらい	内　容
・14名中12名が夏季保育を利用していたということもあり，ほとんどの子どもが園生活の流れに支障なく2学期を迎えた。R男とY子は，久しぶりの登園に涙が出てしまい，園生活の流れとは遠ざかっている感がある。 ・プールでの水遊びをいやがっていたU子・N子も玩具を使って遊ぶうちに自らプールに入って遊ぶ姿が見られるようになった。D男・M男は，プールに入ることはいやがるが，2人で仲よく話をしたり，玩具を持って楽しんだりする姿がある。 ・自分の思いが言葉で伝えられないためか，思い通りにいかないと手が出ることがある。	・先生や気の合う友だちといっしょに，園生活の流れを取り戻しながら，安心して過ごす。 ・水の心地よさを感じ，先生や友だちといっしょに遊ぶ楽しさを味わう。	・曲に合わせて踊ったり，保育者のまねをしたりして，喜んで体を動かす。 ・コップの袋への出し入れや箸セットの準備・片づけなどの方法を知る。 ・休み中にあったことや経験したことについて，喜んで話す。 ・体全体でプールでの水遊びや泥んこ遊びを楽しみ，水の心地よさを十分に味わう。

予想される活動◇　　環境の構成☆・保育者の援助◆

曲に合わせて踊ったり，保育者のまねをしたりして，喜んで体を動かす	休み中にあったことや経験したことについて，喜んで話す
◆プールでの水遊びの前や自由遊びの時間にリズム体操「だんけつ☆ダァーッ!!」を踊る際に，保育者が1つひとつの動きを子どもたちによくわかるように楽しく踊ることで，踊りたいという気持ちにしていく。 ◇楽しい気持ちを表現しながら，腕や足を一生懸命伸ばしたり，動かしたりする。 ☆運動会に向けて，踊ることが楽しいと思ってイメージをふくらませることができるようキノコの傘を用意するなどして，雰囲気づくりをする。 ◆保育者自身が楽しく踊って子どもたちの意欲を誘う。 ◆楽しそうに体を動かしたり，キノコの歌を歌ったりしている子どもを認める。 ◆恥ずかしがって踊ろうとしなかったり，ふざけたりしている子どもには，「今日は，○○君格好よく踊れそうだね」と声をかけ，「見ているよ」という思いを伝える。少しでも動きを見せたときは，おおいにほめて意欲をかきたてていく。 ◆ぶつからないように子ども同士の間隔に気をつける。	日課表 　9:00　登園 　9:30　水遊び 10:30　着替え 10:45　おたより帳 11:00　給食 12:15　午睡 14:00　目覚め 14:30　降園 ☆保育室の環境図 ◆夏休みの話がしたくて，「先生，あのね…」「かぶと虫が…」「おばあちゃんと…」などと，話しかける。 ◆話したい気持ちや話そうとする思いを受け止め，喜んで話すことができるようにする。 ☆園生活の流れが思い出せるように，保育室の環境は，できるだけ夏季保育前と同じようにしておく。 ☆子どもたちの遊びの材料をふんだんに用意し，すぐに要求やイメージに応えられるように準備しておく（焼いも，薪など）。 ◆久しぶりに登園する子どもたちには，積極的に声をかけ，「待っていたこと」を伝え，「一緒にすること」を楽しむ。 ◆夏季保育に参加していた子どもには，「○○ちゃんは，○○が上手にできたよ。○○君，忘れちゃったみたいだから，手伝ってね」と，友だちとかかわりをもとうとしたり，やる気が出るようにしたりしていく。

コップの袋への出し入れや箸セットの準備・片づけなどの方法を知る	子ども同士の仲間づくりの前に，保育者との安定した関係が求められます。	体全体でプールでの水遊びや泥んこ遊びを楽しみ，水の心地よさを十分に感じる
 ☆配膳図 ☆配膳図をボードに貼っておき，わかりやすくする。 ◇配膳図を見て，並べようとする。 ◆準備や片づけの手順は，「今度は○○だよ」とひとつずつ確認しながら，わかりやすく進めていく。	◇コップは，朝のうがいが終わった後，コップのかごに入れず，自分のコップ袋に入れて，タオルかけの内側にかける。	◇天候に恵まれれば，9月5日までプールで水の感触を楽しみ，それ以降は，泥の感触を味わうことに移行して，ひんやりした感覚を楽しむ。 ☆砂場にたらいを用意して，子どもたちがすぐに遊び出せるようにしておく。 ◆衣服がぬれたり，汚れたりしたときは，すぐに着替えて，風邪などひかないように留意する。 ◆D男・M男はぬれることを嫌うので，ジョウロや玩具を使ったごっこ遊びの中で，「少しぐらいはぬれても平気」「水は気持ちがいい」ということに気づくようにしていく。

← （保育所型こども園3歳）週案例

評　価
・Y子・R男は，久しぶりの登園であったが，生活の流れを思い出そうとしたり，友だちがしているようすを見たりして，思い出したように習慣を取り戻していた。「だんけつ☆ダァーッ!!」の踊りも仲のよいA男やM子が踊っているのを見て，まねをして曲に合わせて踊っている姿があった。
・I男・D男は，使い終えた箸セットをそのままカバンに入れてしまう。しまうときにタイミングよく声をかけたり，いっしょにしまったりして，きちんとしまう習慣を身につけるようにしていきたい。
・子どもたちが前向きになった瞬間をとらえて，それぞれがさまざまな経験を重ねていけるように保育内容を考えたい。

日	曜日	行　　事	◎手遊び　●歌　○絵本
1	月	夏休み前に覚えた手遊びも思い出すようにしながら，安心できる場をつくっていきます。	◎わにの親子 ◎一丁目のウルトラマン
2	火		○くものもいち
3	水		◎ずっとあいこ ○14ひきのやまいも ○えらいえらい
4	木	絵本の貸し出し	◎ずっとあいこ ○えらいえらい
5	金	プール納め	◎ずっとあいこ ◎1と1でお山 ○どんどこどん
8	月	スタンプ遊び	◎おてぶしてぶし ◎小さな庭 ○たまごのあかちゃん
9	火	散歩に行く	◎ずっとあいこ ○くものもいち
10	水		◎小さな庭 ○ころころたまご
11	木	散歩に行く	◎はじまるよ ○たまごのあかちゃん
12	金	身体測定 絵本の読み聞かせ会 （3：30～4：30）	●どんぐりころころ ○ばばばぁちゃんのマフラー ○ノンタンおやすみなさい

3 日案の例

　学級全体での活動を含めた1日全体を（責任）実習させてもらう場合の5歳児9月の日案を紹介する。この場合も，子どもの姿を把握して保育者が願いをもち，立てたねらい・内容を意識して意図的に環境を構成して保育をし，その保育を振り返ってあらためて計画を立てるという計画，実践，評価の繰り返しのサイクル

指導案 9月17日（木） 5歳児　みどり組 男児　15名　合計　30名 女児　15名	子どもの姿	・夏休みが明けて約3週間が過ぎ，園生活のリズムを取り戻してきている。 ・戸外での活動量の多い遊びと室内で落ち着いてじっくり取り組む遊びへの取り組みのバランスに個人差がある。 ・2～5人の友だちと遊ぶ中で，自分の思っていることや考えていることを言葉で伝えてはいるものの，イメージの違いや方法の違いを主張しがちで，言い合いをする姿がしばしば見られる。 ・このクラスは多くの子どもがうたを歌うことが好きで，歌っているときに友だち同士で顔を見合せながら，笑顔で歌う。いっしょに歌うことが楽しいと感じていることがわかる。 ・「なべなべそこぬけ」などのわらべうた遊びはこれまでに数回経験しているが，多くのクラスの友だちと手をつないだり，向き合ったりして，相手の表情や動きを見ながら活動する機会をもちたい。

時間	子どもの活動	☆環境構成　　　　　　　◆予想される子どもの姿
8：40	・登園する 　・持ち物の始末をする 　・身じたくをする 　・押印する ・好きな遊びをする 　＜室内＞ 　　・制作・折り紙 　　・ままごとなど 　＜戸外＞ 　　・サッカーごっこ 　　・砂遊びなど	◆早く遊び出したくて，ものの扱いが乱雑になる。 ☆押印コーナーにおたより帳を拡大した9月のカレンダーをつくって貼っておく。 ☆ままごとでは，園庭の摘んでもよい草花を知らせる。 ◆摘んできた草花の露や茎，花びらなどが散在して，保育室を汚す。 ☆遊びの展開によって，室内からテラスやピロティに遊びの場を移す。 ◆サッカーごっこでは汗だくに，砂遊びでは水を使って泥だらけになる。
10：10 10：20	・片づける ・手洗い・うがい・排泄をする ◎わらべうた遊びをする 　・保育者の前に集まる 　　・話を聞く 　　・遊戯室に移動する	◆砂場で泥んこ遊びをしている子どもは片づけや着替えに手間取る。 ☆子どもの動きを見るために立って弾く。
10：35	・「なべなべそこぬけ」をする 　　・2人組 　　・3人組 　　・6人組 　　・10人組 　　・5人組	☆人数がうまく割れないときは「○○ちゃんたちのところは△人でいいね」と全体に確認する。 ☆「なべなべ……」の最後にできた5人グループの1組と保育者が中央で動いてみる。
10：45	・「ひらいたひらいた」をする	☆中央の5人以外の子どもたちは座って見る。

(p.80 図4－2日案と記録）に基づいている。

　日案は，指導計画作成の構造（p.77 図4－1指導計画の位置づけ）をもとに，前章の月案，本章の週案から，1日の生活の流れを把握して具体的に日案を立案する。したがって，月案のねらいから週案のねらいへ，週案のねらいから日案の内容によって具体的な指導として示されていく。　　　← （幼稚園5歳）日案例

週のねらい	・友だちと気持ちを合わせて遊びを楽しむ。 ・4～5人の友達とイメージをすり合わせて表現する。
内容	・手をつないで向き合い，互いの表情をよく見合って，遊びを楽しむ。 ・自分の考えを話したり，友だちの意見を聞いたりして，イメージをすり合わせて動く。

集団の場でのイメージの伝え合いには，積み重ねが必要です。意識してねらいたいことですね。

保育者の援助・留意点	評価
・朝の出会いを大切にし，表情やようすから体調をよく見て，笑顔で朝の挨拶を交し合う。 ・遊びたい気持ちが先立って，カバンや帽子を投げるように扱っている場合は，そっと拾ったり，ゆっくりロッカーに入れ直したりして，大切に扱うことに気づくようにする。 ・ままごとでは，園庭の草花や花壇の花を利用して遊ぶことができるよう園庭をいっしょに散策して摘んでもよい草花を知らせる。 ・サッカーごっこ，砂遊びのようすを見て，思いきり遊んだために着替えをした方がよいと思われるときは，早めに声をかけて片づけに取りかかるように促す。 ・今から広い部屋でみんなといっしょに遊ぶことを知らせて，期待をもって移動するように声をかける。 ・クラスの友だちみんなで，遊戯室に移動して遊ぶことを知らせ，「今日は，みんなでなにしよう？」と話して，子どもたちの期待を受け止めながら，話を進める。 ・2人組になったところで一度座るように声をかけ，相手が見つからない子どもの手助けをする。 ・引っくり返ったときの歓声を受け止め，気持ちのよさをいっしょに味わう。 ・2，3，5，10人組へと数を増やす中で，互いの表情を見合って動きについて楽しむために，ピアノの弾き方に変化をもたせるようにする（拍子・高低・速度など）。 ・「ひらいたひらいた」は，初めてのわらべうた遊びであり，どのようなものか伝えるために，1グループと保育者が真ん中で「ひらいたひらいた」をし，手をつないでまわるだけのところは，保育者もいっしょにお互いの表情を見合って，楽しい雰囲気を感じ合うようにする。 ・"つぼんだ"ところでグループの子どもたちに「最後にまたお花が開くんだけど，なんの花にする？」「どんなふうに開く？」と話して，子どもたちの声をまとめて，腕や手，足のポーズなどを確認する。 ・真ん中のグループの花が開いたところで「○○の花みたい」「かっこいい！」「かわいい」などという声を受け止め，次は自分たちもやってみようという気持ちを誘う。	

保育者の言葉をあらかじめ用意しておくことは，指導案立案の大事な要素ですね。

時間	子どもの活動	☆環境構成	◆予想される子どもの活動
10：45	・グループで話し合う ・動く		
11：00	・ほかのグループを見る （3グループずつ）		☆欠席者数の都合で4人グループもある。 ☆半数ずつに分かれて見合うときは，それぞれが見やすいところに移る。
11：10	・集まって話を聞く ・保育室に戻る	他のグループの動きを見る	
11：20	○排泄をする		◆排泄回数の多い○子と△男には，早めに声をかける。
11：30	○食事をする ・机，腰かけの準備をする ・手洗い，うがいをする ・弁当を出す	テラス 椅子を置く場所	
11：50	・挨拶をして食べる ・挨拶をして片づける ・歯磨きをする ・絵本を読む		◆□子，○太はよくこぼすので机や腰かけの下が汚れる。 準備するもの：雑巾4〜5枚
12：20	○好きな遊びをする		
13：10	○片づける	絵本コーナー　手洗い場	
13：20	○降園準備をする ・身じたくを整える ・配布物をカバンにしまう	☆準備するもの：おたより30枚 　紙芝居「たまごのすきなおうさま」 　（手遊び「コロコロたまご」）	
13：40	○紙芝居を見る ・「たまごのすきなおうさま」		
14：00	○降園する		

保育者の援助・留意点	評価
・それぞれのグループがどんな花を咲かせるのかを決めるようすを見守ったり、相談にのったりする。 ・たくさんの意見が出て困っているときは、自分の考えを伝えることができたことをほめながら、イメージが共有される方向に助言する。 ・互いに友だちの考えを聞く態度ができるようになっている姿を認め、まとまるように調整していく。 ・3グループずつ見合う中で、イメージがさらに広がっていっしょに動くことを楽しいと感じるように、どのグループのよさも認めるようにする。 ・メロディを口ずさみながら保育室に戻るようすを見守り、余韻を大切にする。 ・机や腰かけの準備にあわてている子どもには、ぶつかり合うと危険なことに気づくよう話をする。 ・こぼすことの多いこどもの机や腰かけの下を見て、保育者が積極的に拭きながら、早めに拾ったり、拭いたりするとよいことを伝えていく。 ・上着の下から中のシャツが見えていたり、襟がみだれていたりする子どもには知らせて、鏡を見ながら直す方法にも気づくようにする。 ・紙芝居を見る前に子どもたちが落ち着かないようならば、手遊びをする。 ・王様が、とぼけたり、あわてたりするようすを声の表情で伝え、登場人物の特徴を感じるようにする。 ・明日もまたいっしょに遊ぶことに期待をもって、目を合わせて挨拶を交わし、降園を見送る。	

4. 実習に向けた指導案の作成

ここからは，実習に向けた指導案を紹介する。
前述の観察の記録例を基盤にした部分実習案を次に示す。

（1）好きな遊びの場面（4歳児）例

指導案

10月6日（木）

4歳児　あか組

男児　16名　合計　33名
女児　17名

子どもの姿
- 2学期が始まって1カ月が過ぎ，運動会という大きな行事を終えたところである。多くの子どもは戸外で遊ぶ時間がより長くなり，活動範囲も広がってきている。
- 運動会という行事を通して，気の合う友だち以外のクラスの友だちの存在を意識するようになり，遊びに参加する人数が増えている。「○○くん（ちゃん）」と遊びたいという気持ちをはっきり伝えることができるようになって，遊び方へのアイディアを出すようになってきた。
- 1学期後半に年長児が遊ぶ氷鬼を見て仲間に入りたいようすであったが，走る速さや身のこなし方を見て，「入れて！」とは言い出しにくそうにしていた。昨日，年長児のY子があか組のJ，U子，R太を誘ったことから，「明日は，大きい組のY子ちゃん達といっしょに氷鬼をするんだ！」と，うれしそうに話し，氷鬼をすることをとても楽しみにしていた。年長児との遊びを通して，氷鬼の楽しさがわかり，遊びの継続時間が少しずつ長くなってくれることを願う。

時間	○子どもの活動　　☆環境構成	◆予想される子どもの姿
9：30	○好きな遊びをする（園庭） ・固定遊具 ・砂遊び ・縄とび ・鬼ごっこ（氷鬼）など ☆ほかの遊びと重なるようであれば，保育者も話し合いに参加して，譲り合うなどして，場の確保をする。 ◆年長児の誘いを受けてJ，U子，R太を中心に氷鬼に参加しようとする。 ◆年長児が自分たちの経験から，遊具の中へは入らず，園庭のどのあたりまでが逃げてもよいところであるか説明する。 ◆年長児の足の速さに追いつけず，息を切らせて一生懸命頑張ろうとする子どもと，途中で諦めてしまう子どもに分かれる。 ◆ポーズを決めてストップしても鬼だと言われ，戸惑う。 ◆氷鬼のようすを見て，入りたそうにしているが，見ているだけの子どもがいる。 ◆ほかの遊びと交錯して，ぶつかりそうになることがある。	砂場　　　砂場の遊具 ◇氷鬼の遊び方（Y子達のルール） ・鬼が「10」数える間に逃げる ・捕まりそうになったら，ポーズを決めて止まる ・鬼の動きを見て，また捕らないように逃げる ☆水（じょうろ）を使って，おおよその範囲を示しておく。 テラス　　☆ひさしの下の日陰を利用して，お茶を飲んだり，休息したりする。 水筒置き場　　☆靴箱の上に救急用品を置いておく。 保育室　あか組保育室　保育室 ○好きな遊びをする（保育室内） ・絵本を読む ・ままごと　など ☆戸外での遊びが中心になるが，保育室内で遊ぶ子どものようすにも気を配りながら，タイミングを見て，声をかけたり，いっしょに遊んだりする。 ☆年長児との遊びについては，今日のようすから明日へのつながりの仲立ちをして，別れるようにする。
10：30	○片づける ◆次の活動を楽しみにしながら，さっさと片づけようとする。	

ねらい	・年長児といっしょに遊びながら，ルールや遊び方を知り，いっしょにしてみようとする。
内容	・年長児の合図や言葉を聞いたり，動きを見たりして，氷鬼の遊び方がわかり，楽しいと感じる。 ・止まったときのポーズをさまざまに楽しむ。

この日は，好きな遊びの中で，氷鬼に焦点をあてようとしています。

保育者の援助・留意点	評価
・昨日の約束を楽しみに，ワクワクする気持ちを受け止めて，帽子をかぶっていることと，水筒置き場に水筒を置いたことを確認する。 ・年長児からの誘いを受けて，いっしょに遊ぼうとする意欲は満々であるが，どのように遊ぶのか，遊んでいて困ったときにはどうしたらよいのかなどについて，保育者も仲間に入ってようすを見ながら手助けをしていく。 ・「10」数えるときに，いっしょに声に出して数えたり，首を動かしてうなずくようにいっしょに数えたりしている子どもには，目線を送って，スタートを待つ緊張感をいっしょに味わうようにする。 ・氷鬼が軌道に乗ってきたころ，止まったときのポーズをそばでまねしたり，「～みたいだね」「かっこいいよ！」などと声をかけたりして，子どもたちといっしょにそれぞれのポーズに気づいて，楽しむことができるようにしていく。 ・年長児のペースについていけず，氷鬼から抜けたいという子どもには，その後の行動を見守りながら，タイミングを計って意思（「また，足が元気になったら遊ぼう！」「今度は，あか組さんだけで遊んでみようか？」など）を確認しておく。 ・止まった瞬間にタッチされ，鬼になったかどうか戸惑い，不安そうにしている子どもには，「頑張れ!!」と応援したり，いっしょに鬼になって走って励ましたりしながら，遊びが続くように援助する。 ・氷鬼に入りたそうに見ていたり，入りたいが決心できずに見ていたりする子どもには，「いっしょに遊ぼうよ！」と声をかけるが無理強いはせず，自分から言い出すまで待つようにする。 ・一生懸命走って逃げよう，捕まえようとするあまり，衝突したり，転んだりした場合には，手早く応急処置をするが，危険を予知して，動線が交錯しないように声をかけたり，線を引いて区切りをつけたりしておく。 ・氷鬼が楽しかったことを振り返り，続きをどのようにするのかを決めるのであれば，傍らで約束する姿を見守る。	

ねらい・内容をこなすことを意識している援助・留意点です。

(2) 降園準備・降園（5歳児）例

6月　　日（　）	5歳児　　組	26名	男児　12名 女児　14名

子どもの姿	日増しに暑くなり，冷たい食べ物を好むようになっている。ままごとでも，ジュース，アイスクリーム，ソフトクリーム，かき氷など季節を感じるものが登場している。身近なアイスクリームを思い浮かべながら「アイスクリームのうた」を楽しく歌いたい。 ・うたを歌うことが楽しいと感じている子どもが多い。なにげない場面でも誰かがうたを歌いはじめるとまわりも歌い出す姿を目にする。もっと歌いたいという気持ちを受け止めていることや，うたを歌う機会を多くして好きな歌を増やすようにしていることが，子どもたちに伝わっているようだ。 　友だちとの会話に夢中だったり，めんどうだったり，気づかなかったりして，ズボンやスカートの上に，中に着ているものが出たままで降園する子どもが目立つ。鏡を見たり，友だちと見合ったりして，きちんとした身なりで気持ちよく保護者のもとに帰したい。

時間	子どもの活動	環境構成
13:20	○片づける　用便に行く	①…保育者　P…ピアノ （保育室見取り図）
13:30	○降園準備をする 　◎着替える 　（預かり保育の子どもは着替えをしない） 　・持ち物の始末をする	
13:40	◎うたを歌う 　・「バスごっこ」 　・「アイスクリームのうた」	☆着替え用の机を2脚出しておき，うたを歌う前にロッカー側に寄せて中央を広くする。 ☆うたを歌いはじめる前にピアノを弾きながら，全員の顔が見えるかどうか確かめる。 ☆「アイスクリームのうた」は，初めて歌うので，1回目は子どもたちと正面に向かい合うようにする。 （吹き出し）子どもたちの動きを予想したうえでの環境構成ですね。
13:55	○降園する	☆保育室から出て階段を降りる前に，保育室の出入口に立って1人ひとりの服装を確認する。

ね ら い	○クラスの友だちといっしょに，リズムを感じて「アイスクリームのうた」を歌う。 ○身なりを整えて降園する。	季節や遊びに結びつくことと気になっていることの明確化を考えて立てたねらいです。
内 容	○「アイスクリームのうた」を覚えて，イメージをふくらませながら楽しく歌うようにする。 ○伴奏をよく聴き，歯切れのよいリズムを感じて歌うことができるようにする。 ○ズボンやスカートの中にブラウスやポロシャツを入れて気持ちよく降園する。	

保育者の援助・留意点	評価
●着替えの時点で「○○ちゃん，上着の下からブラウスが出てるよ」「○○くん，シャツがズボンに入れにくいのかな」と気づいたことを伝えて身なりを整えるという気持ちにする。 ●鏡を見ながら襟を直したり，後ろ姿を見たりしている子どもには「すっきりしたね」と気持ちのよさをともに感じ合うようにする。 ●うたは初めに最近よく歌っている「バスごっこ」を歌って気分をほぐす。 ●初めてのうたは，保育者の口の動きや保育者のうたう声を聴いて歌おうとするので，伴奏をせずにしっかりした音程でリズミカルに歌うようにする。 ●歌詞を聴いてアイスクリームを食べる王子様を想像したり，「ピチャッ チャッ チャッ」「トロン，トロン」というようすを思い描くことができるように表情豊かに歌っていく。 ●一番の歌詞を知らせたところで，伴奏に合わせて歌うようにし，リズムやスタッカート，テヌートに気をつけて伴奏する。 ●子どもたちの顔を見て，歌いながら，「プカ，プーカドンドン」「ルラ，ルーラ，ルラ」という部分のリズムを，違いをはっきり出して，リズムを感じるようにする。 ●身なりを整えると気持ちがよいことを伝えて，明日もまたいっしょに遊ぶことに期待をもって登園するように話をしておく。	

1日実習案としては，本章「3．3歳以上児（幼児）の保育における短期指導計画の作成 ❸ 日案の例」(p.96〜) を参照されたい。

【引用・参考文献】

文部科学省「幼稚園教育要領」（告示）2017
厚生労働省「保育所保育指針」（告示）2017
内閣府・文部科学省・厚生労働省「幼保連携型認定こども園教育・保育要領」（告示）2017
内閣府・文部科学省・厚生労働省『「幼保連携型認定こども園教育・保育要領，幼稚園教育要領及び保育所保育指針の中央説明会」資料』2017年7月
愛知県教育委員会『わたしたちの園にふさわしい教育課程・保育計画 ― 編成の手引き ―』1998
山川史郎編『Atta 指導計画お役立ち Book 6月号』小学館，2008
大岩みちの・岸本美紀編集『保育・教育実習から学ぶ第2版』愛智出版，2010
大岩みちの編『実習の手引き』岡崎女子短期大学幼児教育学科，2012

第5章 乳幼児期における保育方法の基本

〈学習のポイント〉　①乳幼児理解の大切さと難しさを知ろう。
　　　　　　　　　②乳幼児期の発達過程を体系的にとらえ，その特徴を理解しよう。
　　　　　　　　　③事例を通して保育者の役割や指導のあり方を理解しよう。
　　　　　　　　　④保育者の専門性を深く理解し，保育者同士の育ち合い，学び合いについて考えよう。

1. 乳幼児理解

1 乳幼児理解とは

　乳幼児理解は，保育を行ううえでもっとも重要なことである。1人ひとりの乳幼児を理解することは，保育を行う基盤となる。しかし，乳幼児理解は保育者にとってとても難しいことである。それは，子どもは自分の気持ちやしたいことなどの表現が未熟なことや，保育者がおとなの感覚で子どもの言動を受け止めることが多いからである。
　乳幼児理解は，子どもの表情や言葉や行動から，
　①子どもの気持ちを理解しようとすること
　②子どもの興味や関心を理解しようとすること
　③子どもの言動を理解しようとすること
であると考える。
　乳幼児理解は，医師が患者の病気の症状を診て，病名を判断することと似ている。医師が病名を的確に判断するから，症状に合った治療や薬を処方することができる。同じように，保育者が的確に子どものさまざまな気持ちや興味・関心を理解したり，子どもの言動を理解したりするから，適切な援助や指導を行うことができるのである。

2 乳幼児理解の内容

（1）子どもの気持ちを理解しようとする

　子どもの気持ちを理解することは難しい。なぜなら子どもの気持ちは多様で，1人ひとり違うからである。そして，まだ言葉で自分の気持ちを表現できない幼い子どもに対しては，その気持ちをなんとかわかろうと保育者は努力することが大切である。

たとえば,『ようちえんいやや』*という絵本の中で,子どもたちが「幼稚園へ行きたくない!」と言って泣いている。子どもたちの思いは次のようである。

＊『ようちえんいやや』長谷川義史作・絵,童心社

> A児…えんちょう　せんせいに　おはようの　あいさつ　するのが　いやや
> B児…いちごが　すきやのに　ももぐみやから　いやや
> C児…ぼくの　イスの　マークが　へびさんやから　いやや
> D児…がっそうのとき　カスタネット　ばっかりやから　いやや
> E児…おかえりのとき　みんなで　うた　うたうのが　いやや
> F児…わたしの　げたばこが　いちばん　したやから　いやや
> ぼくは,わたしは
> 　　　おかあちゃんと　いちにち　いっしょに　いたいだけ　なんや

このように,子どもが泣く思いはさまざまである。保育者は,子どもの表情や言動から思いを読み取る際,なぜ泣いているのだろう？　悲しいことがあったのかな？　いやなことがあったのかな？　悔しいことがあったのかな？　などと多様に考えて,子どもの思いに寄り添っていくことが重要である。

子どもは自分の思いを保育者に受け止めてもらい,共感してもらってはじめて保育者に信頼感を抱くようになる。子どもと保育者の思いが通い合うことで,子どもは成長していく。保育者の読み取りがいつも子どもの思いに寄り添っているとは限らないが,保育者の少しでも寄り添おうとする姿勢が大切である。

(2) 子どもの興味や関心を理解しようとする

子どもの興味や関心がなにに向いているかを理解することも大切である。それは,子どもの好きなことや苦手なことが1人ひとり違うからである。保育科の学生に,幼児期の遊びのようすを聞いてみると下記のようであった。

遊び	好きだった	苦手だった
鬼ごっこ	友だちと作戦を考えて捕まえることが楽しかった。	すぐに捕まるからいやだった。
縄とび	クラスで一番たくさんとんでほめられた。	得意ではないので部屋で遊ぶことが多かった。
ままごと	お母さんやお姉さんなど役を決めて毎日遊んでいた。	ままごとはいやでそとで鉄棒やすべり台で遊んでいた。
砂遊び	山やトンネルをつくったりピカピカの泥だんごをつくったりしていた。	砂場で遊ぶと手やくつが汚れるからやだった。
虫採り	トノサマバッタやカマキリを見つけて採っていた。	ダンゴムシやミミズは怖かった。
絵画製作	お絵描きが大好きでいつも描いていた。	絵を描くことや製作が苦手だった。
粘土	粘土でいろいろつくることが好きだった。	油粘土の臭いが嫌いだった。

子どもの興味や関心は,この学生たちのように大好きという子どももいればすごく苦手という子どももおりさまざまである。保育者は,1人ひとりの子どもの

好きなことや苦手なことを理解するように努め，好きなことの楽しさを共有しながら，子どもが興味を示さないことや苦手なことは，なぜそうなのかを理解することも必要である。そして，子どもが興味や関心を広げたり深めたりするように，環境を整え援助することが大切である。

(3) 子どもの言動を理解しようとする

　子どもが自分の思いを行動で表す際，その表し方も1人ひとり違う。たとえば，保育者が園庭で遊んでいる子どもに，「お部屋に戻ってきてね」と声をかけたとき，すぐに部屋に戻ってくる子どももいれば，「いやだ～！」と言って戻らない子どももいる。また，保育者の声に無関心で，保育者が迎えに来るまで戻らない子どももいる。

　子どもが間違った行為をしたとき，保育者が「それはやめようね」と注意をすると，メソメソと泣き出す子どももいれば，注意されたことがいやで，保育者を叩いたり蹴ったりする子どももいる。また，自分が注意されたとまったく感じていない子どももいる。

　教材の色紙を1枚選ぶ際には，自分の好きな色を素早く見つけて取る子どももいれば，どれにしようかあれこれ迷っている子どももいる。また，並んでいる色紙がすべて欲しくて全部取る子どももいる。

　そして，本当は欲しいのに「いらない」と言ったり，いっしょに行動したいのに「やりたくない」と言ったりする子どももいる。

　保育者は1人ひとりの子どもの特性を理解し，この子どもはこういう思いでこのような行動をするだろうという予測をもって接していくことも大切である。

3 保育の落とし穴

　保育者は，子どもたちが素直に自分を表現する伸び伸びとした子どもになってほしいと願っているが，ともすれば，「みんなが仲よくしてほしい」「友だちには優しく接するようになってほしい」「頑張って努力する子どもになってほしい」など，誰もが願うよい子像を思い描くことが多い。わたしたちおとなは，この願いに合わせて，子どもの言動を表面的にとらえてしまうことがある。これが子どもの心を見落とす保育の落とし穴であると考える。

　第8章の［事例1　先生に受け入れてもらいたいと願って＝せんせい，すき！＝2歳児　7月］（p.176）を学生たちで，自分が保育者だったらどのようにかかわるかを検討すると，次のような意見が多く出た。

・B児にA児を叩くことはいけないことを伝え，謝らせる。
・B児にA児を叩いた理由を聞いて，A児に謝らせた後，B児の本を読んであげる。
・B児に次に読んであげることを伝え，叩かずに口で言うように諭す。

学生たちは，B児が絵本を読んでほしい，先生が大好き，A児に代わってほしいなど，B児の気持ちを理解することはできる。しかし，自分が保育者だったらという，保育者のかかわりについては，B児に対して厳しい指導になっている。これが保育の落とし穴である。おとなは善悪の判断で，「A児を叩くという行動はいけないことだから，B児に叩くことはいけないと伝え謝らせる」というかかわりになってしまうのである。保育者はまず，B児はどうしてほしかったのかという気持ちを理解し，その気持ちを受け入れることが大切である。またB児は，2歳という年齢から発達過程を考えると，自分の行動を反省し謝ろうとする気持ちはまだまだ育っていない。B児が保育者に受け入れられた安心感を味わうことができれば，自分のしたことを保育者の丁寧なかかわりを通して，振り返ることもできると考える。

　そのほか保育者は，子どもの健康のためにと思い，昼食を最後まで食べるようにさせたり，できた喜びを味あわせたいと思い鉄棒の特訓をしたりするなど，子どもの心の成長にとって時には逆効果の指導をしていることがある。保育者は，自分の指導や援助を子どもがどのように受け止めているのかを感じ考えながら，保育をしていくことが大切である。

2. 子どもの発達

1 発達過程を学ぶ意味

　保育者が子どもの発達過程を学ぶことには，多様な意味がある。
①発達過程を目安に，子どもの身体的・精神的な発達をとらえる。
②子どものわずかな変化からその成長をとらえる。
③指導計画を立てる際，1人ひとりの子どもの姿とその時期の子どもの発達過程を踏まえて作成する。
④発達過程・指導計画を踏まえ，成長を促す環境の構成を考える。
⑤保育をする際，1人ひとりの子どもの発達に応じた指導や援助を行う。
　保育者が発達過程を学び理解することは，1人ひとりの子どもの今の姿を受け止め，次への発達を促す指導につながると考える。

2 乳幼児期の発達の特徴

　保育所保育指針（以下「保育指針」とする），幼保連携型認定こども園教育・保育要領（以下「教育・保育要領」とする）には，乳幼児期の発達過程の特徴が

次のように記されている。

①乳児期は，視覚，聴覚などの感覚や，座る，はう，歩くなどの運動機能が著しく発達し，特定のおとなとの応答的なかかわりを通じて，情緒的な絆が形成される。

②1歳以上3歳未満児は，歩きはじめから，歩く，走る，とぶなどへと，基本的な運動機能がしだいに発達し，排泄の自立のための身体的機能も整うようになる。つまむ，めくるなどの指先の機能も発達し，食事，衣類の着脱なども，自分でしようとする。

③3歳以上児は，運動機能の発達により，基本的な動作がひと通りできるようになるとともに，基本的な生活習慣もほぼ自立できるようになる。理解する語彙数が急激に増加し，知的興味や関心も高まってくる。仲間と遊び，仲間のひとりという自覚が生じ，集団的な遊びや協同的な活動もみられるようになる。

子どもの発達過程を，運動能力の発達，情緒の発達，感覚や認識の発達，言葉の発達，行動の発達で整理すると，表5－1のようになる。

表5－1　乳幼児期の発達過程の内容

年　齢	運動能力の発達	情緒の発達	感覚や認識の発達	言葉の発達	行動の発達
乳　児	首がすわる。寝返り，腹ばいなど全身の動きが活発になる。座る・はう・立つ・伝い歩きをする。	特定のおとなとの情緒的な絆が形成される。特定のおとなとの情緒的な絆が深まる一方，知らない人には人見知りをする。	視覚や聴覚が発達する。周囲の人やものに興味を示し，探索活動が活発になる。	泣く，笑うなど表情の変化や体の動き，喃語などで欲求を表現する。	ものをつかもうとする。手を口に持っていく。ものを握る。両手を叩き合わせる。
1歳以上3歳未満児	1人歩きを繰り返す中で脚力がつく。歩く・走る・とぶなどの基本的な運動機能が発達する。排泄の機能が整ってくる。	身近な人や身のまわりのものに自発的にはたらきかけていく。自我が育ち，強く自己主張をする姿が見られる。	玩具などを実物に見立てて遊ぶようになる。盛んに模倣し，おとなといっしょに簡単なごっこ遊びを楽しむ	おとなの言うことがわかるようになり，指差し，身振り，片言や二語文を話すようになる。語彙が増加し，自分の意思や欲求を言葉で表出するようになる。	指先を使って，つまむ・めくる・拾う・引っ張るなどを繰り返す。ちぎる・破る・貼るなど，指先の機能が発達する。食事や衣類の着脱など自分でしようとする。
3歳	歩く・走る・とぶ・押す・引っ張る・転がる・ぶら下がる・またぐ・蹴るなどの基本的な運動機能が伸びる。	友だちと場を共有しながら，同じような遊びをそれぞれが楽しむ。遊具の取り合いでけんかになることもある。	おとなの行動や日常生活で経験したことをごっこ遊びに取り入れるようになる。盛んに質問をするなど知的興味や関心が深まる。	話し言葉の基礎ができる。語彙数が増え，日常生活での言葉のやりとりができるようになる。	食事・排泄・衣類の着脱など，ほぼ自立できるようになる。

4歳	片足とびやスキップをするなど全身のバランスを取る能力が発達する。	自分の行動やその結果を予測して葛藤を経験する。 仲間とのつながりが強くなる中でけんかも増える。	自然など身近な環境にかかわり、さまざまなものの特性を知り、かかわり方や遊び方を体得する。 色彩感覚を育む。 心が人間以外の生き物や無生物にもあると思う。	自己主張をして受け入れてもらったり、友だちの主張を受け入れたりする。	想像力が豊かになり、目的をもって行動し、つくったりかいたり試したりするようになる。 ひもを通したり結んだりする。 はさみを扱う。
5歳	運動機能はますます伸びる。 縄とびやボール遊びなど体を協応させた運動をする。 心肺機能が高まり鬼ごっこなど活発に行う。 全身運動がなめらかで巧みになり全力で走り、跳躍するなど快活に跳びまわる。	相手を許したり異なる考えを認めたりする。 共通のイメージをもって遊んだり目的に向かって集団で行動したりする。 仲間の中のひとりとしての自覚が生まれる。 予想や見通しを立てる力が育つ。 役割の分担が生まれるような遊びを行い、協同しながら取り組む。	自分なりに考えて判断したり批判したりする力が生まれる。 時間や空間などを認識するようになる。 さまざまな知識や経験を生かし、創意工夫を重ね、遊びを発展させる。 自然事象や社会事象、文字などへの興味や関心が深まる。	仲間との話し合いを繰り返しながら自分の思いや考えを伝える力や相手の話を聞く力を身につけていく。 友だちの主張に耳を傾け、共感したり意見を言い合ったりしながら意見を調整していく。	基本的生活習慣が身につき、見通しをもって行動する。 他人の役に立つことをうれしく感じて行動する。 器用さが増し、雑巾を絞ったり、のこぎりなどの用具を扱ったりする。 こまやかな手の動きが進み、イメージしたように描いたり、こまやかな製作をしたりするなど工夫して表現する。

3 乳幼児期の発達の特徴をとらえた保育指導

　保育者が子どもの発達過程を理解していないと、成長していく子どもの姿を否定的にとらえ、指導や援助を誤ることがある。たとえば、6ヵ月ごろには子どもは人見知りをするようになり、初めて見る人や知らない人に対しては泣いたりいやがったりする。これは、子どもが特定のおとなとの愛着関係を育んでいるからである。また2歳ごろになると自我が育ち、泣いたりかんしゃくを起こしたりする姿が多くなる。これはなんでも「自分で」という思いが出てきて、思い通りにしたくて、「いやー」「だめー」と自己主張をするようになるからである。さらに4歳ごろになると言葉遣いが悪くなる子どもがいる。今まで「ぼく」と言っていた子どもが「おれ」と言うようになったり、わざと「うんこ」や「しっこ」などまわりの人がいやがることを言ったりする。これは語彙数が増えてきて、さまざまな言葉を使ってみるうれしさを感じたりまわりの反応を楽しんだりしているからである。

　子どもの発達過程を理解していないと、このような子どもの姿を、おとなになつかない子ども、聞きわけのない子ども、人のいやがることを言う子どもと受け

止めてしまう。

　しかしこれらの姿を発達過程のひとつととらえることができると，大好きな人と知らない人との区別がついてきた，なんでも自分なりにやってみたいという気持ちが芽生えてきた，知らなかった言葉を覚え使ってみようとしている，など，子どもの成長を踏まえ発達に応じた指導や援助をすることができるのである。

3. 保育方法の基本

1 保育の目的

　これまでの保育の目的は，豊かな環境の中で生活や遊びを通して，子どもの喜怒哀楽などの豊かな感情や感性である心情を育てること，興味や関心をもったことに取り組む意欲を育てること，感じたこと考えたことを言動に表していく態度を育てること，そして，子どもと子どもが互いに心を通わせ認め合ったり，イメージや目的を共有したり，知恵を出し合い力を合わせて活動に取り組んだりする心情・意欲・態度を育てることととらえてきた。

　今回の幼稚園教育要領（以下「教育要領」とする），保育指針，教育・保育要領の改訂（改定）では，「幼児期に育みたい資質・能力」として3つの柱が示され，「幼児期の終わりまでに育ってほしい姿」として10項目が示されている。

　3つの資質・能力とは「知識及び技能の基礎」「思考力，判断力，表現力等の基礎」「学びに向かう力，人間性等」である。

　3つの柱は，幼児期から小学校・中学校・高等学校と共通のものとして示されており，これまでの幼児教育の中にあったものが，3つの柱の基礎という視点で出されている。

　これら3つの柱につながる体験は生活や遊びの中にある。「知識及び技能の基礎」は，子どもが遊びや生活の中で，こうするとこうなるといった物事の規則性や関連性に気づいていく体験を通して知恵や技術を獲得していく。「思考力，判断力，表現力等の基礎」は，なにかを実現しようと試行錯誤を繰り返す体験を通して，自分なりに考え判断して行動に移すことが思考力や判断力や表現力等につながる。「学びに向かう力，人間性等」は，心情，意欲，態度が育つ中で，自分の気持ちを調整したり，物事に粘り強く取り組んだり，仲間とかかわりを深め協調したりする体験を通して，より良く伸びようとする学びに向かう力やその子どもらしい自律心をもった人間性を育むことにつながる。

　そのために保育者は，「生きる力の基礎を育むため，これらの資質・能力を一

体的に育むように努めるものとする」ということを目的にして保育を行っていく。保育者は子どもとともに生活や遊びをする中で，子どもの喜びや葛藤等の豊かな心情を受け止め支え共感したり，物事への興味や関心を引き出し失敗や試行錯誤を繰り返す体験を支えたり，それらを実現できるような言葉や行動や表現力を身につけるようモデルになったり援助をしたりしていく。また子ども同士が気持ちを通わし合い協力して物事に取り組む過程を見守ったり，アイデアを出したり，材料を提示したり，時には手伝ったりして援助していくことによって，子どもは仲間とともに主体的に活動を展開しながら生きるために必要な資質・能力を身につけていくと思われる。

「幼児期の終わりまでに育ってほしい姿」として示された10項目は，①「健康な心と体」②「自立心」③「協同性」④「道徳性・規範意識の芽生え」⑤「社会生活との関わり」⑥「思考力の芽生え」⑦「自然との関わり・生命尊重」⑧「数量や図形，標識や文字などへの関心・感覚」⑨「言葉による伝え合い」⑩「豊かな感性と表現」である。これらは「育てる姿」ではなく，「育ってほしい姿」として示されている。保育者は1人ひとりの子どもの生活や遊びの姿をじっくり見ていくことによって，10項目の視点の姿も明確になってくると思われる。この視点を小学校の先生と共有することによって，幼児期の育ちが小学校以降の育ちにつながると考える。

2 信頼関係を築く

乳幼児が健やかに発達していくには，情緒の安定と人への信頼感が育ち，豊かな環境の中で生活していくことが基盤となる。これからの生活を保障していくために，幼稚園教育要領中央説明会資料（以下「教育要領資料」とする），幼保連携型認定こども園教育・保育要領中央説明会資料（以下「教育・保育要領資料」とする）には，次のように記されている。

> 幼児期は，自分の存在が周囲の大人に認められ，守られているという安心感から生じる安定した情緒が支えとなって，次第に自分の世界を拡大し，自立した生活へと向かっていく。同時に，幼児は自分を守り，受け入れてくれる大人を信頼する。すなわち大人を信頼するという確かな気持ちが幼児の発達を支えているのである。
> 　（「教育要領資料」 第1章 第1節 幼稚園教育の基本 3 幼稚園教育の基本に関して重視する事項 (1) 幼児期にふさわしい生活の展開）

> 乳幼児期は，自分の存在が周囲の大人に認められ，守られているという安心感から生じる安定した情緒が支えとなって，次第に自分の世界を拡大し，自立した

生活へと向かっていく。同時に、園児は自分を守り、受け入れてくれる大人を信頼する。すなわち大人を信頼するという確かな気持ちが園児の発達を支えているのである。

（「教育・保育要領資料」第1章　第1節　幼保連携型認定こども園における教育及び保育の基本及び目標等　1　幼保連携型認定こども園における教育及び保育の基本　（4）幼保連携型認定こども園における教育及び保育の基本に関連して重視する事項　①安心感と信頼感をもっていろいろな活動に取り組む体験）

また、保育所保育指針中央説明会資料（以下「保育指針資料」とする）、教育・保育要領資料には、次のように記されている。

一人一人の子どもが保育士等に受け止められながら、安定感を持って過ごし、自分の気持ちを安心して表すことができることは、子どもの心の成長の基盤になる。

子どもは、周囲の大人や子どもから、かけがえのない存在として受け止められ認められることで、自己を十分に発揮していくことができる。そのことによって、保育士等や周囲の人への信頼感とともに自己を肯定する気持ちが育まれ、自分への自信につながる。特に、保育士等が一人一人の子どもを独立した人格をもつ主体として尊重することが大切である。乳幼児期において、他者への信頼感と自己肯定感が周囲の人との相互的な関わりを通して育まれていくことは、子どもの生涯にわたる心の基盤を培う意味で、極めて重要である。

（「保育指針資料」第1章　総則　2　養護に関する基本的事項　イ　情緒の安定　（ア）ねらい）

園児一人一人が保育教諭等に受け止められながら、安定感をもって過ごし、自分の気持ちを安心して表すことができることは、園児の心の成長の基盤になる。園児は、周囲の大人や園児から、かけがえのない存在として受け止められ認められることで、自己を十分に発揮していくことができる。そのことによって、保育教諭等や周囲の人への信頼感とともに自己を肯定する気持ち育まれ、自分への自信につながる。特に、保育教諭等が園児一人一人を独立した人格をもつ主体として尊重することが大切である。乳幼児期において、他者への信頼感と自己肯定感が周囲の人との相互的な関わりを通して育まれていくことは、園児の生涯にわたる心の基盤を培う意味で、極めて重要である。

（「教育・保育要領資料」第1章　第3節　幼保連携型認定こども園として特に配慮すべき事項　5　幼保連携型認定こども園における養護　（2）情緒の安定の観点）

保育者に肯定的に受け止められている子どもは、安心してまわりの環境にかかわり、さまざまな感情体験をし、その気持ちを保育者に表していく。保育者がさまざまな子どもの感情を受け入れ共感することによって、子どもは安定し、さらに意欲的に活動するようになる。

しかし、保育者から否定的に評価されると、子どもは不安になってなかなかま

わりの環境にかかわることができない。そして，保育者に受け入れられず，拒絶や無視，叱責されたりすると，子どもはさらに消極的になり，戸惑ったり，時には乱暴になったりする。

　子どもの健やかな発達を促すには，子どもに接する保育者が，どのような場合でも子どもの気持ちや行動の意味を理解しようと努め，子どもを肯定的に受け止める姿勢をもち続けることが大切である。この姿勢をもつことが保育者としてもっとも重要である。

　子どもは，時には友だちを噛んだり，叩いたり，悪口を言ったり，相手の遊具を取り上げたりなどすることもある。このような場合，子どもを理解していないおとなはその子どもの言動を厳しく注意するであろう。しかし子どもを肯定的に受け止めようとする保育者は，なぜ噛むのだろう，なぜ叩いたのだろうと考えたり，「いやなことがあったのかな？」「その遊具が使いたかったのかな？」とかかわったりするであろう。子どもは保育者が自分を受け止めてくれていると感じると，保育者を信頼し安心して心を開くようになる。保育者の温かい言葉や援助が子どもの心に届き，子どもは健やかに成長していくのである。

3 保育者の役割

　保育者には多くの役割があるが，子どもが主体的に生活や遊びを進めるために，教育要領，教育・保育要領には，次のように記されている。

> （7）幼児の主体的な活動を促すためには，教師が多様な関わりをもつことが重要であることを踏まえ，教師は，理解者，共同作業者など様々な役割を果たし，幼児の発達に必要な豊かな体験が得られるよう，活動の場面に応じて，適切な指導を行うようにすること。
> 　　　　　　（「教育要領」　第1章　第4　指導計画の作成と幼児理解に基づいた評価
> 　　　　　　　　　　　　　　3　指導計画の作成上の留意事項）

> ク　園児の主体的な活動を促すためには，保育教諭等が多様な関わりをもつことが重要であることを踏まえ，保育教諭等は，理解者，共同作業者など様々な役割を果たし，園児の情緒の安定や発達に必要な豊かな体験が得られるよう，活動の場面に応じて，園児の人権や園児一人一人の個人差等に配慮した適切な指導を行うようにすること。
> 　　　　　　（「教育・保育要領」　第1章　第2　2　指導計画の作成と園児の理解に基づいた評価
> 　　　　　　　　　　　　　　（3）指導計画の作成上の留意事項）

また，保育指針には，次のように記されている。

> ウ　子どもの主体的な活動を促すためには，保育士等が多様な関わりをもつことが重要であることを踏まえ，子どもの情緒の安定や発達に必要な豊かな体験が

得られるよう援助すること。

(「保育指針」第1章　3　保育の計画及び評価（3）指導計画の展開)

「保育者の多様な関わり」とは，
- さまざまに変化する子どもの気持ちや行動を受け止め寄り添い援助する，精神的なよりどころとしての役割
- 魅力的な環境を構成し，子どもが多様な経験を得られるようにする，遊びの援助者としての役割や憧れを形成するモデルとしての役割
- 子どもが意欲的に取り組みたくなる活動を子どもとともに計画する，子どもとの共同作業者としての役割
- 子どもの行動を見守り，自分で行うことの充実感を味わえるように援助する，活動の理解者としての役割

このように，保育者が1人ひとりの子どもの特性に応じて，愛情を注ぎ，手助けをし，いっしょに行動し，仲間になって考え，見本になるよう振る舞うなど，さまざまな役割を果たすことによって，子どもは気持ちが安定したり，遊びのヒントを得てさらに遊びが充実したり，保育者や仲間とともにアイデアを出し合ったり，自分の行動に自信をもったりなど，主体的に生活や遊びに取り組みながら成長していくと考える。

4 保育における指導と援助

保育者は子どもの発達を踏まえ，子どもの気持ちや興味や関心，言動の理解に努め，指導計画を踏まえ，さまざまな役割を果たしながら保育を行っていく。0～5歳児の事例から子どもの成長を支える保育者の指導と援助について考える。

(1) 0歳児

保育指針，教育・保育要領では，乳児保育は「愛情豊かに，応答的に行われることが特に必要である」と記されている。保育者は，子どもが快適に生活できるよう環境を整え，優しい言葉で語りかけ，気持ちをくんで動き，欲求を満たし，発声を喜んで受け止めるなど，応答的に対応していくことが大切である。

〔0歳　事例1〕いやな気持ちをわかって言葉にして
　A児が泣いていた。風邪気味なのか鼻水が出て機嫌が悪かった。保育者はA児を抱いてあやしながらティッシュで出ている鼻水を拭き始めた。A児はいやがってのけぞり「あーあー」と泣いた。保育者は優しく「わかった，わかった」と言いながら手早く鼻水を拭き取った。

※保育者はA児が風邪気味で気分が悪いこと，鼻水を拭かれるのがいやなことをわかっていて，「わかった，わかった」という言葉をかけて受け止め，「いやなんだよね。わかっているよ」という共感の思いを伝え，手早く鼻水を拭いた。

〔0歳　事例2〕保護者と離れたことをほめて
　　A児が保護者に抱かれて登所してきた。A児は保護者から離れたくないようで，保護者に抱かれたまま泣いていた。保育者は泣いているA児を保護者からさっと引き受けて抱きかかえた。保護者は泣いているA児に笑顔で手を振った。A児は泣いてはいたが保護者を追うことなく，保育者に抱かれて保護者を見ていた。保育者はA児に「バイバイ言ったの，えらいね。バイバイできたね。」とA児に言った。

※保育者は，A児が保護者と離れたくない気持ちでいることをわかって，保護者からさっとA児を引き受けた。そして，泣いてはいても保護者と離れられたA児に，「バイバイできたね，えらいね」とA児の行動をほめた。

〔0歳　事例3〕楽しんでいることを言葉で表して
　　座ってまわりのものを手で持てるようになったA児は，同じ形の木のおもちゃを上下に積んだ。そばにいた保育者は「高い高い，積めた積めた，上手上手」と手を叩いてほめた。その後，上の積み木が倒れた。保育者が「カラカラカラ，あーあ」と言うと，A児はまた積もうとした。

※子どもは，まわりの遊具に興味をもち，つかもうとするが思うようにできない時期である。興味をもったものを手にしたり積んだりという行動を，子どもの意欲の表れととらえ，保育者は「高い高い，上手上手」と声をかけ，A児がまた遊具を積もうとする意欲を引き出した。

(2) 1歳児
【ねらい】

　保育指針，教育・保育要領では，1歳以上3歳未満児の保育について「自分でできることが増えてくる時期であることから，保育士（保育教諭）等は，子ども（園児）の生活の安定を図りながら，自分でしようとする気持ちを尊重し，温かく見守るとともに，愛情豊かに，応答的に関わることが必要である」と記されている。

　子どもはなんでも「自分で」という気持ちが出てきて，使ったりやってみたりしたいと思うようになる。保育者は，子どもの思いが実現しやすいように言葉を補ったり，ものや場などの環境を整えたりすることが大切である。

5章　乳幼児期における保育方法の基本

〔1歳　事例1〕スプーンを使って食べたいという思いを支えて
　おやつの時間，保育者が「みんな揃っていただきます。どうぞ」と言うと，4人の子どもたちはカステラを手に持って食べはじめた。A児はまだ食べようとしないので保育者が「Aちゃん食べようか」と促すと，A児は「プン，ちょーだい」とスプーンを欲しがった。保育者は「はい」と言ってスプーンでカステラを小さく切り分けた。A児は「うわーい」と声を上げた。保育者は「うわー，よかったね。おいしそうだね。はいどうぞ，さあ食べられるかな」と言ってスプーンを渡した。A児はスプーンを持って食べはじめた。

※保育者は，A児が大きい子どもたちのように，スプーンを使って自分でカステラを食べたいという思いをもっていることに気づき，スプーンで食べやすいようにカステラを小さく切り分け，A児のスプーンを使って食べたいという意欲を支えた。

〔1歳　事例2〕互いの気持ちを言葉で補って
　A児が「カメ，カメ，カメ，カメ，カメ」と訴えた。そばに座っていたB児がカメの遊具をA児に渡した。保育者は「Aちゃん，カメさん返してもらったの，Bちゃんに。よかったね」「Bちゃんもカメさん欲しかったの？」とB児に言った。

※保育者は，カメの遊具を返して欲しかったA児の「カメ，カメ」と言った言葉を，「カメさん返してもらったの，よかったね」と補い，カメの遊具を返したB児には，返してえらかったねという気持ちを込めて，「カメさん欲しかったんだよね」とB児の気持ちを言葉にした。

〔1歳　事例3〕気持ちが落ち着くのを待ってまた遊べるように
　A児とB児が机の上でごちそうをつくって遊んでいた。A児は自分だけでごちそうづくりをしたかったようで，机の上のお茶碗やお皿を床に落としはじめた。保育者は「Bちゃんがつくってたんだよ。さっき」と言ったが，A児はざらざらと全部の遊具を床に落とした。保育者は「あーあ，怒っちゃった」と言ってB児といっしょにそのようすを見ていた。A児はなにもなくなった机の上に寝転んだ。保育者はもう一度，「ねーねー，Bちゃんがここでごはんつくってたんだけど。Aちゃんどうした？」と言うとA児は黙っていた。保育者は「仲よくつくろう，先生もお弁当つくろう」と言うと，B児は「ごちょちゃまする」と言って保育者が出した弁当箱を手にした。黙っていたA児も，「Aもつくる」と言って保育者からB児と同じ弁当箱を受け取った。保育者はB児とA児に，同じようにスプーンやごちそうを分けて渡した。

※保育者は，A児が思い通りにならず怒って遊具を全部床に落とした行動を止めず，「あーあ，怒っちゃった」とA児の気持ちを言葉にし，遊具を落とすと

いう行動で気持ちを表していることを受け止めた。保育者は，A児が机の上に寝転んだとき，A児が，ここは自分の場所という思いを出し尽くしたととらえ，「ここはBちゃんがつくって遊んでいたんだよ」とB児の思いを伝えた。保育者はA児の気持ちや行動を理解し気持ちが落ち着くのを待ってから，「先生，お弁当つくろう」と投げかけ，再び，B児やA児が遊びはじめるきっかけをつくった。

(3) 2歳児

[2歳　事例1] 着替えを楽しく手伝って
　A児は昼寝をするのでパジャマに着替えていた。ズボンは履けたが上着は着られなかった。保育者は，A児に上着を着せゆっくりボタンをかけながら「♪あなたのお名前は～あなたのお名前は～」と歌った。A児が「Aちゃん」と答えると，保育者は「♪おや，すてきなお名前ね～」と歌ってA児をギュッと抱きしめた。A児はにっこりして布団に入った。

※保育者は，着替えの難しいところを心地よいうたを歌いながら手伝い，最後に子どもを抱きしめた。子どもは，保育者に手をかけてもらううれしさを感じながら徐々に着替えを身につけていくと考える。

[2歳　事例2] 叩かれると悲しいことを伝えて
　保育者は，けんかをしてB児を叩いたA児に「Aちゃん，先生のお顔見て。先生も『えいっ』て叩かれたら悲しいの。Bちゃんもそう。Bちゃんが『いやだよ』って言ったらやめようね」と言うと，A児は「うん」とうなずいた。保育者は「Aちゃんも，『えいっ』て叩かれたら『いやだよ』って言うでしょ。同じなんだよ」と言った。

※保育者は，友だちを叩くという行為を，悪いこと，いけないこととは伝えず，自分がされると悲しい，いやだという思いに気づかせ，「悲しいことやいやなことはやめようね」と伝えた。まだ相手の痛みを感じることはできないが，保育者が「先生も『えいっ』て叩かれたら悲しいの。『いやだよ』って言ったらやめようね」と言ったとき，A児はうなずくことができた。

[2歳　事例3] ○○のつもりになって遊ぶ楽しさを伝えて
　保育者は，お医者さんになってB児の人形の赤ちゃんの病気を診ていた。そばの椅子に座って順番を待っているA児は電話をしているつもりになって，「あのね，お医者さんに来てるの」と手を耳にあてて話していた。保育者はB児に「はい，お薬を入れましたから大丈夫ですよ」と言い，赤ちゃんにおむつをしてB児に渡した。保育者は，「はい次の方，どうぞ」と呼ぶと，A児が赤ちゃんを抱っこして保育者の前の椅子に座った。保育者が，「どこが痛いですか？」と聞くとA児は，「こ

こです」と人形のお腹を押さえた。

※保育者が，○○のつもりになったり見立てたりして遊ぶことで，子どもたちもなにかになったり見立てたりして遊ぶことを，楽しいと感じるようになっていく。この保育者のかかわりが，子ども同士の「○○のつもり」をつないでいくもととなる。

(4) 3歳児

保育指針，教育・保育要領では，3歳以上児の保育について「運動機能の発達により，基本的な動作が一通りできるようになるとともに，基本的な生活習慣もほぼ自立できるようになる。理解する語彙数が急激に増加し，知的興味や関心も高まってくる。仲間と遊び，仲間の中の一人という自覚が生じ，集団的な遊びや協同的な活動も見られるようになる。これらの発達の特徴を踏まえて，この時期の教育及び保育においては，個の成長と集団としての活動の充実が図られるようにしなければならない」と記されている。

〔3歳　事例1〕1人ひとりの話に丁寧に応じて
　保育者は，朝からけんかになってしまった2人の子どもを抱きかかえながら，そのわけを聞いていた。そこへ登園してきたA児が保育者に，「お手紙忘れた」と話しかけた。保育者は「明日でもいいよ」と答え，「今，大事なお話しているからね」とA児の顔を見て伝えた。次に登園してきたB児は，「ねぇお弁当，お弁当」とお弁当を持ってきて保育者に言った。保育者は，「あそこへ出しておいて」とお弁当の置き場所を知らせた。B児は「見て，かわいいよ」とお弁当を差し出した。保育者はB児のお弁当のふたを開けて中を見て，「あっ，本当」と言った。次にC児が登園してきて，座っている保育者の背中に跳びついてきた。保育者は背中のC児をぎゅっと抱いて，「おはよう」と言った。そしてけんかになった2人にかかわった。

※保育者は，けんかをした子どもたちと話していてもA児の話にも顔を見て応え，B児が「かわいいよ」と差し出した弁当の中も見て，さらにはC児が跳びついてきた思いにも応えた。保育者は，3歳児がまだまわりで起こっている状況を受け止めることはできないことをわかっていて，1人ひとりの思いをさえぎることなく丁寧に対応した。保育者の1人ひとりへの丁寧なかかわりが，子どもの安心感や保育者への信頼感につながっている。

〔3歳　事例2〕つらい気持ちをいっしょにがまんして
　A児は赤いバギーカーが欲しかったが，水色のバギーカーしか残っていなかった。保育者はA児が「赤いバギーカーが欲しい」と言ってきたので，A児といっ

しょにB児やC児，D児たちのところへ行って，「Aちゃんね，赤いバギーカーに乗りたいけど替えてくれる？」と聞いた。B児やC児たちは，赤や水色のバギーカーを確保してテラスに座っていたが，保育者の話を聞いて「今度代わってあげる」と答えると，それぞれバギーカーに乗って走って行ってしまった。保育者は泣きそうなA児に，「今度貸してくれるって」と言って手をつないでいっしょに過ごした。

※保育者はA児の「赤いバギーカーが欲しい」という思いを受け止め，貸してもらえないことはわかっていたが，それを使っている子どものところへ頼みに行った。そして，「今度」と断られて悲しい思いをしているA児と手をつないでいっしょに過ごし，A児ががまんをするつらいい時間を支えた。

〔3歳　事例3〕遊びのイメージをふくらませて
　A児とB児が積み木で船をつくり，座って運転しているつもりになって手を動かしていた。保育者はC児といっしょに乗せてもらった。まわりにいたD児とE児も加わった。保育者は「ハワイまで行ってください」と言ったり，「危ない！ぶつかるよ，曲がって，曲がって！」と運転をしていたA児に伝えたりした。A児はその声を聞いて，ハンドルを動かす手をクルクルとまわした。保育者は積み木の船から落ち，床に倒れて「助けてー」と言った。子どもたちは船から手を伸ばし，「よいしょ，よいしょ」と保育者の手を引っ張った。助けられた保育者は「あーよかった」と言った。船に乗っていたD児が「クジラをやっつけてくる」と言った。保育者は「気をつけてね」と言って送り出した。B児，D児，E児はクジラと戦うつもりで手や足を動かした。

※保育者は子どものイメージ，「○○のつもり」を受け止めて応じ，さらに保育者のイメージを「ぶつかるよ！」や海に落ちて「助けてー」などの言動で表して，子どもたちの船を運転するイメージを共有し，そのイメージをより確かなものにした。船や海のイメージがいっしょにいるまわりの子どもにも伝わり，子どもの「クジラをやっつけてくる」という次のイメージを引き出した。

(5) 4歳児

〔4歳　事例1〕うれしい気持ちに共感して
　A児は小さなカタツムリを手の平に乗せて登園してきた。保育者は「見つけたの？」と聞いた。A児は「うん」とうなずいた。保育者は「どこで？」と聞いた。A児は「塀のとこ」と答えた。保育者が「うれしいね」と言うと，A児は笑顔になった。保育者が「お友だちに見せてあげる？」と聞くとA児は，「うん」と答えた。保育者が「カタツムリさんといっしょにご挨拶しようね。おはようございます」と言うと，A児は手の平のカタツムリを少し倒しながら，「おはようございます」と言った。

※保育者は，A児がカタツムリを見つけたうれしい気持ちを「見つけたの？」「どこで？」と丁寧に聞きながら「うれしいね」と共感し，A児とカタツムリに挨拶をした。A児も保育者に受け止められたと感じたので，カタツムリといっしょに挨拶をした。保育者が，カタツムリを見て「かわいいね！」と自分の感想を言うだけでは共感にはならないと考える。カタツムリを見つけて持ってきた子どもの気持ちに共感し，応答的に接していくことが大切である。

〔4歳　事例2〕「おもしろそう」の言葉をとらえて
　A児はいつも，木製遊具の屋根の上に登ってまわりのようすを見ていた。保育者は，A児を鬼ごっこや砂遊びに誘ったりするが入ってこなかった。
　ある日，園庭の水道の蛇口が上に向き，水が勢いよく出て大きな水たまりができた。その大きな水たまりを見つけた子どもたちが，水の中へ入っていった。木製遊具の上で見ていたA児が，「おもしろそう」と声を出した。保育者は，「Aちゃんもおいで」と誘った。A児は屋根の上から降りてきて，水たまりのそばに来た。くつのまま水たまりの端に入ったり，水に手をつけたりした。保育者が「海みたいだね」と言うと，A児は「池だよ」と言った。
　次の日，保育者は大きな水たまりを同じ場に作り，A児といっしょに中に入って遊んだ。

※保育者は，A児がさまざまな遊びに興味を示さないので，なにがA児の心を動かすのかをいつも考えていた。A児は園生活になかなか慣れず戸惑っていたと思われるが，偶然にできた大きな水たまりに初めて心を動かした。保育者は，A児が「おもしろそう」と言った言葉を聞き逃さず，水たまりに来るよう誘い，A児が自分から動き出すきっかけをつくった。
　子どもは，自分のしたい遊びを見つけ，遊んで楽しかったという思いを積み重ねながら成長していく。保育者は，つねに子どもがなにに興味や関心をもっているのかを知ろうとすることや，心が動く環境を用意するなど，さまざまな出来事に出会えるように工夫することが必要である。

〔4歳　事例3〕相手に伝わる話し方を知らせて
　A児とB児は，ジャングルジムの家で振りをつけながらうたを歌っていた。そこへC児が「もう，片づけだぞ！」と知らせに来たが，A児とB児は，いい気持ちで歌っていて，まだ遊んでいたいのにという顔をして返事をしなかった。C児は，A児たちが使っているござを片づけはじめようとした。A児は「やめてよ！」と怒った。A児とC児がけんかになりそうな雰囲気になったので，保育者は「Aちゃん，C君が片づけるのを手伝ってくれるんだって」と言うと，A児は「だって，まだ歌いたいもん！」と言った。保育者は「そういう時は，『もう1曲歌わせて』って

言うのよ」と言った。するとA児は、「もう1曲歌わせて」とC児に言った。C児は「わかったよ」と答えた。A児とB児が1曲歌い終わったところで、保育者が「また明日ね」と声をかけ、A児たちは片づけはじめた。

※保育者は，C児が「もう，片づけだぞ！」と言った言葉の中に，A児，B児に片づけの時間であることを伝え，片づけを手伝おうとしている思いが含まれていることを感じ取り，A児たちに「C君が片づけるのを手伝ってくれるんだって」と言った。そして，A児の「だって，まだ歌いたいもん」という自分の気持ちを，相手に伝える言葉に代えて，「そういう時は，『もう1曲歌わせて』って言うのよ」と言った。

4歳児は言葉が随分豊富になり，自分の話すことを相手にわかってもらいたいと思うが，言葉が強かったり，気持ちを訴えるだけだったりして，言葉の行き違いでけんかになることも多い。保育者は，相手にどのように話すとよいかをモデルとなって伝え，子どもが自分で伝える言葉を獲得するのを支えていくことが大切である。

(6) 5歳児

〔5歳　事例1〕相談しながらストーリーを考え進められるように

誕生会で人形劇を見せたいとA児たちが言った。保育者が「みんなが知ってるお話にする？　それともみんなでつくる？」と聞くと、「つくる！」とうれしそうに答え、A児、B児、C児、D児の4人でお話をつくりはじめた。「キツネが出てくるお話がいい」「人間の友だちがいて遊びに行くんだよ」「オオカミに食べられそうになってやっつけるのはどう？」など口々に言うがまとまらない。話の内容はおもしろそうだが、実際に演じるときに誰もオオカミをやりたがらないのではないかと思い、保育者が「やっつけられるオオカミは誰がやるの？」と聞くと、やはり誰もやりたくないようすで4人は再び考えはじめた。しばらくして「本当は遊びたいけど、いじわるしちゃうことにするのはどう？」とA児が言い、「いいねー！」とB児。「じゃあ、いじわるするのはヒヨコにしよう」とB児たちも受け入れ、大筋が決まっていった。A児たちが言ったことを保育者が「～ってこと？」とひとつずつ確認しながらまとめ、お話ができあがった。

※子どもたちの「こんな遊びをやりたい」という思いから、保育者は実際に遊びを進めるために子どものもっているイメージを引き出したり、そのイメージが可能かを考えさせたりした。子どもたちは意見を言い合うだけでなく、保育者の問いかけから実際にお話を進めていくことをイメージして再度考え合い、自分たちで相談しながらお話をつくっていった。

〔5歳　事例2〕互いの思いを受け止められる状況をつくって
　人形劇でそれぞれがやりたい役を決めて，人形をつくりはじめた。人間役のC児とD児は2人とも服の色に水色を選んだ。C児はD児に違う色にしてほしいようで「同じ色だとどっちかわからなくなっちゃう」と不満そうに保育者に言いに来た。保育者は「Dちゃんと相談しに行こうか」とC児といっしょにD児のところへ行った。C児が「同じ色だとわからなくなるから，違う色にしよう」と言うと，D児は「じゃあピンクでいいよ」と水色をC児に譲った。すると近くで会話を聞いていたA児が「でも，いつもDちゃんが譲ってるから，水色にさせてあげたら？」と言った。保育者は「そうか，Dちゃん優しいもんね。でもCちゃんも水色がいいし，困ったなぁ」と聞こえるようにつぶやき，ようすを見ることにした。C児はしばらく考え，「わたしやっぱりピンクでいい。その代わり，くつは赤ね」とD児に伝え，また人形をつくりはじめた。

※保育者はC児の「同じ色はいやだ」という思いを受け止め，C児がD児に自分で話すように促した。D児はすんなりC児の思いを受け入れたが，日ごろのC児やD児の姿をわかっているA児が「いつもDちゃんが譲ってるから」とC児の思いを受け止め返した。保育者は「困ったなぁ」と言って，子ども同士が互いの思いを受け止め合える状況をつくり，ようすを見た。C児は仲間や保育者から受け入れられている状況の中で，自分の思いに折り合いをつけていった。

〔5歳　事例3〕イメージを共有し役割を担って行事を進められるように
　今年もミニSLの会を行うことになり，どのように取り組みたいかを子どもたちに聞いてみた。「切符がいる」「カバンをもらったよ」「信号もあった」など，昨年のことを思い出して話す。必要なものについて

保育者　　　「切符はどうする？」
子どもたち　「それはあったほうがいい」
保育者　　　「カバンは？」
子どもたち　「あったほうがいい」「わたしがもらったのはかわいいのだったよ」
　　　　　　「お金もあったほうがいい。だって切符買わないかんもん」
保育者　　　「カバンやお金は年少さんや年中さんの分もつくるの？　たくさんいるよ」
子どもたち　「何人いる？」
保育者　　　「年少組は18人で年中組は30人」
子どもたち　「ぼくたち30人だから，78人か」「えー」
保育者　　　「ひとり2,3人分カバンをつくるんだよ。どうする？」
子どもたち　「つくりたーい」「うーん…」
保育者　　　「みんなに聞いてみたら？」

すると，2人がつくりたくないと手を挙げる。
　　　保育者　　「どうする？　自分の分と，もう1つつくってみる？」
　　　子どもたち「…うん，やってみるわ！」
など，話し合って決めていった。
　　どのような仕事があるかを話し合い，
　　　子どもたち「案内係」「切符を売る人」「信号を出す人」「みんなが乗ったかどう
　　　　　　　　か見る人」「笛を吹く人」「切符をもらう人は？」
と次々に話し出した。その後，子どもたちはどの仕事をしたいか役割を決めたり，用意するものをつくりはじめたりした。
　　ミニSLの会の前日に，年中組にお客さんになってもらって縄とび電車でシミュレーションをした。はじめは戸惑っていた子どもも「やり方がわかって楽しかった！」と言っていた。
　　当日，子どもたちは「切符売り場はこちらです」「2列に並んでください」「こっちに座ってください」「乗ってくださーい。足を上げてくださーい」「降りた人はこっちに来てください」などと声を出しながら張り切って自分の仕事をしていた。
　　案内係のA児は，最初は照れて友だちの後ろにいたが，途中から「自分が言う」と言って前に出て「切符売り場に来てくださーい」と大きな声で言っていた。B児は未就園児が乗るとき，保護者に「お子さんの足下に気をつけてあげてください」と自分なりに気づいたことを言っていた。C児とD児は2人でいっしょに信号係の役割を果たしたことで「Dちゃんとあまり遊んだことなかったけど，仲よしになっちゃったね」と顔を見合わせていた。E児たち案内係は「いっそがしー」と言いながら，生きいきと動いていた。

※学級のみんなで意見を出し合ったり，友だちの意見を聞いたりしながら，子どもたちがイメージを共有し，自分たちで役割を決め，分担して行事を進める場を提供した。子どもたちは，自分たちで考えたことを実行していくことで，やり遂げた達成感を味わっていた。

4. 保育者の専門性

1 保育の記録を書く

　保育が終わった後，保育者は子どもの姿や保育者自身のかかわり，言動を振り返り，心に残ったことを記録することが必要である。子どもに1歩も2歩も近づき，その姿をじっくり見たり，会話に耳を傾けたりして，子どもと一体感の中にいるとより詳細な記録を書くことができる。子どもと生活や遊びをともにしなが

ら，子どもの言葉や行動を日々少しずつ保育の記録を書き続けることで，子どもの気持ちや考えに気づいたり，子どもが経験していること，育っていることに気づいたりする。また，保育者自身の援助が子どもにとって適切であったか，環境の構成は適切であったかなどを記録することによって，明日はどのようなかかわりをするかなどを考えるもとになる。保育の記録という小さな点を積み重ねることによって，つながって線となり，子どもの成長を支えることができる。

2 保育カンファレンスを進める

　保育カンファレンスとは，保育の場において自分の見方や考え方を，他者の見方や考え方と付き合わせて議論することをいう。

　保育が終わった後，保育者は1日の子どもの姿，自分の行動を思い起こし，省察することによって自分を高めていくことが必要である。しかし，自分だけの見方や考え方では，ひとりよがりになったり，保育の方法や視点が行き詰まったり，悩みを解決できなかったりすることがある。そこで，保育カンファレンスを通して他者のいろいろな見方や考え方に触れることによって，多様な子どもへの柔軟な対応ができる専門性を身につけていく必要がある。

　保育カンファレンスを行う際には，具体的な事例をもとに，「自分だったら……」とそれぞれが自分の考えを出し合い，本音で話し合うことが基本である。そして，話し合いの中では相手の意見を否定するのではなく，自分と異なる意見を尊重し，お互い同士が育ち合おうとする気持ちをもつことが大切である。

　1歳児が遊具を取りに行くとき，必ずそばの子どもの髪を引っ張ったり，頭を叩いたりする子どもがいた。保育者はなぜだかわからず職員の話し合いの場でほかの人の意見を聞いてみた。ビデオを撮ってみようということになり，ビデオでようすを見たところ，足下がまだおぼつかないので，そばにいる子どもの頭を手すり代わりにしていることがわかって，その子どもへの対応がわかった例もある。

3 チーム保育を取り入れる

　チーム保育とは，子どもたちを園の職員全員で育てていこうとする姿勢で保育していくことをいう。子どもたちはまわりの環境にかかわってさまざまな遊びを生み出し活動を展開していく。このような子どもの遊びを中心にすえた保育を展開していくには，担任の保育者1人では，1人ひとりの遊びへの適切な援助や安全性の確保が十分にできない。

　チーム保育は，園の職員全員で協力体制をつくり，みんなの目で子どもの可能性やその子らしさを育てていこうとするものである。したがって，自分のクラス以外の子どもにもかかわっていくため，そのときに得た情報を丁寧に担任の保

育者に伝えていくことが大切である。また，情報を得た保育者は，自分の知らなかった子どもの姿を理解したり，新たな援助のしかたを考えたりすることで，子どもに対してきめ細かい援助を行うことが可能になる。

　さらに，保育者といえども得意なこともあれば苦手なこともある。ピアノは得意だが虫は苦手だったり，絵は得意だがダンスは苦手ということもあると思う。保育者同士が互いの得意なことを生かし合って，保育者自身も学び合うことができる。

【引用・参考文献】
内閣府・文部科学省・厚生労働省『「幼保連携型認定こども園教育・保育要領，幼稚園教育要領及び保育所保育指針の中央説明会」資料』2017年7月
柴崎正行『保育者の新たな役割』小学館，1999
加藤繁美・神田英雄監修，松本博雄＋第一そだち保育園編著『子どもとつくる0歳児保育』ひとなる書房，2011
文部科学省『初等教育資料（No.952）』東洋館出版社，2017
VHS『0・1・2歳児の保育　人間としての基礎づくり』映像情報センター
VHS『せんせい　せんせい　−3歳児の世界−』岩波映像

第6章 環境を通して行う教育

〈学習のポイント〉　①幼稚園教育要領，保育所保育指針や幼保連携型認定こども園教育・保育要領を基に幼稚園や保育所等における教育の基本，環境の構成について理解をしよう。
②環境とは物的環境だけでなく，保育者やほかのおとな，子どもも含めた乳幼児のまわりのすべてであることを理解しよう。
③ふさわしい環境の視点となる，人的・物的・空間的環境，そしてかもし出す雰囲気とはなにかを理解しよう。
④環境構成に必要な保育者の意図性と子どもの主体性とのバランスとはなにかを理解しよう。
⑤環境を再構成する主体は誰か，再構成する時の視点とはどのようなものかについて理解しよう。

1. 乳幼児期の教育・保育の基本と環境

1 乳幼児期の教育・保育の基本

　わたしたちは日々，さまざまな環境の中で生活している。自然環境，社会環境など，実に多種多様な状況の中で，それらの環境とかかわりながら生活している。
　平成29（2017）年3月31日に告示された乳幼児にかかわる3法令「幼稚園教育要領（以下「教育要領」とする）」「保育所保育指針（以下「保育指針」とする）」「幼保連携型認定こども園教育・保育要領（以下「教育・保育要領」とする）」を見ていくと，いずれも乳幼児教育は，乳幼児期の特性を踏まえ，環境を通して行うものであることを基本とすることが示されている。それぞれを具体的に見ていこう。

【教育要領　第1章総則　第1　幼稚園教育の基本】

> 　幼児期の教育は，生涯にわたる人格形成の基礎を培う重要なものであり，幼稚園教育は，学校教育法に規定する目的及び目標を達成するため，幼児期の特性を踏まえ，環境を通して行うものであることを基本とする。
> 　このため教師は，幼児との信頼関係を十分に築き，幼児が身近な環境に主体的に関わり，環境との関わり方や意味に気付き，これらを取り込もうとして，試行錯誤したり，考えたりするようになる幼児期の教育における見方・考え方を生かし，幼児と共によりよい教育環境を創造するように努めるものとする。これらを踏まえ，次に示す事項を重視して教育を行わなければならない。
> 　1　幼児は安定した情緒の下で自己を十分に発揮することにより発達に必要な体験を得ていくものであることを考慮して，幼児の主体的な活動を促し，幼

児期にふさわしい生活が展開されるようにすること。
　2　幼児の自発的な活動としての遊びは，心身の調和のとれた発達の基礎を培う重要な学習であることを考慮して，遊びを通しての指導を中心として第2章に示すねらいが総合的に達成されるようにすること。
　3　幼児の発達は，心身の諸側面が相互に関連し合い，多様な経過をたどって成し遂げられていくものであること，また，幼児の生活経験がそれぞれ異なることなどを考慮して，幼児一人一人の特性に応じ，発達の課題に即した指導を行うようにすること。

　その際，教師は，幼児の主体的な活動が確保されるよう幼児一人一人の行動の理解と予想に基づき，計画的に環境を構成しなければならない。この場合において，教師は，幼児と人やものとの関わりが重要であることを踏まえ，教材を工夫し，物的・空間的環境を構成しなければならない。また，幼児一人一人の活動の場面に応じて，様々な役割を果たし，その活動を豊かにしなければならない。

【保育指針　第1章総則　1　保育所保育に関する基本原則（抜粋）】

（1）保育所の役割
　ア　保育所は，児童福祉法（昭和22年法律第164号）第39条の規定に基づき，保育を必要とする子どもの保育を行い，その健全な心身の発達を図ることを目的とする児童福祉施設であり，入所する子どもの最善の利益を考慮し，その福祉を積極的に増進することに最もふさわしい生活の場でなければならない。
　イ　保育所は，その目的を達成するために，保育に関する専門性を有する職員が，家庭との緊密な連携の下に，子どもの状況や発達過程を踏まえ，保育所における環境を通して，養護及び教育を一体的に行うことを特性としている。
　　（中略）
（3）保育の方法
　保育の目標を達成するために，保育士等は，次の事項に留意して保育しなければならない。
　　（中略）
　イ　子どもの生活のリズムを大切にし，健康，安全で情緒の安定した生活ができる環境や，自己を十分に発揮できる環境を整えること。
　　（中略）
　オ　子どもが自発的・意欲的に関われるような環境を構成し，子どもの主体的な活動や子ども相互の関わりを大切にすること。特に，乳幼児期にふさわしい体験が得られるように，生活や遊びを通して総合的に保育すること。
　　（中略）
（4）保育の環境
　保育の環境には，保育士等や子どもなどの人的環境，施設や遊具などの物的環境，

更には自然や社会の事象などがある。保育所は，こうした人，物，場などの環境が相互に関連し合い，子どもの生活が豊かなものとなるよう，次の事項に留意しつつ，計画的に環境を構成し，工夫して保育しなければならない。
>   ア　子ども自らが環境に関わり，自発的に活動し，様々な経験を積んでいくことができるよう配慮すること。
>   イ　子どもの活動が豊かに展開されるよう，保育所の設備や環境を整え，保育所の保健的環境や安全の確保などに努めること。
>   ウ　保育室は，温かな親しみとくつろぎの場となるとともに，生き生きと活動できる場となるように配慮すること。
>   エ　子どもが人と関わる力を育てていくため，子ども自らが周囲の子どもや大人と関わっていくことができる環境を整えること。

【教育・保育要領　第1章総則　第1　幼保連携型認定こども園における教育及び保育の基本及び目標等（抜粋）】

> 1　幼保連携型認定こども園における教育及び保育の基本
>   乳幼児期の教育及び保育は，子どもの健全な心身の発達を図りつつ生涯にわたる人格形成の基礎を培う重要なものであり，幼保連携型認定こども園における教育及び保育は，就学前の子どもに関する教育，保育等の総合的な提供の推進に関する法律（平成18年法律第77号。以下「認定こども園法」という。）第2条第7項に規定する目的及び第9条に掲げる目標を達成するため，乳幼児期全体を通して，その特性及び保護者や地域の実態を踏まえ，環境を通して行うものであることを基本とし，家庭や地域での生活を含めた園児の生活全体が豊かなものとなるように努めなければならない。
>   このため保育教諭等は，園児との信頼関係を十分に築き，園児が自ら安心して身近な環境に主体的に関わり，環境との関わり方や意味に気付き，これらを取り込もうとして，試行錯誤したり，考えたりするようになる幼児期の教育における見方・考え方を生かし，その活動が豊かに展開されるよう環境を整え，園児と共によりよい教育及び保育の環境を創造するように努めるものとする。
> （中略）
>   保育教諭等は，園児の主体的な活動が確保されるよう，園児一人一人の行動の理解と予想に基づき，計画的に環境を構成しなければならない。この場合において，保育教諭等は，園児と人やものとの関わりが重要であることを踏まえ，教材を工夫し，物的・空間的環境を構成しなければならない。また，園児一人一人の活動の場面に応じて，様々な役割を果たし，その活動を豊かにしなければならない。

このように乳幼児期の教育・保育において，環境がいかに重要なものであり，乳幼児期の教育・保育における不易（ふえき）な原理であるかを述べているのである。

すなわち，乳幼児期の教育・保育を考える基本は，各園における子どもを取り巻く環境をいかに構成するかを考えることであり，子どもがその環境としての人やものに主体的にかかわりながら成長・発達をしていくことである。子どもが自分たちのまわりの人やものに興味・関心をもち，その子どもなりのさまざまなかかわり方，取り組み方をしながら存分にひたり込み，没頭しながら遊び，その過程で人として生きていくための学びをしていくことが，乳幼児期の教育・保育の基本として位置づけられている。

2 教育・保育における環境のもつ意味

　では，このように環境を通して行う乳幼児期の教育において，環境とはどのようなものを指し，どのような意味をもっているのであろうか。

　一口に言えば，環境とは子どもを取り巻くすべてであるということができよう。幼稚園や保育所等での日々の生活は，各々の教育課程や全体的な計画，指導計画に基づいて行われている。そして教育課程や全体的な計画，指導計画を作成するにあたっては，各々の園を取り巻く環境を知り，それをどのように生かしていくのかということが計画の根底にある。そして幼稚園や保育所等を取り巻く環境を考えるときにはまず，その園のおかれている自然環境や社会環境などが根底にある。それらの環境は全国一律のものではなく，その園ならではの環境でなければならない。

〈自然環境を生かす〉

　各々の園が置かれている自然環境は，全国的に見て実にさまざまであり，それぞれに特徴がある。

　気候についていえば，南の沖縄県，中央部の長野県，そして北の北海道とでは，1年間の平均気温や湿度は大きく異なるであろう。また雨量，風の強さなども大きな違いがあるであろう。各々の地域には，海や川辺，山間部，平野部など地理的な違いもあるであろう。それら子どもを取り巻く環境が異なると，おのずと遊びの内容や遊び方も違ってくるものである。

　たとえば沖縄県では年間を通じて気温が高く，冬場でも比較的温暖な気候であるため，年間を通じて水とかかわる遊びが多くなると予想される。また季節によっては台風の通過点になることも多く，暴風雨を経験しそれを肌で感じながら遊びをつくっていく。

　信州の山々に囲まれている地域では，春夏秋冬の四季の移り変わりは，子どもにとってさまざまな遊びへの刺激となるであろう。それらの変化を目で見て感じるとともに，春にはサクラの花びらが風に踊りながら降り注ぐようすや，それが終わって体験する若葉の瑞々しさや新緑の美しさ，また夏には葉が茂ることによ

り生まれた木陰で遊びながら，木々の間を流れる爽やかな風を実感することができるであろう。さらに落葉の秋には，落ち葉のカサコソとした音や肌触りという感触をはじめ，そのにおいを生かした遊びが存分に展開されるであろう。

　北海道では年間を通じてその涼しい気候から，暑さをしのぐ水とかかわる遊びよりも，毎年冬場に降り積もる雪とかかわる遊びが生まれるであろう。固い雪玉をつくって雪合戦をしたり，雪を転がしぐんぐん大きくなる雪で雪だるまをつくることを体感したり，雪を深く掘っての穴や家づくり，迷路づくりなど，園庭に雪が高く固く積もった園ならではの遊びも生まれるに違いない。

　またそれらの自然環境と切り離せないのが，各々の地方の自然から生まれる産物であり，その産物が遊びに生かされるということもある。各々の地方特産の果物や野菜などを身近な生活の中に取り入れることで，その地方ならではの遊びを子どもが生み出すであろう。花びらや木の実を使ったジュースづくりが生まれるきっかけが，園庭で育った実や自分たちが畑でつくった野菜などであれば，より身近な環境が遊びの発展に生かされることになる。

〈社会環境を生かす〉

　自然環境と同様に環境構成をするうえでの基本のひとつとして，園を取り巻く地域の社会環境も大きな視点となる。

　たとえば同じ平野部の地域であっても，園の周囲の環境が，住宅地，工場街，官公庁街，商業地域であるか否かで，子どもの生活経験は随分と異なると予想される。

　周囲に工場が多い地域で育っている子どもは，製品がつくられていくようすやそこで働く人の姿が生活環境であり，製造過程で発する音を聞いたりつくられる部品の形などを目の当たりに体験しているであろう。また商店街やスーパーマーケット，ファミリーレストランなどに日常的に出かけたり，その近隣で暮らす子どもにとっては，そこの賑わいが生活環境となり，さまざまな商品や売り手と買い手の言葉のやりとりを肌で感じ取り，ポイントカードや自動販売機など，ごっこで使うものづくりや言葉などに反映されるであろう。

　以上のように，園がおかれている自然環境や社会環境をどのように保育に生かしていくかということが，保育の計画の中で基本的に位置づけられなければならない。

　次に，日々の子どもたちの園生活で出合う環境を〈物的環境〉〈人的環境〉〈空間的環境〉，それらを総合した〈かもし出す雰囲気〉として考えてみよう。

〈物的環境〉

　園舎そのものは，まさに大きな物的環境であるが，机，椅子などの施設設備はもとより，園庭や室内のさまざまな遊具，用具，細かいところでは日々の遊びに

使用するさまざまな素材などがある。園内の樹木や飼育物，池や築山，小川なども物的環境といえるが，園内の自然環境でもある。

〈人的環境〉

人的環境の最たるものは友だちや保育者であるが，園内に出入りするさまざまな人々，保護者，地域の人々など，日常的に子どもがかかわりをもつ人すべてである。

〈空間的環境〉

園庭の広さ，遊具などの配置状況，保育室の広さや室内環境の工夫などである。

〈かもし出す雰囲気〉

この言葉は，平成元（1989）年の教育要領によって普遍化したもので，それぞれの園のもつ歴史や伝統を踏まえて漂う雰囲気や，四季折々の風情や保育の時期ごとにかもし出される独特の雰囲気などを指している。

3 環境による教育・保育とは

これらの保育環境は，子どものまわりにただあればよいというものではない。子どもがそれらの環境といかに出合い，どのようなふさわしいかかわり方を身につけていくのかということが，教育・保育に環境がもつ意味である。そこに保育者という人的環境の存在価値がある。

環境を通して行う教育・保育は，子ども自身が環境にかかわって，自由きままに遊びを進めるということではない。また逆に保育者がさせたいと思うことを環境として提供し，子どもが保育者の意図に沿った遊びを展開することでもない。

環境の中に保育者の意図性と子どもの主体性がバランスよく組み込まれていることが，基本的に必要なことである。

そのためには，保育者の役割として計画的に環境を構成することが重要なポイントとなる。

次に計画的な環境の構成について述べよう。

2. 計画的な環境の構成

1 環境を構成するとは

保育にとって環境とは，子どもを取り巻くすべてであると述べてきたが，子どもの目の前に遊具や用具があり，保育者が見守ったり，誘いかけたりするだけでよいのであろうか。

保育者が今日はどのような遊具を用意しようか，遊具の出し方や配置のしかた

はどうしようか，そのことによって友だちとのかかわりがどう展開するだろうか，そのとき，保育者はどのような言葉をかけようかなど，保育者が遊具や用具と子どもの動きを関連づけながら，1人ひとりの子どもが自らの発達に必要な経験を積み重ねていけるような状況をつくり出すことが，環境を構成することである。一口に状況をつくり出すと言ってもそう簡単なことではない。保育者には日々，「なにを願ってその状況が必要であるのか」という，たゆまぬ教材研究が求められる。そして状況をつくり出すうえで留意しなければならないことは，保育者の意図性と，子どもの主体性をどのように組み込んでいくかである。子どものなすがままに保育者は流されてはならないし，保育者の思い通りに子どもがかかわるような環境をつくってもいけない。もっとも根本的なことは，いかに子どもをよく理解しているかである。子ども理解のうえに立って，次の3点を押さえておくことである。

（1） 1人ひとりの子どものさまざまな姿を柔軟に思い描く

　昨日の姿の続きから今日の遊びをさまざまに思い，ものや場の工夫をする。

（2） 今，その子どもにとって必要なこと，していることの意味を問い続ける

　環境にかかわって生み出している活動を認め，活動の意味をさぐろうとする保育者の姿勢。

（3） 人的環境としての保育者の役割を踏まえる

　平成29年7月に公開された教育要領の中央説明会資料では「第1章総説　第1節　幼稚園教育の基本　5　教師の役割」において「幼稚園における人的環境が果たす役割は極めて大きい。幼稚園の中の人的環境とは，担任の教師だけでなく，周りの教師や友達全てを指し，それぞれが重要な環境となる。特に，幼稚園教育が環境を通して行う教育であるという点において，教師の担う役割は大きい。一人一人の幼児に対する理解に基づき，環境を計画的に構成し，幼児の主体的な活動を直接援助すると同時に，教師自らも幼児にとって重要な環境の一つであることをまず念頭におく必要がある」としている。

　さらに「第1章総説　第4節　指導計画の作成と幼児理解に基づいた評価　3　指導計画の作成上の留意事項（7）教師の役割」では，以下の5つが示されている。

　①幼児が行っている活動の理解者
　②幼児との共同作業者，幼児と共鳴する者
　③憧れを形成するモデル
　④1人ひとりの発達に応じた援助
　⑤幼児が精神的に安定するためのよりどころ

2 計画的な環境の構成

　教育要領の重要なポイントのひとつとして，計画的な環境の構成ということが

いわれている。このことはいわれるまでもなく，環境を構成するうえにおいて基本的なことであるが，さらに共通理解が必要であるところから強調されていることである。

それぞれの園では教育課程や全体的な計画をもとに長期の指導計画を作成し，さらに週案や日案という短期の指導計画を作成していく。

指導計画の中では，計画的な環境の構成が保育を見通すうえで重要なポイントとなる。そのポイントを次に示そう。

(1) それぞれの年齢の発達を見すえた環境構成

まずなによりも，0歳児から5歳児までの年齢段階における成長・発達のプロセスを見通すことが大切である。

たとえば幼稚園や保育所等に入園・入所前の3歳児では，ほとんどの子どもが家庭で保護者とともに生活していることが多い。そのような子どもにとって，4月に保護者と離れて大勢の集団の中に入ることは，不安であって当然である。そこで入園・入所当初の遊び環境としては，できるだけ「家と同じだね」ということに配慮することが必要となる。まず人的環境として子どもが初めて集団で出会う保育者は，母であり父であることが求められる。まわりの環境に目ざとく反応する子ども，身じたくに戸惑っている子ども，保護者と離れることに躊躇している子どもなどに対して，1人ひとりが求めている援助を保育者が見取り，それに丁寧に応じていくことで，子どもが安心感をもち，人的環境としての保育者に信頼感をもつ第一歩となる。

物的環境についても「家と同じだね」ということに配慮し，当初はできるだけ家での遊びと同じような遊びができる遊具を整えることが求められる。

5歳児になると人的環境としての保育者は，母や父としての役割をもつ一方で，友だちとしていっしょに考えたり，工夫し合ったりという役割も担うようになってくる。またさらに遊びの状況によっては，保育者がその場にいないことが遊びの発展にとって必要な環境となる場合もある。

物的環境も同様で，5歳児にとって，つねに必要だと思ったときに，すぐに手にできるものが身近にあることもあれば，順番を待ったり，苦労して探したり，時には見つからなくて自分でつくったり，などさまざまな状況の中で，自分で意欲をもって取り組むための意図的な環境構成が必要となる。

これら子どもが必要とする状況，環境構成をしていくためには，保育者による教材研究の積み重ねが役立つことはいうまでもない。

(2) 遊び場の工夫

入園・入所前の家庭における子どもが，着替えたり遊んだりしている姿を想像してみよう。転がったり寝そべっていたり，立って動いていたり，じっと座り込

んでいたりしている姿を思い起こすことができる。

　そこで入園・入所直後の保育室には柔らかなじゅうたんや毛布，そしてふとんなどがしいてある所を多くつくっておきたい。そこで保育者と向き合いながらスキンシップをしたり，朝の挨拶を交わしたり，衣服の脱ぎ着のしかたや身のまわりの始末などを教えてもらいながら，保育者とともに，その暖かい床の上で，自分の居場所を見つけ，遊びへの興味や近くにいる友だちへの関心を徐々に広げていくことができる。

　また保育室の一隅には1人で入ったり，2，3名の友だちといっしょに入ることができる段ボール箱を2，3個しつらえておきたい。そこも子どもにとっての心地のよい居場所となることが多く，箱に出入りすることを繰り返したり，中で本を見たり，ときにはかくれんぼをしたりすることで，より安心感を募らせたり，肌が触れ合った友だちを意識したりするようになっていく。

　4，5歳児になると，友だちと気持ちを合わせて遊ぶようになってくる。朝，登園するとすぐに気の合う友だちといっしょに遊び場をつくり，ままごとやブロックで遊ぶ姿が多く見られるようになってくる。そのようなときには，子どもの思いに添って場をつくったり，必要に応じて場を広げたり，時には場を移したりできる小ぶりのござやじゅうたん，シート類がつねに身近に持ち出せるよう置いてあるとよい。そこでは「よして」「いいよ」「ここでくつ脱いでね」「赤ちゃん寝ているの」「ごちそうどうぞ」などと言葉を交わし合いながら場を生かした遊びが展開され，友だちとかかわる楽しさを味わうようすが見られるであろう。

(3) 遊具・用具・素材の出し入れ

　遊びの場と同様に，入園・入所当初には，子どもが園に早く慣れ，心を開いて安心して過ごすことができるように，柔らかで愛らしいぬいぐるみやミニカー，3歳児の手で扱いやすい積み木やブロックなどを身近に置きたい。そして子どもが朝，登園したときにすぐに目に留まり，手にして遊び出すことができるようにそれらのしつらえを工夫しておきたい。

　たとえば，砂場では前もって数個の器や皿を収納かごから出しておいたり，ままごとの場でも，今にもごちそうづくりが始まるような状況をつくっておいたりするといった具合である。園庭でも三輪車を2，3台，すぐに乗ることができるように庭に出しておいたりなど，こまやかな配慮を心がけておきたい。

　描く遊びについても，入園・入所当初には，比較的手を汚さず，また持ちやすく描く線のすべりがよいクレヨンを紙といっしょに身近にしつらえておくと，それに目を留めた子どもが自ら進んで描きはじめる。なにかを口ずさみながら，さまざまな線が生まれていくのを楽しむ。保育者もそばで子どもの言葉を書き留めながら，子どもの気持ちに寄り添っていく。そして，ときにはパステルを出して

みたりもする。するとクレヨンとは少し違う柔らかな感触を味わいながら、その線の鮮やかさも感じることも体験していくのである。

さらに夏場の暑い日には糊と絵の具を混ぜて、フィンガーペインティングを楽しむことができるよう場づくりを整えておく。すると、そのひんやりとした心地よさを味わったり、腕を存分に回して生まれるさまざまな線を楽しんだり、それが消えたりまた描けたりすることに気づき、紙に写して自分が動かした指の通りに描き出された線に驚くのである（写真a）。

冬場には、今ではほとんど使われることのない火鉢のほんのりとした温かさと、それに加えて炭で焼くかきもちや干しイモなども、子どもの心に温かさを感じさせる格好の環境となるであろう（写真b）。

遊具の数についても、入園・入所当初では1人ひとりの子どもが自分のものを持つことで安定感を得るということから考えて、同じ遊具を多数備えておきたい。また、子どもたちの中にはお気に入りの青い車を1日中にぎりしめていたり、誰かが保育者からなにかをもらったとき、「○○も欲しい」とすぐにやってくる子どももいる。そういった子どもの心に対応できるようにもしておきたいものである。

片づけについても、遊具そのものを目印として収納かごにつけておくことで、目印と同じものを繰り返し探すことを楽しみながら、知らず知らず「同じ」を意識しながら片づける習慣が身についていくと考えられる。

4歳児前後は、気の合う友だちといっしょにさまざまな遊びを見つけ取り組んでいく時期である。ある子どもは、朝、着替えるとすぐにお気に入りの場所に出かけ、そこで友だちが来るのを待ったり、ある子どもは友だちが着替えるのを待ってから、2人でお気に入りの遊びを見つけていくという姿が見られる。

室内では、ままごとをしたり、紙を折ったり切ったり、そして音楽を流しながら歌ったり、体を動かしたりする姿が多く見られる。

戸外の砂場では、穴を掘ったり、砂だんごのごちそうをつくったりと、友だち

写真a）フィンガーペインティングを楽しむ子どもたち

写真b）かきもちや干しイモを火鉢で焼き、それらを食べる子どもたち

写真c）砂場で遊ぶ子どもたち　　　写真d）手でスタンピングを楽しむ子どもたち

とまねし合ったり教え合ったりしながら，遊びや友だちとのかかわりを広げたり深めたりしていく（写真c）。また今までの経験を基本におきながら，絵の具とのかかわりも増えていく。手でスタンピングをしたりスポンジなどを握って描いたり，さらに徐々に環境のひとつとして加えた絵筆を使って遊びながら，子どもたちは用具を使って描く楽しさを味わっていくことになる（写真d）。

　これらはすべて保育者が子どもの育ちを見通したうえ，適切な環境を整えていくことでかなうのである。

　友だち同士で同じ色のスクーターを見つけ，競走しながら園内を走り回ったり，そのうちに「誰が使っているスクーターか」というスクーターをめぐってのもめごとも生まれる。とくに4歳児ごろでは限られた遊具や用具の順番を待ったり，交替して使うという機会が体験できるような環境構成にも配慮したい。それは限られた数しかないことで起こる葛藤が，がまんしたり，自分以外の人の気持ちを知ったり，もめごとを解決するすべを知ったりと，人とかかわる力を身につけていく大きな要因となっていくからである。

　また片づけについていえば，とび縄などは，さまざまな遊びをつくり出したり，自分で根気よく目標をもって遊んだ後は，自分のものの始末をきちんとできるように収納の方法をその年々で工夫したいものである。さらに三輪車やボールなども収納場所をひとつひとつ目印をつけるなど整備しておくことで，決められた場所にきちんとおさめる満足感と，戻っていないものを見つけようとする心を育てることになる。

　5歳児になれば，遊びにも慣れてきて，数名の気の合う友だちと行動範囲を広げながら繰り返し遊ぶようになってくる。またサッカーや野球などのボール遊びや，一輪車などは，その時代を反映した遊びが生まれてくることも多い。保育者は，そのときどきの社会環境を把握し，計画的にふさわしい環境を整えていきたい。さらに描く遊び環境についても，コンテや木炭などの新たな造形用具を加えるなど，より描く楽しさを味わえるように保育者自身の旺盛な好奇心，教材研究が必要であろう。

新しい遊具や材料など幼児の心を引くものをめぐっては，もめごとも起こる。そのもめごとこそ，自分の気持ちを誠心誠意相手に伝えたり，相手の言い分に耳を傾けたり，譲ったり譲られたりしながら，感謝の気持ちをもったりなど，大勢の人と暮らしている意味を知る機会となり，人とかかわる力をさらに育てることになっていくと考えられる。

　遊具の収納についても，同じ種類別に収納しておくと，使いたいときに取り出しては使い，使った後は，片づけ方を工夫しながら元のところに片づけるようになる。片づけの中で知らず知らずのうちに遊具の色，形や数などを意識しながら学んでいくのである。遊具や用具の数を制限したり，遊びの展開に応じて出し入れをこまめに行うということも，計画された環境構成となるのである。

(4) 動物とのかかわり

　幼稚園や保育所等の生活で子どもを取り巻く環境は，人的環境の保育者や友だち，そしてさまざまな物的環境以外に，いっしょに生活する仲間としての動物たちも忘れてはならない。そして動物たちもただ無計画にというのではなく，各々の年齢にふさわしい動物を計画的に飼うことが求められる。

　大阪にあるO園を例に挙げると，3歳児ではつねに身近にいる生き物としてインコや九官鳥を飼っている。それもできるだけひなのときから飼っている。そして子どもとともに生活を重ねていくうちに，鳥たちもさまざまな言葉を覚えていく。「オハヨー」「○○でございますー」など子どもがそばを通ると話しかけてくる。子どもは「ごはんだよ」とスプーンやピックの先に餌をつけて，餌やりを楽しんだりもする。

　入園当初，保育者や友だちに親しみをもつまでに時間がかかる子どもも，この鳥たちのしぐさや言葉にはとても興味をもつ。そして保育者といっしょに餌やりをしながら，子どもは鳥たちが鋭いくちばしで餌をうまくついばむようすを見たり，次はどのような言葉を言うのかなと期待感を募らせたりしていく。そしてあるとき思わず「あっ，しゃべったよ」などと，保育者に話しかける。インコや九

ひなのときから九官鳥の世話をする3歳児

「ごはんだよ」と池で飼っている金魚に餌を与える

官鳥のような応答性のある飼育動物は、ともに育つ仲間として、身近に置きたいものである。ただし近年、九官鳥の入手が困難な状況にもなっている。

また池や水槽で飼われている金魚も動くようすを見たり、餌やりを楽しんだりすることができ、子どもの心がなごむ環境として計画の中に入れたい。

4歳児では、身近に美しく、愛らしい声で鳴く小鳥がいることで、子どもがさまざまな成長・発達をしていく。餌やりや水替えの世話は4歳児でも十分することができ、また、時折生まれ

小鳥の餌やりや水替えなどの世話をする4歳児

る卵がひなにかえるようすや、親鳥が、かいがいしく餌をやるようすを見ることは、なにものにも勝る温かな心の育ちを促すことになる。

5歳児になれば、ウサギやニワトリ、そしてアヒル、ヤギなど少し大型の動物との触れ合いを通して学ぶことが多い。ともに生きる、いっしょに遊ぶ仲間として、朝の餌づくり、餌やり、そしていっしょに散歩をしたり、時にはその遊ぶようすをスケッチしたりと、生活にさまざまな刺激と彩りをもたらしてくれる。

その中でも動物の赤ちゃん誕生は、動物とのかかわりにはずみと拍車をかけていく。母ウサギの下にもぐり込んで必死に乳を吸う赤ちゃんの姿は、なにものにも代えがたいほのぼのとした心にさせてくれる。また卵を温めるチャボの母鳥の姿からは、子どもを守る親の強さを見ることもできる。そのような自然界の営みを直に見て感じ、そこで自分でできること、ほかのもののためにしなければならないことを、5歳児なりに学んでいくことができる。そのような環境はいつの時代でも、ぜひ整えたいものである。

5歳児になるとニワトリやヤギなどの動物との触れ合いを通して学ぶことも多い

3 事例を通して考える

　保育者は，その日の保育の実践を振り返って評価をし，それをもとに，次の日の計画の立案をする。その日，1人ひとりの子どもがどの遊びに興味・関心をもったのか，その続きを楽しむために明日に向けて準備しておくものはなにか，あえて発展させる必要のないものはなにか，子どもが続きをしようと言い出したときに応じるものはなにか，大好きな遊具は，日々身近にしつらえておきたいが，ほかの遊びの楽しさを知らせたい場合には，あえて片づけておくという配慮もしていかなければならないなど，考えることは多くある。

　その判断をするためには，保育者は1人ひとりの子どもの遊びの姿をよく把握し，その内面の成長を確実に見取っていくと同時に，子どもがかかわっている遊具の特性や遊具と子どもとのかかわりから展開する遊びを見通し，計画的に環境を構成することが求められる。

　具体的に考えてみよう。

(1) ブロックで遊ぶ

　子どもたちの身近にあるプラスチック製の組み立てブロックは，子どもたちの大好きな遊具であり，最近では，子どもが集まる場所には必ずといってよいほど置かれている。各々の園でも「ウチと同じだね」という雰囲気をかもし出し，子どもに安心感をもたせるために，入園・入所当初から身近に置いておくことが多い。

　朝，子どもが登園してくる前に，保育者は出迎える環境構成としてじゅうたんをしき，着替えている子どもの目に留まりすぐに遊び出せるようにと，数個のブロックを出しておく。すると必ずといってよいほど数名の子どもが興味・関心をもち，遊びはじめる。そのようすを見ていると，当初は各々の子どもがブロックをたくさん取り込むことを始める。日々，繰り返すうちに，しだいに色や形にこだわりをもち，同じものを集めたり，その中で友だちがもっているものやつくっているものと同じものが欲しいという気持ちが表れはじめたりする。そこでは数や量をめぐって，もめごとが起こることもある。保育者が仲立ちをしながら友だちと譲り合う，分け合うということも子どもは覚えていく。

　そのつくり方にも目をやると，当初ひとつずつ持って遊んでいたブロックを次々つなぎはじめる。さらに長くつなぎたいと自分自身で課題をもち，意欲もみせながら根気強く取り組む。しだいにその直線に広がりが生まれ，面づくりへと進む。縦・横のジョイントの形を意識しながら次々広くすることを繰り返す。それがさらに立体となっていく。トンネル状になったものを両手にはめて「○○マンやねん」と得意満面の表情を見せたり，乗り物やロボットを組み立てて友だちと見せ合ったり，大きさや長さを競い合ったりしながら，毎日帰るときには保育

室に飾り，明日に続きをするのを楽しみにしていく。

子どもの興味・関心を踏まえてブロックの色や形，数などを調整することは，この段階での保育者の役割でもある。一方，子どもがほかの遊びに目を向けないで，ブロックだけにしか興味を示さない場合，いつまでもその環境をしつらえておくこと

ブロックをつなぐことを楽しむ子ども

でよいのだろうか。保育者は子どもの遊びのようすを十分見取る必要がある。このようなことが考えられよう。ほかの好きな遊びを見つけられずに，しかたなくブロックをもて遊んでいるということもある。そのようなときには，子どもがつくっているものに発展性がなかったり，組み方が雑になっていたり，片づけることをうとましく思って飾っている，ということもある。1人ひとりの興味・関心に応じた環境の大事さはいうまでもないが，保育者は時にはブロックを朝から出しておかなかったり，また子どもの手の届かないところへ置いたりするなど，刺激となるかかわりをする必要もある。子どもから「欲しい」との声が挙がったときに出したり，時には「今日はお休み，もっと楽しいことがあるよ。やってみよう」などとほかの遊びに誘いかけていくことが，その子どもの遊びを豊かにする環境となることも忘れてはならない。

(2) 季節のめぐりを踏まえて

われわれの暮らす日本には四季がある。春・夏・秋・冬の風情はかけがえのない環境であり，子どもはそれを通して学ぶところが多い。

春にはチューリップの開花期に，「さいた　さいた　チューリップのはなが　ならんだ　ならんだ　あか　しろ　きいろ　どのはなみても　きれいだな♪」と，『チューリップ』の歌詞を実感したり，自分たちで育てた球根の生長に目を見張ったりする。あっという間に咲き誇るサクラのあまりにも美しい姿に，木の下でいつまでも見上げていたり，時折，風とともに降り注ぐ花びらを全身で受け止めようとしたり，集めてその感触を味わったりする。

そしてそのころ，植木鉢の下でコソコソと動くオカダンゴムシを見つけ，手の平に載せ，その丸くなるようすを飽きることなく見ていたりもする。

夏には，水とのさまざまなかかわりを楽しむことができる。顔や頭から吹き出る汗を洗い流す心地よさを味わったり，プールで水と戯れたりする。また，ジリジリと焼きつく太陽を肌で感じたり，木陰の涼しさから葉が茂るありがたさを知ったりもしていく。

秋は，園庭の落葉樹の存在を目の当たりにする季節である。木々の色彩の移り変わりを感じながら落ち葉を熊手で集める体験をしたり，落ち葉を使ったさまざまな遊びを生み出したりもしていく。

　また，このころの爽やかな季節の中では，園庭を存分に走りまわったり，縄やボールを使って，気の合う友だちや教師とさまざまな遊びを楽しんだりもする。

　そして冷たい冬の季節には，吐く息の白さを感じながら「おしくらまんじゅう」や「かげふみ」などの遊びを楽しんだり，早朝，霜で園庭が硬くなっていた所に日が射すとゆるんでぬかるみとなることなどに気づいたり，またこたつにもぐったりと，冬ならではの遊びが展開される。

　それらはすべて，自然の営みとともに生活しているということであり，園全体を包み込む「かもし出す雰囲気」である。季節は，計画的な環境構成を考えるうえで重要な位置を占めているともいえよう。また季節は，子どもにさまざまな気づき，発見，学びをさせてくれる。季節は毎年めぐってくるものである。したがって，長期の指導計画において遊びのおおまかな枠組みを考えるうえでは，欠かすことのできない計画的な環境の構成であろう。

【季節は，計画的な環境構成を考えるうえで重要な位地を占めているといえる】

春）飽きることなく虫の観察をする

夏）プールで水と戯れる

秋）園庭を思う存分に走り回る

冬）こたつにもぐって冬ならではの遊びを展開する

3. 環境の再構成

1 環境を再構成するとは

　保育者は，子どもが登園してくる前に，昨日の実態，評価をもとに当日の遊びへの見通しをもって環境を整えていくが，ときには，保育者の予想を超えた遊びが展開されることもある。

　またあるときには，その遊びに興味をもった子どもが予想以上に多くやってきたり，あるときには，保育者がしつらえた材料に飽き足らず，さらに遊びが発展していくための材料を子ども自身が求めてきたりもする。そのようなときには，場を広げたり子どもが求める材料をいっしょに見つけたりするなど，環境の再構成を行われなければならない。保育者には朝，環境をしつらえたらそれで終わりではなく，生活する中で，子どもの実態を見ながら臨機応変に環境をつくり変えていくことが，日々の生活では求められる。そのことは，子どもが遊んでいく過程で保育者とともに環境を再構成していくということもできる。環境を再構成する視点を次に述べよう。

2 環境を再構成する視点

　環境を再構成するのは，保育者自身，保育者と子ども，子ども自身という場合が考えられる。

　環境の再構成が必要となるのは，保育者の思いだけでは子どもの思いに十分添うことができない場合であることが多い。子どもにとってその活動が，より意味のある遊びとなるよう，保育者の願いを絡めながら，子どもとともに環境を構成する視点を次の3点に絞って考えたい。

（1）子どもとともに遊びに必要なものや場や遊具などを探したり，持ち出したり，場をしつらえたりすること

　　保育者の固定観念だけではなく，子どもの思いを十分に引き出させることが必要となる。

（2）子どものアイデアや思いを生かしながら遊びの発展を見通すこと

　　最初の遊びのきっかけは，保育者がつくった環境であっても，子どもがそれにかかわって遊ぶうちに，さまざまなアイデアや思いが出てくる。保育者にはそれを的確にとらえていくことが求められる。さらにものを出すことだけではなく，必要に応じて保育者が一方的に片づけることも，環境の構成であるともいえる。

(3) 子ども自身が環境を再構成する主体となること

すでに（1）（2）で述べたことは，子ども自身が主体的に環境を切り開いていく力を育てているということである。子どもは今，自分の遊びの中で，なにを必要としているのかを，まわりのさまざまな環境を見ることによって判断し，自分で見つけられるようになる。すなわち，子どもたちが「自分を取り巻く環境は，自分でコントロールできる」という力をもつことで，安心感をもって遊ぶことができるのである。

3 事例を通して考える

> [事例1] 子どもとともに遊びの場を広げる
>
> 　3歳児は，2学期後半の11月ごろになると，1人ひとりの子どもが自分の好きな居場所や遊びを見つけ，安定して遊ぶようになる。
> 　ある小春日和の朝，保育者が保育室前のテラスで，その気持ちよさに思わず「あー，今日は暖かでおそともいい気持ちだ」と言うと，その言葉に誘われて，2，3人の子どもたちが室内からテラスへとようすを見に出てくる。
> 　そのとき，いつでも移動して遊ぶことができるようにとテラスに置いてあるキャスターと縄つきの木箱をR児が見つけ，今まで遊んでいた室内のままごと遊具を取りに行っては，次々とその中に入れはじめる。保育者はしばらくそようすを見守ることにする。
> 　R児は，保育室内にいつでも場をしつらえたり広げたりするために，丸めて立て掛けてあるござやカーペットまで担いでくる。
> 　保育者「どこかへお出かけですか？」
> 　R児「引っ越しするねん」
> 　保育者「へえーっ，どこへお引っ越しするのかな？」
> 　R児は木箱の中に入り，それを見ていたS児が縄を引きはじめる。保育者はつかず離れず，後ろを追うことにする。
> 　R児とS児は，テラスからいつも金魚に餌やりをしている池付近へ，そして4，5歳児保育室へ続く道へとガラガラゴロゴロと音を立てながら進んで行く。そして，個人用ロッカーのところで急に止まり，そこにござをしきはじめる。そこは昇降口にも近く，日陰で冷たい風がよく通る場所である。
> 　R児は次々と遊具を出しはじめる。そこで保育者が「おおさむこさむ，テラスは暖かいのに，ここはどうしてこんなに寒いの？　おおさむこさむ」とさりげなく言いながら震えるポーズをして見せると，R児はすぐに反応し，出した遊具を再び木箱に戻しはじめる。S児がそれをまねる。そしてすべてを入れ終えると再び移動し始める。明らかに，中庭の明るいところへ行こうとしている。そして「ここがええわ」と言って，再びござをしきはじめる。
> 　保育者が「Rちゃん，いい場所を見つけたね。お日様の照っているところは明

るいね，暖かそう」と認めの言葉をかけると，R児たちから返答はなかったが，明らかに嬉しそうに満足気な顔で，遊具を次々に出しては，置く・並べることを繰り返す。そして，そこでままごとを始める。そのようすに気づいたほかの子どもが「よして（いれて）」とやってくる。

　保育者「引っ越してきたんだ。ひっこしままごとだね」
　R児「ひっこしままごと，ひっこしままごとー」とリズミカルに歌う。

　その後「ひっこしままごと」という言葉が根づき，気候の心地よい日には，室内からせっせと戸外へ遊具を運び出し，太陽の暖かさを感じながら遊ぶ姿が見られるようになっていく。

　保育者の子ども達への気候を感じるはたらきかけとともに，つねに子どもの身近にキャスター付きの車など移動手段があることが，ふさわしい遊び環境を広げ，再構成していく要因になったと考える。

〔事例2〕遊びをより発展させるための環境をつくる

　2学期になると，4歳児はさまざまな「ごっこ」を楽しみはじめる。保育室やテラス，そして園庭で1人ひとり，または気の合う友だち同士で「○○になったつもり」で話したり，「なりきって」ポーズをしたり，動いたりとさまざまに遊んでいる。

　保育者は，子どもたちの遊びが少し停滞しているように見えたとき，1学期に広い遊戯室で存分に遊んだ木製積み木を，保育室に運ぶことを提案する。

　C児「ええ考えや，持って来よ，持って来よ」と遊戯室へ行く。それを見て出向く子どもが，4,5人に増えていく。1人で抱えて運ぶ姿，2人で落とさないように持ち方を工夫して運ぶ姿など，何度も運ぶ姿に，今から展開する遊びに期待するようすがうかがえる。

　最初，保育室前のテラスに積み木を置きはじめたが，次第に園庭に続く前庭にまで場が広がりはじめる。保育者は「ちょっと待って。Oちゃん手伝って」と毎日遊びが継続して取り組めるよう，積み木の下が濡れないように大きなビニールシートをO児とともに下にしく。

　すると子ども達は，「ここ，お風呂な」「ここ，ごはん食べるとこにしよ」と，次々に積み木で構成することを楽しみはじめる。そこが遊びの拠点になっていく気配である。三角柱の積み木で斜めの面を構成し，操縦席をつくっている子どももいる。園庭でスクーターに乗っていた男児がそのようすに気づき，遊びを見に来る。そして，積み木で構成してできたへこみの部分にスクーターを停める。するとほかの子どもが走り寄ってきて，それをまねてスクーターを停める。次々とスクーターが並びはじめ，駐車場ができあがる。

　その後も積み木で構成することを楽しむ子ども，その中でイメージをふくらませ，成り切ることを楽しむ子ども，スクーターで出かけて園庭を走っては戻ることを繰り返す子どもなど，時折，入れ替わり立ち替わり役を替わり，声をかけ合いながら，その場を拠点に遊ぶ姿が毎日継続していく。

保育者は，子どもの気持ちを大切にするあまり，見守るだけにならないようきめ細かく遊びのようすを観察し，遊びを発展させることが求められる。それは，1人ひとりがより充実して遊び続けるように，必要に応じて言葉やもので子どもとともに遊びを再構成していくことであり，それが環境の再構成となる。

〔事例3〕子どもと保育者でつくり出す遊び環境

　正月開け，3学期はじめの登園時，5歳児のF児が保育室へ向かう廊下で，「あいうえあひるがあるいてる，ガアガアガアガアガアガアガアー」と歌いながら保育室に近づいてくる声が保育者の耳に届く。

　保育者「Fちゃんおはよう。なんだか楽しそうなうたが聞こえたよ。あひるがガアガアガアだって」

　F児が繰り返す。先に登園して聞いていた子どもたちも，それをまねる。するとほかの子どもが，「かきくけことりがピィピィピィー」と，小鳥が飛ぶまねをしはじめる。そのころ，取り組みはじめたコマをもち，「かきくけこまがまわるよ」と，回しながら言う姿も生まれる。さらに流行っていた歌『ラリルレロボット』に触発されてか，「らりるれろぼっとつくったよ」と言って，いつもプラスチック製積み木でつくっているロボットを見せる子どももいる。

　保育者には，5歳児の互いに触発され自分なりの工夫をしようとする姿や，お正月に遊んだ体験が呼び起こされる姿が，見て取ることができる。

　そこで保育者は，遊びが人心地ついたころ，クラス全員に声をかけ，朝の出来事を話す。すると，さまざまな言葉遊びが生まれはじめる。

「たちつてトンボがスゥーィッスゥーィッスゥーイッ」

「はひふへほしがピッカピカ」などなど。

　保育者「いっぱい，いいこと考えられるんだ。すごいね」

　ブロックでつくったロボットを持っている子どもの姿が刺激となり，「先生，箱でロボットつくるねん，ぼくがロボットになるねん」と言いはじめたり，「わたしトンボよう折るねん，知ってるねん」などの声も上がりはじめる。そして子どもたちは室内に常設してある紙箱や折り紙などを使って，思い思いのものをつくりはじめる。

　保育者は，子どもたちがみんなでいっしょにリズミカルに話しながら遊ぶ楽しさを味わえればと，いつも，ウッドブロックを奏でることが好きなH児に，音をつけることを投げかけてみた。すると，いろいろなリズムを打ちはじめるがしだいに同じ「タンタンタータッタータッタータッタータッターッタッ」とのリズムを打ちはじめる。

　保育者の「いいね，いいね，それを聞いて歌いはじめるとみんなの気持ちが揃うね」の言葉に，H児は，室内のあちらこちらでものをつくっている子どものところへ出向いて，ウッドブロックを鳴らしはじめる。

　近くには，折り紙を使い，トンボを折っては繰り返し飛ばしている子どもや，

友だちに折り方を教える子どもがいる。4, 5人の子どもたちは, 星を切り抜きダンボール板に貼りつけている。保育者がふだんはあまり出さない金色, 銀色の折り紙をうやうやしく出すと, 子どもたちは「ヒャーッ, きれい」と歓声を上げ, 星づくりに拍車がかかっていく。板いっぱいに星を貼り終えると, それを手に持ってあちらこちらと走りまわり, その光り具合を確かめる子どももいる。

このように, 室内では, さまざまな遊びが展開されていく。

ついにこの遊びは,「わいうえこんな『を』ですよ」と体で「を」の形をつくるまで継続する。「あいうえあそびうた」の名前もつき, 定着する。

子どもは1人ひとりの興味・関心のもとに遊びを展開していくが, 5歳児になるとそれらひとつひとつがバラバラの遊びとしてではなく, この事例のように「あいうえおあそび」という目的意識をみんながもちながら友だちと考えたり工夫したりしてやり遂げた達成感, 充実感を味わいながら生活を展開するようになる。保育者にはひとつの遊びがみんなの遊びとして日々続き, 育っていくための援助が必要である。そのために保育者には, 子どもとともに遊びをより発展させていくための, 折々の環境の再構成が求められる。

【引用・参考文献】

文部科学省「幼稚園教育要領」(告示) 2017
厚生労働省「保育所保育指針」(告示) 2017
内閣府・文部科学省・厚生労働省「幼保連携型認定こども園教育・保育要領」(告示) 2017

第7章 遊びと総合的な保育・指導

〈学習のポイント〉　①乳幼児期における「遊び」の意味を理解し，遊びのとらえ方を学ぼう。
　　　　　　　　②「豊かな学びを保障する豊かな遊び」「協同的な学び」について理解し，生活の連続性および学びの連続性を踏まえた保育のあり方を学ぼう。
　　　　　　　　③遊びの中では子どものさまざまな側面の発達が促されることを理解し，「遊びを通して行う総合的な指導」のあり方を学ぼう。
　　　　　　　　④「遊びが育つ」とはどのようなことかを理解し，そのために必要な環境や保育者のかかわりを学ぼう。

1. 乳幼児期における遊び

　保育士や幼稚園教諭，保育教諭を目指し保育や幼児教育を学ぶ学生たちや，すでに何らかの形で子どもの生活や教育に携わっている人々と，子どもたちのことについて語り合うことがある。話せば話すほど言葉の端々にその人の幼児期の姿がうかがえるのである。1人ひとりの幼児期のさまざまな体験が根底となって，その人自身の子ども観，教育観につながっているように感じられる。

　自分の子ども時代を思い返してみよう。なんのためらいもなく遊ぶことに没頭していたころがあったはずである。その姿を温かく見守っていた周囲のおとなたちから「遊んでばかりいないで勉強しなさい！」と言われるようになったのは，いつのころからなのだろうか。自分自身「遊び」と「勉強（学習）」を相対する言葉として，意識せざるを得なくなったのはなぜだろうか。乳幼児期，児童期と成長するに従い「遊び」という言葉が，少しずつ違った意味合いをもってくることは否定できない現実である。

　この章では，乳幼児期における遊びのとらえ方，幼稚園，保育所，認定こども園等，集団教育の場における遊びの意味や，遊びによってなにを育てることができるのかを明確にし，その遊びが子どもたちにとって，より意義あるものになるための計画や指導法について考えてみよう。

1 乳幼児期の遊びの姿

（1）乳児期（1歳以上3歳未満児）

　歩行前の乳児にとっては体を動かすこと自体が遊びである。指をなめたり，自分の手足を遊具代わりにしたりすることも多い。また，身の回りにあるものをつかんだり，なめたり，投げたりすることも遊びである。ふと目にした人やものが，何らかの反応を示したことに気づくと，繰り返し見つめ返し，顔を見合わせるこ

とを楽しむようすも見られる。このころに周囲にいる人たちが「いない, いない, ばあ」をしたり, 触れた手を握り返したりすることで, 子どもは安心し, かかわってくれた人への信頼感が芽生えるのである。安心した雰囲気の中でこそ, 子どもは思ったことをしてみようという気持ちをもつことができる。それができた楽しさやうれしさを味わったことが原体験となり, もっと遊びたいという意欲につながる。

歩行をはじめ, 片言が話せるようになると, 子どもたちは身近な人や欲しいものに興味を示す。自分から近づいて身振りをまねたり, ものを叩いたり, 引っ張ったりして遊ぼうとする姿を多く見せるようになる。おもしろそうだと思ったことはなぜそうしているのか, そうすることにどんな意味があるのかは考えず, 行為だけをまねて楽しむこともある。

子どもにとっては自然な発達である旺盛な探索活動は, ものや人に触れることによってさらに刺激され, あれもこれも知りたい, してみたいと言動も大胆になる。しかし, この子どもたちの姿に対して, おとなからは「静かにしなさい」とか「いたずらはやめなさい」などと言われる場合が多い。子どもにとっては叱られることが不本意な場合もあり, 自分の思い通りにいかないとかんしゃくを起こすことも多い時期である。

自分なりにしてみたいと思ったことをしてみて, できたり, できなかったりすることを通じて, 子どもたちは今の自分の力を知り, もっと自分の可能性にチャレンジする意欲をもつようになる。「いたずら」と見える言動を子どもの立場に立って考え, どのように指導していくのかは, 周囲のおとなの課題である。

(2) 幼児期（3歳以上児）

3歳ごろになると基礎的な運動能力が育ってきて, 動きも活発になる。また, 話し言葉の基礎も身につき, 体の動きと言葉が呼応しながら遊びが展開されていくようすがうかがえる。

たとえば,「ガッタン, ゴットン, ガッタン, ゴットン」とクレヨンの先と自分が一体化して汽車になり, 言葉に合わせて連続した線がいつのまにか画面いっぱいに重なり合っていることがある。

また, 想像力をはたらかせ, 身近にあるものをいろいろなものに見立てたり, 好きな人になったつもりで話したり動いたりして遊ぶことを楽しむ姿が多く見られるようになる。少しの距離を移動する間も手足に力を入れ, テレビ番組のヒーロー, ヒロインや絵本の主人公気取りで

「見て！　わたしたち, ムシバイキン」

歩いていることがある。家庭ではひとり遊びの域を出ないことも多いが，集団生活においては，同じような姿を見せる友だちの存在が，遊びをより楽しいものにする。

積み木の遊びでは，つくることよりも壊すことを楽しんでいた3歳児も4,5歳ごろになると，いろいろな素材を使って構成したり，組み立てたりして遊ぶことに喜びを感じるようになってくる。砂や粘土での遊びにおいても同じような傾向がみられる。

とくに最近では，新生児からの入所，満3歳からの入園と，子どもたちは家庭生活に加えて幼稚園や保育所，認定こども園等という集団生活の場を早期に経験することが多くなっている。家庭とは違う魅力あるものや人と出会う機会に恵まれ，刺激を受け，生活や遊びに対する意欲がさらに高まることになる。このような集団生活の場において，子ども自身がよりよい生活や遊びをつくり出すための，総合的な保育・指導はどうあるべきかが保育者への課題である。

2 乳幼児期の遊びのとらえ方

ここでは，乳幼児の自発的な活動としての「遊び」についてのとらえ方について考える。

(1) とらえ方の基本理解

乳幼児の生活を見ていると，睡眠，食事以外の時間は，ほとんど遊びによって占められていると言っても過言ではない。子どもたちはその成長発達に伴い，さまざまな姿を見せながら，没頭して遊ぶことを楽しんでいるのである。

子どもたちが遊びはじめるようすを見ていると，以下のような姿の移り変わりが見られる。

・自分の周囲を見渡し，興味をもったものや人に自分なりの方法でかかわろうとする姿（じっと見つめる，じっと耳を傾ける，触れる，声を出す，言葉をかけるなど）。

・自分がかかわったものや人が，自分に対して何らかの形で応えてくれていることがわかり，安心している姿（離さず持っている，笑う，ひとり言を言うなど）。

・自分から最初と同じようなかかわりをし，相手となるものや人の反応を確かめる姿（手から離し再びもつ，少し動かしてみる，目をそらし再び見つめ返す，声を出す，言葉をかけるなど）。

・自分なりにいろいろなかかわり方を試し，相手となるものや人との応答を繰り返し行い，かかわり合いそのものを楽しむ姿（ものを投げる，ものを叩く，ものをなめる，違う表情をして相手の顔を見る，違う声を出す，違う言葉をかけ

るなど)。

　以上のような姿を見ていると，子どもにとっての遊びは，興味をもったものや人に対して自分が快い感情をもち，自分なりの表現方法でそのものや人にはたらきかけた結果，自分自身に満足感をもたらしてくれるものである。すなわち，遊ぶこと自体が目的であって，それ以上のことは望んでいない。そのときが楽しく，充実していれば十分なのである。

(2) 遊びを見取る目

　周囲のおとな，とくに保護者や保育者は，遊ぶことによってさまざまなことを身につけてほしいと，遊びに対して子どもとは違う目的や成果を期待してしまうことが多い。たしかに，子どもの遊びには子どもの成長や発達にとって，必要かつ重要な体験が多く含まれている。また，遊びが乳幼児期の「学習」の側面をもっていることも事実である。

　学習という側面から考えれば，子どもが遊びの中でなにを体験し，どのようなことを身につけていっているのかを把握し，それが子ども自身の力となるように，必要な援助や指導を行うことが保育者に求められている。

　乳幼児の遊びをとらえるとき，ただ単にこんな遊具を使って，こんなふうに遊んでいたとか，今日はたくさんの子どもが参加していた，などと表面的な現象だけを見て，その遊びの良し悪しを判断してはならない。そのようなとらえ方をしている保育者は「毎日，三輪車ばかり乗って遊んでいるのですが，それでいいのでしょうか」と保護者に問われたとき，なんと答えるべきだろうか。

　同じように見える遊びの中でも，その遊びの変化をきっちりと把握し，その子ども自身になにが育っているのか，なにが身についたのかをしっかり見取ることが大切である。次にどのような生活の中で，どのような体験をすることが必要なのかという課題もみえてくる。そのためにも，保育者は子どもといっしょに遊び，子どもの遊びの世界を知る努力を怠ってはならない。

　昨今，子どもと遊ばない（遊べない？）保護者や自己中心的なかかわりを続ける保護者などによって，子どもが年齢にふさわしい生活を過ごすことができないケースも増えている。子どもが子どもとして，あるがままの自分を表出・表現できるための環境を保障するためにも，保育者には個々の子どもの生活や遊びの姿を理解し，保護者にその発達・成長を伝え，理解してもらう役割が求められている。

2. 生活や遊びを通しての総合的な保育・指導

1 保育所保育指針，幼稚園教育要領，幼保連携型認定こども園教育・保育要領*の中で

　保育所保育指針（以下「保育指針」とする）においては，「子どもが自発的・意欲的に関われるような環境を構成し，子どもの主体的な活動や子ども相互の関わりを大切にすること。特に，乳幼児期にふさわしい体験が得られるように，生活や遊びを通して総合的に保育すること。」（保育指針：第1章総則　1　保育所保育に関する基本原則　(3) 保育の方法　オ）と生活や遊びを通して総合的に保育することの重要性が示されている。また，「仲間と遊び，仲間の中の一人という自覚が生じ，集団的な遊びや協同的な活動も見られるようになる。これらの発達の特徴を踏まえて，この時期の保育においては，個の成長と集団としての活動の充実が図られるようにしなければならない。」（保育指針：第2章保育の内容　3　3歳以上児の保育に関するねらい及び内容　(1) 基本的事項　ア）とある。

　幼稚園教育要領（以下「教育要領」とする）の第1章総則においては，「幼児の自発的な活動としての遊びは，心身の調和のとれた発達の基礎を培う重要な学習であることを考慮して，遊びを通しての指導を中心として第2章に示すねらいが総合的に達成されるようにすること。」（教育要領：第1章総則　第1　幼稚園教育の基本2），また，「各領域に示すねらいは，幼稚園における生活の全体を通じ，幼児が様々な体験を積み重ねる中で相互に関連をもちながら次第に達成に向かうものであること，内容は，環境に関わって展開する具体的な活動を通して総合的に指導されるものであることに留意しなければならない。」（教育要領：第2章ねらい及び内容）とある。

　幼保連携型認定こども園教育・保育要領（以下「教育・保育要領」とする）第1章総則においては，「乳幼児期における自発的な活動としての遊びは，心身の調和のとれた発達の基礎を培う重要な学習であることを考慮して，遊びを通しての指導を中心として第2章に示すねらいが総合的に達成されるようにすること。」（第1章総則　第1　幼保連携型認定こども園における教育及び保育の基本及び目標等　1　幼保連携型認定こども園における教育及び保育の基本 (3)），また，「各視点や領域に示すねらいは，幼保連携型認定こども園における生活の全体を通じ，園児が様々な体験を積み重ねる中で相互に関連をもちながら次第に達成に向かうものであること，内容は，園児が環境に関わって展開する具体的な活動を通して総合的に指導されるものであることに留意しなければならない。」（第2章ねらい及び内容並びに配慮事項）とある。

*幼保連携型認定こども園については，第1，2章を参照のこと。

以上のように保育指針では「生活や遊びを通して総合的に保育すること」，教育要領，教育・保育要領では「環境にかかわって展開する具体的な活動を通して総合的に指導されるもの」と文言の違いはあるが，いずれも<u>生活や遊びを通して行う総合的な保育・指導</u>を提唱している。

　ひとつの遊びを行う中で，子どもたちはいろいろな体験をしている。友だちといっしょに遊んでいると否応なしに楽しい，うれしい，悲しい，悔しいなどのさまざまな感情が飛び交い，ぶつかり合いも体験する。また，ものがあれば，その性質や使い方を考えたり，実際に使ってみるなど，それまでに培った知識や経験，身体の動きも必要になってくるのである。自発的な活動としての遊びにおいては，子どもは心身全体をはたらかせ，必要な諸能力が絡み合い，総合的に発達していくのである。

2 遊びを通して行う総合的な保育・指導とはなにか

　ここでは，平成15（2003）年に行われた中央教育審議会初等中等教育分科会幼児教育部会（第2回）における河邉貴子委員の意見発表を参考に総合的な保育・指導について考えたいと思う。

　河邉氏は教育要領の中で幼稚園教育の基本として押さえられている3点に関する課題を挙げ，遊びを通しての総合的な指導をどう充実させていくのかということについて述べている（以下要点）。

○**幼稚園教育の3つの基本とその課題**
①幼児期にふさわしい生活の展開
　発達の幅の広い子どもたちに豊かな直接体験をどのように積み重ねていくのかが課題。
②遊びを通しての総合的な指導
　多くの幼稚園が取り組んでいるが，本当にそれが<u>豊かな学びを保障する遊び</u>となっているかを見直し，遊びの質をどう高めていくのかが課題。
③1人ひとりの発達の特性に応じた指導
　幼稚園教師はどうしても個と向き合う傾向があり，集団の育ちと個の育ちをどう連動させて子どもたちを育てていくのかが課題。

　河邉氏は3つの課題を全部まとめると，結局は教師の資質をどう高めていくのかということになると述べ，ここでは「教師」と表現しているが，幼児教育を大きく見れば，「保育者」と見たほうが適切かもしれないとも述べている。

(1) 豊かな学びを保障する豊かな遊び

○**豊かな遊びのとらえ方**
・教育要領に示されている5つの領域，すなわち健康，人間関係，環境，言葉，

表現，これらの側面が偏ることなく，ひとつの遊び，ひとつの活動の中で連動しながら，クモの糸が張りめぐらされるような形で，子どもの中に経験として残ること。

○**豊かな遊びに必要な要素**
・魅力的なテーマ性があること。
・テーマ性をかき立てるような適切な環境が集団生活の場にあること。
・さまざまなプロセスが遊びの中に含まれていること。

(2) 個々の遊びと集団の遊びの関係

○**個々の遊び**
・今これをやりたいという自己意識が高まってくると，個々が自分のイメージを追えるようになる。個々の内的動機が高まると友だちといっしょに遊びのイメージを追求しようとする力が高まる。

○**集団の遊び**
・集団ばかり動いても個の力はつかないし，個の力がそれぞれついていても，それが集団として遊びのイメージを追求する力にならなければ，育ちが偏っていく。相互に連動しながらイメージが強化して遊びが展開していると，とても豊かで子どもはたくさんのことを学ぶ。

(3) 保育者の役割

○**保育者に必要な専門性**
・遊びの中で，子どもが経験していることはなにかを読み取り，子どもを理解する力。
・遊びの中で子どもがなにを学んでいるのか，どのような知的発達があるのかを読み取り，次にどんな素材を使い，どんな活動をすべきかの環境を提案し，保育を構想する力。
・ひとつの遊びが子どもの中に入り込んだときに，黙ってそれを見ているのではなく，それがより深くさまざまな体験として子どもの中に広がっていくように援助すること（幼児の主体性，偶発的に始まった遊びをどう広げていくのかという，保育者の意図性の接点のところに援助がある）。

○**小学校との連携**
・豊かな遊びの中には豊かな学びがある，ということを適切に表現する術を幼児教育の場で体得して，小学校以上の学習の場に説明する責任をきちんと果たすこと。
・幼稚園は1日4時間の2年・3年保育，保育所は1日8時間の6年保育とそれぞれが求められている時間的・年限的な問題によって育まれてきた保育文化には違いがある。5歳児後半の知的好奇心が高まったときの教育内容につ

いては，就学前教育の総仕上げの段階として今一度見直し，小学校へ円滑につながっていくよう取り組んでいくことが必要である。

3. 遊びを育て，より意義のあるものにするために

1 遊びが育つとは

　遊びが育つとは，子どもなりに試行錯誤を繰り返し，自らの願いや考えを具体化していこうとする力を発揮し，それまでとは違った状況をつくり出す中で，新しい体験を積み重ねていき，より楽しい遊びにしていくことではないだろうか。そのためにも，子ども自らが選択し，主体的に取り組む「好きな遊び」の時間は，園生活においてなくてはならないものである。

　ここでは，3歳児たちが自ら興味をもちはじめた「好きな遊び」が，クラス全体で楽しむ「大好きな遊び」へと育っていった事例を紹介し，保育者は，子どもの姿からなにを見取り，どのように必要な環境や子どもとのかかわり方を工夫するか，またどのように遊びを援助していくことが求められるのかを考えていきたい。

(1) 好きな遊びに出合う

（常磐会短期大学付属常磐会幼稚園〈2012年当時〉3歳児担任　T教諭の実践より）

　6月の誕生会で年長組が「虫歯建設株式会社」のオリジナルダンスをはじめると同時に，その場で動きをまねしはじめた子どもたちの姿に驚かされた。そして，誕生会が終わるとすぐに，「先生，ムシバイキンの曲かけて！」と数人の子どもたちが言いに来る。教師がCDをかけると，1度しか見ていない踊りなのに，動きのポイントを押さえていることが見て取れた。それからというもの，毎日「虫歯建設株式会社」の曲が保育室に流れ，踊る子どもたちの数が増えていった。

　そこで，子どもたちがどうしてこのダンスに興味をもったのか考えてみた。

①リズミカルな曲調（擬音が多く入ったノリのよさ）。
②コミカルでまねがしやすい簡単な動き。
③歌詞の内容に合ったわかりやすい動き。
④年長組がしていることはかっこいいと思う憧れの気持ち。

ムシバイキンに必要なものは？

などが，子どものようすからうかがえた。保育者

としては6月のこの時期に友だちといっしょに踊ることや、かけ声をかけることを楽しむことができる3歳児の姿に期待も広がった。

ムシバイキンがやって来た！

当初は踊ることだけを楽しんでいた子どもたちであったが、7月に入ると「ムシバイキン」になって遊ぶ姿が見られるようになってきた。「虫歯の人はいないかなあ～」と探し歩いたり、「これはドリル、歯をたがやすねん」と、お気に入りのブロックでつくったドリルを持って踊る姿も出てきた。

保育者としてはクラスのみんなで楽しめる遊びに育てたいとの思いもあったが、「ムシバイキン」に対して怖いというイメージをもっている子どももいたので、無理に参加はさせなかった。しかし、保育者が子どもたちといっしょに楽しそうに踊る姿を見たり、「ムシバイキン」になることを楽しんでいる子どもたちがお面をつけて踊ったり、なりきって言葉を交わしている姿に、参加していない子どもたちもしだいに関心を示すようすがうかがえたことで、新たな保育展開への期待が高まった。

ダンス以外にも、友だちといっしょに体を動かして遊ぶ楽しさを味わってほしいと願う保育者は、子どもたちが自ら見つけ出した遊びである「ムシバイキン」ごっこを生かすことができないかと考えた。そして、歯ブラシマンになって子どもたちの前に登場し、追いかけっこ対決をしないかと誘いかけた。

「絶対歯ブラシマンに負けへんねん」

「ご飯いっぱい食べてくる」

「ムシバイキンのダンスをいっぱい踊って力をつける！」

などと言って、さらにムシバイキンになって遊ぶことを楽しむ姿が見られ、遊びが広がっていった。

10月の運動会では、保護者に歯ブラシマンになってもらい、親子で追いかけっこをする競技を実施した。表情でも動きでも「ムシバイキン」になることを楽しむ子どもたちの姿から、自分たちで始め、継続してきた遊びに対する自信をかいま見ることができた。この「ムシバイキン」の遊びを通して子どもたちが経験したことは、教育要領の5領域の側面が偏ることなく連動していることがわかる。

　①喜んで体を動かし、その心地よさを味わう。
　②友だちといっしょに遊ぶ楽しさを味わう。
　③身近にあるものや遊具、用具を使って試したり工夫して遊ぶ。
　④ムシバイキンになったつもりで、言葉のやり取りを楽しむ。

⑤身近な素材で遊びに必要なものをつくることを楽しむ。
　など，多くの経験が3歳児としての生活に必要な力を身につける一助となった。

(2) 好きな遊びが充実する

　ムシバイキンたちに次のブームがやってきた。10月初旬の運動会で年長組の子どもたちが踊っていた「おまつりうんどうかい」だ。園庭で年長組の子どもたちが踊っているのを見て，興味をもった子どもたちは，曲が聞こえてくるとテラスに飛び出していった。「虫歯建設株式会社」のダンスのときは，すぐに体を動かしていた子どもたちだったが，今回はすぐには踊りはじめず，真剣に食い入るように見ていた。
　前回同様，子どもたちが興味をもった要因を考えてみた。
・テンポのよい曲調，おまつりを感じさせる曲調。
・おもしろい歌詞。
・年長組の迫力のある演技。
・「わっしょい，わっしょい」というかけ声。

　「虫歯建設株式会社」のダンスを初めて見たときの子どもたちのようすと違って食い入るように見ていたのは，年長組の子どもたちの演技の迫力やかけ声に心を動かされたことが考えられる。
　この「おまつりうんどうかい」は踊れば踊るほど楽しさが増し，歌詞を覚えて歌いながら踊ったり，動きがどんどん機敏になっていったり，今では友だちと楽しさを共有しながら遊ぶ姿も見られるようになってきた。そこで，子どもたちに「おまつりうんどうかい」のなにが好きなのかを尋ねてみた。

　1位　「わっしょい，わっしょい」のかけ声
　2位　最後の「やー！」というところ
　3位　ばちをもって踊るところ

　そのほか間奏の部分，走るところ，「よーお」というかけ声，などいろいろな意見が出たが，全体的にかけ声が楽しいと答える子どもが多かった。幼稚園の所在地である平野区ではK神社の夏祭りが盛んで，その際に，地区から出るだんじりに興味をもっている子どもも多く，お祭りの雰囲気になじみやすかったのかもしれない。

〔事例1〕大きい組さん「か～し～て」
　「おまつりうんどうかい」のダンスで，年長組の子どもたちが使っていた赤色と白色のばちにずっと憧れていた3歳児たち。運動会が終わってから「ばちを使いたい」という声が上がり，2階の年長組の保育室へみんなで借りに行った。「いいよ」と，すぐに貸してくれた年長組の子どもたちに「ありがとう」とお礼を言い，

再び階段を降りて自分たちの保育室に戻り，念願のばちをもって踊ることができた。

　最初はばちを持っての階段の昇り降りが心配ということもあり，保育者もいっしょについて行っていたが，ある日，

　A児「先生，もうついてこんでいいわ」
　T　「え？　どうして？」
　A児「だって，ぼくが借りに行くから」
　T　「Aくんだけで大丈夫？　大きい組さんの部屋は2階やから心配やわ」
　A児「だいじょうぶ，だいじょうぶ」

「白いばち，借りてきたよ」

そのやりとりを聞いていたまわりの子どもたちもいっしょに行くと言いはじめる。
　B児「ぼくもAくんといっしょに行くわ。だから先生ついてこんといて！」
　C児「わたしも行く～！」

こうしてまわりにいた子どもたち4，5人が連れ立って年長児への保育室へと向かった。しばらくすると子どもたちが戻ってきた。

　子ども「ただいま～」
　T　「おかえり～。ほんとにみんなだけで借りに行くことができたんやね。すごいね！」

保育者の言葉に，子どもたちは自慢気な笑顔を見せた。

＜考察＞
・1学期は教師といっしょにいることで安心していた子どもたちだったが，幼稚園の中で好きなこと，好きな場所などが見つかったことが心の安定につながり，「先生と離れても大丈夫，もっと自分の力で生活したい」という思いが強くなった。
　また，何度か教師がついて行ったことにより，どうしたら借りることができるのかという方法がわかり，ひとりでも大丈夫という自信が芽生えたのではないか？
・A児の自分で借りに行くという言葉を聞いて，まわりの子どもたちも刺激を受けた。そして，実際に借りることができたことを教師に認められたことが，大きな満足感，達成感となり自信へとつながった。
・借りに行ったときに，年長児が快く貸してくれたことからも，今までの生活の中でのかかわりから，異年齢のよい関係が築かれていることがわかった。
　また，借りに行く，返しに行くという行動自体も楽しかったようだ。
・近年高層マンションが多くなり，エレベーターは使うが階段を昇り降りする機会が少ない子どもたちにとって，2階の保育室を往復するという経験を繰り返すことによって，スムーズに階段の昇り降りができるようになってきたという，運動面での発達も見られた。

〔事例２〕「ぼくもわっしょい，わっしょい」

入園当初から初めてのことに対して慎重で，まわりを観察していることが多かったＤ児。朝の集いの体操も見ているだけでまったく動こうとはせず，２学期に入った。そのＤ児が初めて自ら興味をもって踊ったのが「おまつりうんどうかい」だった。

はじめは，運動会に向けて年長組が「おまつりうんどうかい」を踊っている横でまねをして踊っている３歳児の友

踊ることを楽しむ

だちの姿に興味をもったようで，そのようすをうれしそうに見る日々が続いた。

そんなＤ児の体が初めて動いたのが，運動会の予行日だった。「おまつりうんどうかい」の曲が流れると同時にまわりの３歳児の子どもが立ったことに反応し，Ｄ児も立ち上がった。そして，年長組の踊りに合わせ，うれしそうに体を動かしはじめたのである。

それ以降，保育室でも「おまつりうんどうかい」の曲が流れると，ばちを持ち「わっしょい，わっしょい」と，保育室中に響く大きなかけ声を発しながら，楽しそうに踊る姿が見られるようになった。自分から「『おまつりうんどうかい』かけて！」と，保育者にリクエストをすることも増えた。時には，ひとりであっても踊っている姿が印象的だった。繰り返し踊ることを楽しむ中で，自分からよく話をするようになったり，友だちとかかわろうとしたりする姿が見られるようになってきたことに，Ｄ児の成長を感じた。

＜考察＞
・Ｄ児の場合，「おまつりうんどうかい」の曲に興味をもったというよりは，それを楽しそうに踊っている<u>友だちに大きな関心を示した</u>と考える。今までも，友だちのことは気になっていたようだが，遠くからようすを見るにとどまっていた。しかし，今回の「おまつりうんどうかい」が，<u>友だちの輪の中に入るきっかけとなった。</u>
・Ｄ児の行動を見ていると自ら動き出すことには慎重であるが，一度経験したこ

友だちといっしょに踊る

「ヒーローになって，はいポーズ」

とが自信となり，継続しようとする気持ちがもてるようである。運動会の予行日に友だちの動きに誘われ，思わず立ち上がって踊ったことで，今までの壁が取り払われ，時にはひとりであっても「わっしょい，わっしょい」と大きな声を出して楽しめるようになったことは，うれしい成長である。
・なかなか言葉で気持ちを伝えようとしなかったD児が，「『おまつりうんどうかい』を踊りたい！」という強い気持ちによって，保育者に積極的に自分の思いを伝えられるようになったことは，今後，人とのかかわりを広げていくうえで貴重な経験であったと考える。

　また，この曲はかけ声が多く，友だちといっしょに声を合わせる楽しさを感じたり友だちと顔を見合わせて踊ったりする中で，友だちといっしょに遊ぶことの楽しさを感じることができるよい遊びであることも認識できた。

〔事例3〕「100点，違うわ，200点あげる！」～年長児とのかかわり～

　運動会以降，毎日保育室や園庭で曲をかけ，「おまつりうんどうかい」を踊ることを楽しんでいる。一度で終わることはなく，曲が終わると「もう一回！」と，繰り返しながら，子どもたちが入れ替わり立ち替わり，遊びは続いていった。そこで，前回同様，12月のお楽しみ会（音楽的な遊びを保護者の前で発表する機会）の場で，3歳児の出し物としてみんなで踊ることにした。

年長児のダンスを見せてもらう

　2カ月以上続いてきた遊びなので，みんなが親しんでいる遊びではあったが，興味のもち方に違いがあったので，年長組の子どもたちに踊りのポイントを直接教えてもらう機会をつくり，さらにみんなで楽しむ気持ちを高めたいと考えた。そこで年少児全員と，年長児有志の子どもたちが遊戯室に集まり，まずは年長児の踊りを見せてもらうことにした。

　T　「大きい組さんの踊り，どうだった？」
　年少児「めっちゃ，かっこよかった」
　T　「どんなところが，かっこよかった？」
　年少児「わっしょい，わっしょいっていうところ。手がピンってなっているところ」
　T　「ほんとやね。みんなよく見ていたね。じゃあ，どうしたら大きい組さんみたいにかっこよく踊れるか，聞いてみよう」

　そうして，年長児に質問を投げかけると，「ばちは赤が右手，白が左手にもつこと。勝手にカチカチ鳴らさないこと」「座っているとき（立膝で座るポーズ）足が痛いけどがまんする」「ばちを叩くときは，顔に当たらないよう頭の上で叩く」「ばちを伸ばしたときは顔もその方向に向ける」「元気いっぱい踊る」など，運動会のと

年長児の話を聞く年少児

「いっしょに踊ろう！」年長さんに教えてもらったよ

きの経験をもとに具体的に教えてくれた。たくさんのポイントがあったが，年長児のアドバイスを年少児たちは真剣に聞いていた。話を聞いた後に，全員で踊ると，今までとは違った勢いを感じることができた。

　年長児に「おまつりうんどうかい」のポイントを教えてもらってから，年長児の子どもたちも小さい組の友だちのようすが気になるようで，曲が聞こえてくるとようすを見に来てくれたり，いっしょに踊ったりしてくれるようになった。「先生，年少組さん，上手になってきたな」と，日に日に成長している年少児の姿を認めてくれる年長児の言葉に，子どもたちも保育者もうれしさを感じていた。

　ある日，踊っていた年少児を見て年長組のE児がひと言，「100点！　違うわ，200点あげる!!」E児の中での最高のほめ言葉だったのだろう。それを聞いた年少児のやる気がさらに高まったことはいうまでもなかった。

　保育者があれこれ伝えるよりも，実際に経験している年長組の子どもたちに教えてもらう方が，年少組の子どもたちもすんなりと受け入れられるようで，子どもたちの意気込みが感じられた。経験したことを伝える，そして受け継ぐ，学年を超えての縦の関係から育つことの大きさ，大切さを実感した。

　お楽しみ会で披露した後の話し合いでも，「一番楽しかったのは，『おまつりうんどうかい』」と答える子どもたちがほとんどで，そのことからも充実感を味わったということが伝わってきた。今後，子どもたちがどんなことに興味をもつのか，ますます楽しみになってきた。

<考察>

- 保育者がいろいろ伝えるよりも，子どもたちが大きな憧れをもっている年長児の踊りを直接見たり，ポイントを教えてもらったりすることが，なによりも年少組の子どもたちの心に響く活動だということを感じた。
- 普段から，年少児の姿を気にしてくれている年長児だが，今回の教えてもらう機会を設けたことで，さらに気にかけてくれるようすがうかがえ，学年を超えた縦の関係がより深まった。

　また，年少児が繰り返し楽しんでいる姿を見て，年長児も自分たちの遊びに自信をもち，もっともっと教えたいという思いにつながり，年長児としての態度が身についたのではないだろうか。

（3）子どもの育ちと遊びの育ち

4月，初めて入園した子どもたちに優しく接してくれたのが年長児のお兄さん，お姉さんだった。そのことが大きく影響し，年長児の踊る姿に憧れ，「自分もやりたい！」「大きい組さんみたいに踊りたい！」という気持ちをもつようになったのが，この遊びのきっかけである。

最初のポーズは立て膝で

「おまつりうんどうかい」の曲自体も子どもたちの興味を引く内容が盛りだくさんだったことと，年長組の迫力のある演技がプラスされ，さらに遊びが広がっていった。

また，地域の特徴である祭りの雰囲気になじみやすかったのもひとつの要因として挙げられる。家庭や地域での経験が

みんなで「やあ～！」

幼稚園の生活に生かされ，幼稚園での経験が家庭や地域の生活で生かされ，幼稚園と家庭と地域のつながりは，子どもたちにとって不可欠なものである。

また，友だちといっしょに声を合わせることを楽しむ中で，年少児なりに気持ちを合わせようする姿や一体感も出てきた。そのことが，友だちとかかわる力へとつながっていき，現在の姿となっている。

そして今回の遊びの一番大きな要素，年長児と年少児との関係においては，経験したことを伝える，そして受け継ぐ，学年を超えての縦の関係から育つことの大きさ，影響力の強さを実感した。このような園全体が一体となって保育を進めていく常磐会幼稚園らしさをこれからも大切にしていくことが，遊びが育つ，子どもが育つことにつながる。

好きな遊びをする子どもたちは，十分な時間，お気に入りの空間，遊びたい仲間を自ら選び，とことん遊んでいる。その表情，言動は"楽しさ""満足感"にあふれている。この姿を継続するために，さらにどのような環境づくりを進めていくのかが，保育者としての腕の見せどころである。子どもたちは園生活のいろいろな場で出会った人やものとかかわっていく。誰に言われるでもなく小さい子どもの世話をする年長児の姿に，異年齢児が集団で生活する教育の場としての幼稚園教育の本質を読み取ることができる。こんな子どもに育ってほしいという保育者の願いが込められた環境の中で，子どもたちは伸び伸びと遊び，生きる力を身につけていくのである。

今，PDCAサイクルという考え方がいろいろな分野において必要とされている。Plan（計画）→ Do（実行）→ Check（評価）→ Act（改善）の4段階を繰り返すことによって，継続的によりよいものにすることができるというものである。この考え方を保育実践にあてはめてみると，出発点はDo（実践と子どもの実態）→ Check（保育者の見取り）→ Plan（必要な環境やかかわりの工夫）→ Do（実践と子どもの実態）→ Check（保育者の見取り）→ Act（改善）という流れが繰り返されている。

　好きな遊びをしている子どもの姿から，「どんなことに興味をもっているのか」「これから環境はどのように構成するとよいのか」「この遊びが，子どもたちのどのような育ちにつながっているのか」などを保育者が見取り，次のかかわり，環境を考え，子どもたちが思う存分，好きな遊びを楽しめる就学前教育の場の必要性を再確認することが望まれる。

（4）協同的な学びに向けて

　事例から，3歳児においても幼稚園生活では幼児1人ひとりに，「個で楽しむ」姿と「協同で楽しむ」姿が見られる。5歳児ともなれば「協同で楽しむ」中で自己発揮をし，「個」のよさを理解できる。その「個」が集まってさらなる「協同の楽しさ」につながっていくことを体験することが必要ではないかと考える。切磋琢磨したり，認めてくれる仲間がいたからこそ，自分をより高めていくことができるのではないだろうか。

　平成16（2004）年3月に行われた中央教育審議会初等中等教育分科会教育課程部会幼稚園教育専門部会（第5回）において出された，「幼稚園教育における教育内容の改善について（論点例）」に示されている協同的な学びについての指摘事項を，参考資料として以下に挙げておく。

1）幼稚園における教育内容の改善について（論点例）

幼児の生活の連続性及び発達や学びの連続性を踏まえた教育の改善
○協同性を育てる指導のあり方について

　中教審答申「子どもを取り巻く環境の変化を踏まえた今後の幼児教育在り方」において，「小学校入学前の主に5歳児を対象として，幼児どうしが，教師の援助の下で，共通の目的・挑戦的な課題など，一つの目標を作り出し，協力工夫して解決していく活動を「協同的な学び」として位置づけ，その取組を推奨する必要がある。」としている。

　幼稚園において，生活の連続性及び発達や学びの連続性を踏まえた教育の改善を図るためには，特に「協同的な学び」という観点から，教育内容や内容の取り扱いについて教育課程上，どのような改善が考えられるか。

2）論点例に関する幼稚園教育専門部会における指摘事項

○幼児期において子どもが遊びをしていく場合に，保育者の側からすれば，その遊び集団や遊びの群れが持続性をもって，自分たちで活動を維持していくという力や自分たちでグループをつくって活動していく能力が保育の中で非常に問われており，そのときに協同性とか協働するという能力がいかに幼稚園で育っているのかというのが非常に重要な意味をもっている。

○協同的な学びの活動をするためには，いつでも教師から支えられているという信頼感とさまざまな遊びの体験がベースになっている。

○3年保育が増えてきている現状で集団生活を重ねてくると相当な力をもってくるが，一方で遊びの姿に変わりが見られないとか，いつも同じ生活になっているという現実があるのではないか。教師の刺激のしかたで子どもが知的なこだわりをもって環境とかかわり遊びを豊かにすることから，教育内容を検討する際に，どういう視点をもつと子どもが知的なこだわりをもって遊びや生活に取り組むのか議論していきたい。

○5歳児後半の遊びが停滞しているのは，学級集団がうまく育っていないことである。3・4歳の積み重ねのうえで5歳児の学級集団があることから学級運営の問題と合わせて，カリキュラムの問題も論じていく必要があるのではないか。

○「協同的な学び」は5歳児で一挙に活動が成立するわけではない。協同的な学びを考えていくうえでは，それ以前の3・4歳児から5歳児にかけての教育課程も見直す必要がある。

○幼稚園における接続期の協同的な学びを考えるときに，3・4歳児の「遊びを通した総合的な指導」から5歳児「興味や関心を生かし価値に気づかせる」という指導が必要。気づきを明確にするのであれば，教師の指導方法（保育実践）

協同的な学びに向けて（イメージ）

幼稚園教育の基本：幼児の主体的活動である遊びを通じ，教師が環境構成による援助を行い，総合的な発達を促す

1人ひとりが安定する時期
・幼児は園の中で，安定した気持ちで行動できる。
・教師は，幼児が教師に親しみを感じ，集団の中で，安定して過ごせるように援助。

自己発揮する時期
・幼児が，園の集団の中で，相手やものの特徴をわかりつつ，自分の内に根ざした考えや思いを形にしていく。
・教師は，楽しみながら，幼児が集団の中で，自己表出できるよう援助。

協同的な学びが可能となる時期
・幼児同士で，長い時間をかけて実現してみたいことを考え，その願いを目指して，互いに協力して進めようとする。互いの意思の衝突や実現の困難を乗り越え，先の見通しを可能にしつつ，達成していく。
・教師は，葛藤を乗り越え，協同的に意味を創造できるよう援助。

→小学校

（無藤隆委員資料参照）

をどのように変える必要があるのかということについて現場にわかるように明示する必要があるのではないか。

　保育者は，幼児がいろいろな人とかかわり合い，互いの支えとなって生活していることを実感し，よりよく人とかかわろうという気持ちをもってほしいと願っている。心と体は表裏一体であり，心が動けば体が動き，体が動けば心が動くのである。生活とは目の前にいる幼児に対する保育者の願いを込めた環境であり，その環境に幼児の発見や発想が加わり変化するものである。

　保育者の願いと幼児の要求が合致する中で，さらなる発見・発想や保育者の援助が加わり，新たな環境に変化するといった繰り返しである。そこに大勢の友だちがかかわっているからこそ，いろいろな考えや思いに出合え，また，自分の考えを広げたり，新たな自分の力を発揮することができる。その繰り返しの中で，幼児は「豊かな学びを保障する豊かな遊び」を育んでいく。

2 遊びが育つために必要なこととは

　遊びが育つために必要なこととは，子どもたちが十分に遊び込める時間，場をきっちりと確保してやることである。子どもたちは自ら遊びたいという意欲をもっている。しかし，幼稚園や保育所，認定こども園等，家庭においても子どもたちが遊びにひたり込み，満足するまで遊ばせてやることは少ないのではないだろうか。将来のためにといろいろなことをさせすぎていないか，今一度考えてみる必要がある。

　「今の子どもたちは，落ち着きがなく，遊びに没頭できず，すぐに飽きたり，遊びが変わったりする」と嘆く保育者や保護者の声を耳にするとき，その子どもたちは今までの生活の中で，心ゆくまで遊んだことがあるのかと問いたくなる。いつも園の行事や保護者の都合で遊びを中断させられたり，こっちの遊びの方がよい遊びだからと，本当にしたいことから無理に離されているのではないかと危惧される。

　まず，3歳前半のころまでは，ひとり遊びを十分に経験することが必要である。自分のしたいことを自分の裁量で行うことができる楽しさは格別である。幼稚園や保育所等で集団生活を始めると，周囲のおとなは，友だちと遊ばせないといけないと思いすぎてはいないだろうか。

　3歳児の11月ごろになると，気になる友だちのそばに何気なく近づいては，いっしょに遊ぶきっかけをつくろうとしている子どもの姿が見られる。お互いの興味・関心が同じであることに気づいた2人が，同じものを持ち，同じような動きをしたり，同じ言葉を言っては顔を見合わせて笑い合っているようすも見られる。

　4歳，5歳と成長するに従い，集団生活の中で友だちが必要になってくるのは

自然な発達であり，十分にひとり遊びを堪能してきた子どもは，発想豊かな遊びをつくり出し，友だちとのかかわりも良好である。遊びの楽しさを知っているからこそ遊びを大切にできる子どもに育つ。

　遊びを育てるのは，子ども自身であることを認識し，幼稚園や保育所，認定こども園等の生活の流れや環境，保育者の存在が遊びの育ちの妨げになっていないかを再確認することが，遊びが育つためにもっとも必要である。

3 遊びの育ちと保育者

　子どもたちにとって遊びは欠くことのできないものである。遊ぶことによって彼らはさまざまなことを身につけていく。その中では，よいことも悪いことも学ぶのである。いけないことはまわりのおとなが気づくはずである。そのときには，しっかり声をかけ，注意を促していけばよい。子どもたちが夢中で遊んでいるときにはそっと見守り，ふと視線が合ったときにはうなずいてやればよい。子どもたちは保育者のまなざしの中に，自分が認められていることを感じ取り，より張り切って遊ぶ。子どもたちが今，なにを考えているか知りたければ，保育者も子どもたちといっしょに子どもになりきって遊べばよい。子どもの心がストレートに伝わってくる。

　子どもの遊びには，彼らの生きていく力を育む栄養素が詰まっている。保育者の役目は，遊びの中で子どもたち1人ひとりがなにを吸収し，身につけていったのかをしっかり見取り，子どもが身につけたものをどのように発揮しながら生活しているかを確認し，次に必要な経験ができる場を子どもといっしょにつくっていくことであろう。

　最後に幼児教育に関心をもち，幼稚園生活を真摯（しんし）な目で見つめてくださっている小学校の先生の言葉を引用し，この章のまとめとする。

幼小が連携しなければならない本質

　幼稚園のおやつの時間に見た光景を，私は今でも大変印象深く記憶しています。それは，1本の牛乳を2人で分けるときのことでした。2つのマグカップに分けた後，瓶を持って注いだ子どもも，注いでもらった子どもも気づかないうちに，瓶の縁から牛乳の雫がテーブルの上に落ちました。牛乳を飲むことに夢中で子どもも気づかない様子なので，先生は「牛乳がこぼれているよ。どうしよう」と子どもたちに話しかけました。すると，最初に返ってきた答えは，「こぼした人がふく」でした。先生はすかさず「そうかなあ」と切り返しました。すると，ある子どもが，「見つけた人がふく」と言ってこぼれた牛乳を，さっと布巾でふいたのです。先生は，その子どものその行為のおかげでテーブルがきれいになったとみんなに話しました。何人かの子どもが，ふいた子どもに「ありがとう」とお礼を言う姿が見られ

ました。
　一見あたりまえの日常の光景なのですが，そのときの私は，子どもが「見つけた人がふく」と言っていることに感心したのです。1年生を担任していた私の学級でも同様のことはしょっちゅう起こっていて，「見つけた人がするべきだ」と事あるごとに言っていたからです。幼稚園の先生が同じようにされているのを見て，自分なりに「幼小の連携ができているな」と感じたのでした。しかし，今改めて考えてみるとそのときの自分の考えが実に不十分であることを痛感します。
　まず，私なら「どうしよう」ではなく，「どうしたらいいかな」と言うと思います。これは見かけ上は問いかけですが，実は，「ふきなさい」と命令しているに他なりません。つまり，このように問いかけられても，子どもは考えないのです。私は「どうしよう」の深さに気づいていませんでした。
　次に，こぼれた牛乳をふいた子どもには，私なら，「えらいなあ。○○ちゃんのおかげやね」と言うでしょう。これだと，見つけた人がふく＝えらい（よいこと）というパターンを印象づけることはできますが，それがなぜよいことなのかを子どもに伝えていません。「おかげできれいになった」という言葉は，その子どもの行為の意味をきちんと周りの子どもに伝えています。だからこそ，それは「よいこと」であり，「えらい」のです。しかし，大切なのは誰がえらいかではなく，何がよいことなのかを教えることなのです。
　私の言い方では後者を子どもに伝えることはできません。もしかすると，いやなことや面倒なことは見て見ぬふりをする子どもに育ててしまうかもしれないのです。
　最後に，この先生は，私のように，ふいた子どものことを「えらい」などの言葉で直接にはほめていません。私なら，「えらい」「すごい」「りっぱ」などのほめ言葉を連発していると思います。このようにほめ言葉の安売りをすると，子どもは先生にほめられるためによいことをしようとするようになるかもしれません。2番目に述べたように，「行為の意味を子ども自身が考える」のならば，先生が「えらい」などと価値づけしなくても，子どもがその行為の価値を認識できるはずです。現に，私が見た幼稚園の子どもたちは先生が何も言わなくても，その子どもに対して「ありがとう」と言っています。「ありがとう」は感謝の言葉であり，これを発するのは，その行為を「よいこと」「りっぱなこと」ととらえ，それをした友達を「えらいなあ」と感じているからでもあると思います。
　しかし，これでもまだ，この行為を十分にとらえたとはいえないでしょう。なぜなら，こぼれた牛乳をふくことは「あたりまえ」のことだからです。別に「えらい」とか「りっぱだ」などという次元のものではないのです。周りの子どもの「ありがとう」には，自分が気づかなかったことを率先してやってくれてありがとうという気持ちが込められているとも考えるべきです。私の場合は，「あたりまえ」のことを必要以上にほめることによって，実は私にとって都合の良い子どもを育てようとしていたのかもしれないのです。ほめることは大切ですが，もっと大切なのは，なぜほめるのかをはっきり認識するということです。ほめるのは，本人が意識していない本人やその行為，言動のよさを認め，自信をもてるようにするためです。つまり，子ども自身が，自分とはどのような存在なのかということに

ついて理解を深めていくこと，端的に言えば「自分とは何か」に気づくことが大切なのです。必要以上にほめることは，子どもに自分を見失わせてしまうのです。

　この例のような子どもの姿やそれを育てる教師の指導のあり方は，幼稚園と小学校で一貫して実現していきたいことです。(中略)

　私たちは忘れ物が多かったり，宿題をきちんとしてこなかったりする子どもは「基本的な生活習慣が身についていない」ということで済ませてきました。しかし，それが身についていないということはどういうことなのかを考えなければなりません。そこで思い出されるのが「牛乳」の例です。布巾でふいた子どもは，今までの言い方ならば，「基本的な生活習慣が身についている子ども」ですが，私は，この子どもは，広い意味で「問題解決力」，あるいは「問題解決的な生き方」が育っている子どもだと考えます。幼稚園の教育は，実は「問題解決的な生き方」を育てているのではないかと思います。誰がこぼしたかではなく牛乳がこぼれた状態をどうするかということが本当の問題です。幼稚園の教育，幼稚園の先生の指導は，本当の問題は何なのか問題の本質はどこにあるのかを子どもが自分で見つけられるようにしているのだと考えます。与えられた問題を要領よく解決していくのではなく，何が問題なのかを自分で見つけて，自分で解決していく能力や態度，生き方を育てているのです。私は，このような態度や能力，生き方こそ，これから本当に必要になる「学力」であると思います。幼稚園の教育は，単に幼稚園の中でのみ完結するのではなく，小学校との連携云々で完結するのでもなく，これからの時代を担う世代に今しか育てることのできない「学力」を育成しているのだということを強く意識するべきだと思います。

（大阪教育大学教育学部附属幼稚園紀要 16, pp.75-76, 2003）

【引用・参考文献】

文部科学省「幼稚園教育要領」（告示）2017

厚生労働省「保育所保育指針」（告示）2017

内閣府・文部科学省・厚生労働省「幼保連携型認定こども園教育・保育要領」（告示）2017

内閣府・文部科学省・厚生労働省『「幼保連携型認定こども園教育・保育要領，幼稚園教育要領及び保育所保育指針の中央説明会」資料』2017年7月

小川博久・森上史朗・小田豊・神長美津子編著『新幼稚園教育要領の解説』ぎょうせい，1999

吉良創『シュタイナー教育　おもちゃと遊び』学研ECO－BOOKS, 学習研究社，2001

秋葉英則『乳幼児の発達と活動意欲・復刻版』清風堂書店，1999

荘司雅子『幼児教育学講座　幼児教育学』柳原書店，1985

コーエン＆ルドルフ著，森上史朗訳『幼児教育の基礎理論　上下巻』教育出版，1983

文部科学省　中央教育審議会　初等中等教育分科会　教育課程部会　幼稚園教育専門部会（第5回）配布資料　資料2, 3

文部科学省　中央教育審議会　初等中等教育分科会　幼児教育部会（第2回）配布資料，議事録
大阪教育大学教育学部附属幼稚園紀要 16，2003

第8章 乳幼児期にふさわしい生活と指導

〈学習のポイント〉　①乳幼児期にふさわしい生活とは，どのような生活のことをいうのかを理解しよう。
②乳幼児期にふさわしい生活の中で，経験すべき内容について考えてみよう。
③乳幼児期にふさわしい生活が展開され，必要な体験を得ることができるようにする保育者の役割を考えてみよう。

1. 乳幼児期にふさわしい生活とは

1 幼稚園教育要領*，保育所保育指針**，幼保連携型認定こども園教育・保育要領***から

　幼稚園教育要領（以下「教育要領」とする）および保育所保育指針（以下「保育指針」とする）そして幼保連携型認定こども園教育・保育要領（以下「教育・保育要領」とする）には「乳幼児期にふさわしい生活」について記されている。教育要領では，「第1章総則　第1　幼稚園教育の基本」の中に，幼児期における教育は，幼児期の特性を踏まえ，環境を通して行うものであり，その教育を行うにあたって重視する事項のひとつが下記のように示されている。

> 1　幼児は安定した情緒の下で自己を十分に発揮することにより発達に必要な体験を得ていくものであることを考慮して，幼児の主体的な活動を促し，幼児期にふさわしい生活が展開されるようにすること。

　幼稚園教育要領中央説明会資料（以下「教育要領資料」とする）では，序章，第2節の2幼稚園の生活において「幼児期は，自然な生活の流れの中で直接的・具体的な体験を通して，人格形成の基礎を培う時期である。したがって，幼稚園においては，学校教育法第23条における幼稚園教育の目標を達成するために必要なさまざまな体験が豊富に得られるような環境を構成し，その中で幼児が幼児期にふさわしい生活を営むようにすることが大切である」と記されている。
　また，保育指針では，第1章総則，1　保育所保育に関する基本原則で，次のように示し，中央説明会資料の中で詳しい説明をしている。

*平成29（2017）年3月改訂。

**平成29年3月改定。

***幼保連携型認定こども園については，第1，2章を参照のこと。平成29年3月改訂。

> （1）保育所の役割
> ア　保育所は，児童福祉法（昭和22年法律第164号）第39条の規定に基づき，保育を必要とする子どもの保育を行い，その健全な心身の発達を図ることを目的とする児童福祉施設であり，入所する子どもの最善の利益を考慮し，その福祉を積極的に増進することに最もふさわしい生活の場でなければならない。
> イ　保育所は，その目的を達成するために，保育に関する専門性を有する職員が，家庭との緊密な連携の下に，子どもの状況や発達過程を踏まえ，保育所における環境を通して，養護及び教育を一体的に行うことを特性としている。

保育所保育指針中央説明会資料（以下「保育指針資料」とする）の中では，第1章総則の1　基本原則（1）保育所の役割の中で「保育所の生活において，子どもが様々な人と出会い，関わり，心を通わせながら成長していくために，乳幼児期にふさわしい生活の場を豊かにつくりあげていくことが重要であり，そうした役割や機能が保育所には求められている」と述べられている。また，イの下線，「養護及び教育を一体的に行う」については，「養護と教育を一体的に展開するということは，保育士等が子どもを一人の人間として尊重し，その命を守り，情緒の安定を図りつつ，乳幼児期にふさわしい経験が積み重ねられていくよう丁寧に援助することを指す。このことは，乳幼児期の保育において最大の原則である。子どもは自分の存在を受け止めてもらえる保育士等や友達との安定した関係の中で，自ら環境に関わり，興味や関心を広げ，様々な活動や遊びにおいて心を動かされる豊かな体験を重ねながら新たな能力を獲得していく」と記されている。

> （3）保育の方法
> オ　子どもが自発的・意欲的に関われるような環境を構成し，子どもの主体的な活動や子ども相互の関わりを大切にすること。特に乳幼児期にふさわしい体験が得られるように，生活や遊びを通して総合的に保育すること。

保育指針資料には，「遊びには様々な要素が含まれており，子どもは遊びに没頭し，自ら遊びを発展させていきながら，思考力や企画力，想像力等の諸能力を確実に伸ばしていくとともに，友達と協力することや環境への関わり方なども多面的に体得していく。ただし，遊びの効用はこうしたことに限定されるものではない。遊びは，それ自体が目的となっている活動であり，遊びにおいては，何よりも今を十分に楽しむことが重要である。子どもは時が経つのも忘れ，心や体を動かして夢中になって遊び，充実感を味わう。そうした遊びにおける満足感や達

成感，時には疑問や葛藤が，子どもの育ちを促し，更に自発的に身の回りの環境に関わろうとする意欲や態度を育てる。子どもの発達は，様々な生活や遊びの経験が相互に関連し合い，積み重ねられていくことにより促される。（以下略）」と，記されている。

そして，教育・保育要領では，第1章総則の中で次のように示されている。

第1　幼保連携型認定こども園における教育及び保育の基本及び目標等
1　幼保連携型認定こども園における教育及び保育の基本
（2）乳幼児期においては生命の保持が図られ安定した情緒の下で自己を十分に発揮することにより発達に必要な体験を得ていくものであることを考慮して，園児の主体的な活動を促し，<u>乳幼児期にふさわしい生活が展開されるようにすること。</u>

また，幼保連携型認定こども園教育・保育要領中央説明会資料（以下「教育・保育要領資料」とする）では，第1章総則において，乳幼児期にふさわしい生活の展開について下記のア，イのように記されている。

第1節　幼保連携型認定こども園における教育及び保育の基本及び目標等
1　幼保連携型認定こども園における教育及び保育の基本
（4）幼保連携型認定こども園における教育及び保育の基本に関連して重視する事項
②<u>乳幼児期にふさわしい生活の展開</u>
　ア　興味や関心に基づいた直接的，具体的体験が得られる生活
　　　乳幼児期の生活は，そのほとんどは興味や関心に基づいた自発的な活動からなっている。この興味や関心から発した直接的で具体的な体験は，園児が発達する上で豊かな栄養となり，園児はそこから自分の生きる世界について多くのことを学び，様々な力を獲得していく。（以下略）
　イ　友達と十分に関わって展開する生活
　　　乳幼児期には，次第に園児は自分以外の園児の存在に気付き，友達と遊びたいという気持ちが高まり，友達との関わりが盛んになる。相互に関わることを通して，園児は自己の存在感を確認し，自己と他者の違いに気付き，他者への思いやりを深め，集団への参加意識を高め，自律性を身に付けていく。（以下略）

このように，乳幼児が育っていくには，乳幼児の主体的な活動が生み出される環境があり，その環境にかかわって発達に必要なさまざまな体験が得られる生活や遊びが必要である。こうした，乳幼児期にふさわしい体験が得られる生活や遊びを保障する場が，幼稚園・保育所等であることを強く意識したい。

2 乳幼児期にふさわしい生活の内容

　乳幼児期は，保育者に温かく認められているという実感に支えられた心の安定を基盤にして，1人ひとりの乳幼児が自分の世界を広げ，自立した生活へ向かう時期である。つまり，乳幼児は，周囲のおとなから愛されることによって人への信頼感を育んでいき，この信頼感をよりどころとして行動範囲も広がり，新たな出会いや発見をしていく。そして，自分のまわりのさまざまな人やものとの触れ合いを通して関心を広げ，自己表出しながら自我を形成していく。また，乳幼児は，自我が芽生えたことでまわりのいろいろなものとかかわり，自分のやりたいことを見つけ他者の存在も見えてくる。そこでさまざまな葛藤があり，悲しんだり悔しがったりしながら，自己を抑制しようとする気持ちも生まれてくる。

　こうした乳幼児期の発達の特性を踏まえて幼稚園や保育所では，乳幼児の興味・関心，意欲が認められ，友だちと十分かかわり合えるような指導・援助のもと，乳幼児期にふさわしい生活の具体的な内容を

　① 保育者に依存する　　② 興味や関心をもったことに取り組む
　③ 直接的な体験をする　④ 友だちと十分かかわる

の4つの視点から考えてみる。

(1) 保育者に依存する

　幼稚園や保育所等の生活の中で，乳幼児は保育者に依存し，自分の存在を認め受け入れられているという安心感をもつことで，安定した気持ちで自立に向かっていく。この時期には「保育者への依存」をわがままと決めつけたり，自分でできることは自分でさせなければならないという表面的な対応だけを考えたりするのではなく，1人ひとりが温かく受け入れられ，どの幼児も情緒が安定するように保育者との関係づくりが大切である。

　保育者と信頼関係をもちたいと願う乳幼児のサインに気づき，メッセージを受け止めるようにし，まずは保育者に依存する生活を十分にさせたい。

(2) 興味や関心をもったことに取り組む

　乳幼児期は興味や関心に基づいた直接的な体験を通して，発達に必要なさまざまな力を獲得していく。夢中になって取り組むからこそ，工夫したりがまん強く繰り返したり，次への興味を広げたりすることにつながっていく。乳幼児が興味や関心を示すモノやコトの中には，危険をはらんだものや人に迷惑がかかるようなこともあるが，すぐに止めさせるとか叱りつける前に，冷静にその状況を見極めて「こんなことになってしまう…」と結果が見通せるようなアドバイスや「こんなことに気をつけなくては…」と自分なりに考えをめぐらせるような具体的な方法を示唆したりして「やってみよう」「できるかな」などの意欲や期待する気持ちを失わせないで，自ら考え，判断し，してよいことやいけないことに気づく

ことのできるような生活をさせたい。

（3）直接的な体験をする

　幼稚園や保育所等では，小動物を飼ったり草花や野菜等を育てたりして，乳幼児が直接触れたり世話をしたりする機会が多くなるようにしている。また，地域の自然環境や文化施設に出かけ，地域の自然や文化に関心がもてるようにしたり，地域の人と触れ合ったりして，さまざまな直接体験ができるようにしている。ともすれば間接的な体験だけで「知っているつもり」「わかっているつもり」になりがちな現代生活の中で生きている乳幼児には，必要なことである。

　しかし，こういった自然に親しむ活動をただちに観察や知識に結びつけて，なにかの行事の中で，みんなで店舗に出かけて行って買い物をすればその体験は十分であるといった短絡的，表面的な考えはいましめたい。直接的な体験を驚きやうれしさ，発見等，1人ひとりが心で受け止められる環境のもとで生活させたい。

（4）友だちと十分かかわる

　乳幼児は，幼稚園や保育所等の生活の中で多くの友だちからさまざまな影響を受けたり互いに共感し合ったりして自分の存在に気づき，他者への思いや集団への参加意識をもつようになる。また，自己中心的で気持ちの表し方も未熟な乳幼児は，自分の思いを十分に出し切れなくていらだったり，相手の考えが理解できなかったりしていざこざになることもある。

　しかし，乳幼児はそうした経験の中で，保育者の振る舞い方や仲立ちによって相手の気持ちに気づき，友だちと遊びたいからこそ少しずつ自分の欲求を抑えてみようとするようになる。いつも穏やかで仲よく遊ぶことばかりを求めるのではなく，トラブルやけんかを通して得ることができる"相手を理解すること"や，"自分の気持ちを調整すること"など，友だちといっしょの場で生活するために必要なスキルを十分に学ぶことができるような機会をつくっていくことも大切にしたい。

2. 乳幼児期にふさわしい生活の中で育つもの

　幼稚園や保育所等での生活を通して，子どもたちの発達にふさわしい生活を保障するということは，保育を行ううえでの重要事項である。それは，幼稚園や保育所等での楽しい生活の中で，子どもたちが必要な経験を得られるようにすることであり，そのための保育者の役割は大きい。保育者は，乳幼児との生活や遊びをともにする中で，1人ひとりの子どもがなにをどのように体験しているかをよ

く見て，行動やしぐさ，表情，言葉などから探り，そのときの，その子どもの発達に向けたふさわしい援助を具体的な方法で実行することが求められる。

そこで，乳幼児期にふさわしい生活の内容「保育者に依存する」「興味や関心をもったことに取り組む」「直接的な体験をする」「友だちと十分かかわる」の4つの視点からとらえた実践事例を提示して考えてみる。

1 「保育者に依存する」経験の大切さと保育者の役割

入園（入所）当初，子どもたちは多かれ少なかれ不安や戸惑いを感じ，落ち着きをなくしたり心を閉ざしたり，今までできていたことでもできなくなったりすることがある。保育者は，1人ひとりの状況に応じ，温かいまなざしを向け，スキンシップで優しい気持ちを伝え，子どもたちが本来の自分らしさを取り戻して，安心してもっている力を発揮できるように援助したい。

また，乳幼児は依存できる相手から大きく影響を受ける。見方や感じ方，考え方や表し方，言葉，生活行動，判断等，生きていくうえで必要なさまざまなことを吸収し，学んでいくことを考えると，乳幼児が「保育者に依存する」ことの大切さを実感する。

〔事例1〕先生に受け入れてもらいたいと願って
　　　　＝せんせい，すき！＝　2歳児　7月

2歳児のA児は，保育者の膝に座って絵本を読んでもらっていた。そこへB児が自分の大好きな絵本をもってやってきた。B児は保育者の膝に座りたかったのだろうかA児の頭をその絵本で"ポカリ"と叩いた。びっくりしたA児は泣き出した。B児は自分の持ってきた絵本を差し出して「読んで」と言う。保育者は「Bちゃんも絵本読んでほしかったの？」と優しく言って，「Aちゃん，頭痛いって泣いているよ。かわいそうね」と言うがB児は知らん顔をしている。保育者は「BちゃんがAちゃんの頭を叩いたので，先生もびっくりしてしまったよ」とB児に伝え，A児の頭をなでて，もう一度A児を抱き上げ，膝の上に座らせた。するとB児は保育者の後ろから首に手を思い切り巻きつけて「すき！」と言う。保育者は思わず「痛い！」と言ってしまった。するとB児はその場から離れてわざと椅子の上に乗ったり，机の上のパスの箱を床に落としたりして保育者のようすを見ている。

この場合，B児の先生への気持ちをどのように受け止めていくことができたか，自分なりに考えてみましょう。

8章　乳幼児期にふさわしい生活と指導

《保育者の役割》

○ A児が保育者に絵本を読んでもらっている姿を見てうらやましくなったB児は，自分も保育者に受け入れてもらおうとした。子どもたちはみんな，大好きな保育者に自分の存在を認められたい，愛されたい，支えられたい，振り向いてほしいという気持ちをもっている。保育者はこうした1人ひとりが求めている気持ちを，温かく受け入れるようなかかわりをすることが大切である。

○ B児が，わざと椅子に乗ったり机の上のものを落としたりしたのも，保育者の自分に対する受け止め方を確かめている行為ととらえたい。B児の行動を悪いと頭ごなしに叱るのではなく，保育者と1対1になって話を十分聞き，B児の気持ちに寄り添って，その中でよいことと悪いことを知らせるなどのかかわりをもつようにし，安心して保育者に依存できるような関係を育みたい。

〔事例2〕していることを認められて，安心して動き出す
　　　　＝せんせい，見てて！＝　3歳児　9月

夏休みが終わった2学期はじめ，「幼稚園に行きたくない」と泣いて登園する日が数日続いたB児，保育者に抱きかかえられながら保育室に入るが，なかなか遊び出せなかった。

ある日，以前から近くで遊んでいるC児が，保育者に広告紙を細長く丸めた棒の"武器"をつくってもらっているようすを見ていた。

保育者の「Cちゃん，できたよ！」の一言を聞いて，B児は机の上に置いてあった広告棒を手に取った。C児に近寄って，ポーズをとったり振り回したりしている。保育者が「かっこいいね！」と言うと，C児が「僕たちゴーバスターズだ！」と言う。B児が「敵をやっつけるの」と蹴るようなしぐさをする。保育者が笑顔で「とっても強そうだね」と声をかけ，ヒーローに成り切れるようにと，テラスを指差し，「あ！　あそこに悪者がいるよ」と言うと2人でかけていく。テラスで「やあ！とお！」と言いながら，あたかも敵が目の前にいるかのように広告棒を振り回したり蹴るしぐさをしたりするが，しばらくすると動きが止まった。

自分たちのやっつける敵がいなくなったか確認しているかのように，その場をじっと見つめている。すると，今度は保育者の方にきらりと目を光らせ，「あそこに敵がいるぞ！やっつけろ！」と走ってきて真剣な表情で「シャキーン！」と広告棒を振り回す。保育者は"敵になって動いてほしいな"というB児

※広告棒
　広告紙を巻いて
　つくった棒状のもの

の思いを受け止めて，ちょっと怖そうな顔になって「来たなあ～やっつけてやるぅ！」と，低い声を出して相手になり，B児の動きに合わせて同じように蹴るしぐさをしたり，「ぎゃおー！」と言いながら２人を追いかけたり，追いかけられたりする。

　少しすると，保育者から２，３歩離れた位置で動きを止め，「とどめだ！」と広告棒をピストルのようにして「どどどどど！」と言う。保育者が胸を押さえながら「やられたぁ」と倒れると，２人で保育者の顔をのぞき込み「やっつけだぞぉ，キャハハ！」と笑い声を上げた。

　その後，２人は広告棒で新たな武器をつくり，場を変えて遊びはじめた。

> 保育者が，B児の心細い不安な気持ちをどのようにして支えていったか具体的な保育者の行動を振り返りながら，考えてみましょう。

《保育者の役割》
○生活の変化に不安をもったB児に，夏休み前の園生活で感じていた心地よさを思い出してほしいと願って，保育者は温かく受け入れようとしている気持ちをスキンシップで伝えた。
○保育者の「Cちゃん，できたよ！」の言葉に誘発されて動き出したB児は，保育者に「自分もできるよ」「見ていてほしいな」と言う気持ちを表したととらえる。不安だった気持ちが，徐々に安定してきたのは，保育者とともに動き出すことができたからだろう。
○自分たちの遊びを受け止めてくれた保育者を，今度は遊びの相手として求めていった。自分の行動や気持ちをすべて受け入れてくれるという安心感を，保育者にもったからととらえる。保育者が真剣な姿でいっしょに遊びにかかわることは，子どもとの信頼関係を強くし，子どもが自分から安心して動き出せることにつながる。

2 「興味や関心をもったことに取り組む」ことのできる保育実践と保育者の役割

　身近な人的，物的環境に興味や関心をもち，それをどのように自分の生活（遊び）の中に取り込んで楽しみ，感動し，探求心や知的好奇心をはたらかせていくかを考えて指導にあたりたい。

　子どもたちが，いろいろなことを「おもしろい，楽しい」と感じ，それをより深めていくために工夫や努力をする援助を心がけよう。

〔事例１〕お揃いにしようとして工夫する
　　　　　＝わたしたちお揃いのバックなの＝　　４歳児　９月
　A児とB児は，登園後，製作コーナーへ行き，同じ空き箱を見つけ「これとこ

れ同じだね」「ほんとうだ！　これでバッグつくろうよ」「いいよ！　お揃いだね」とうれしそうにバッグづくりをはじめた。A児がさっそく，ふたの部分をはさみで切り取ると，それを見てB児も同じように切った。そして，机の上の包装紙の中から1枚取り出し，A児は「こうすると，かわいいね」と箱に巻きつけた。全体を巻くには紙の長さが足りなかったのでA児はもう1枚探し出した。B児も同じようにしようと探すが，同じ柄の包装紙はない。「もうないね…」B児は違う柄の包装紙を手に持ったものの，表情は暗くなり手が止まってしまった。A児も紙を譲ろうとはしないものの，手は止まっている。保育者は今までとはまったく違う2人の表情に，同じものをつくろうとして意気込んでいた気持ちを実現させてやりたいと思う。そして，それも自分たちで方法を考えれば，お揃いの気持ちがもっとうれしいものとなり，遊びが楽しく広がっていくのではないかと思い「AちゃんもBちゃんも同じものがいいんだよね，何かいい方法はないかなぁ…」とつぶやいた。2人からいい考えが浮かばなかったら一緒に考えようと思いながら待った。

　2人はじっと考え，違う包装紙を手に取ったりしているが同じ物にはならない。しばらくして，A児が「いいこと考えた！　この紙を半分に切ればいいんだよ」と言った。A児の探し出した2枚目を半分に切れば2人が同じ包装紙になることがわかった。ぱっと表情が明るくなり，それぞれが包装紙を貼りつけた。取っ手を同じようにつけ，保育者に「私たち，お揃いなの！」と言って，2人はうれしそうに顔を見合わせた。

　その後も，もっとおしゃれにしようといろいろ飾りをつけ，さらにお出かけするようになり，お揃いのバッグづくりがピクニックごっこにまで発展した。

《保育者の役割》
○気の合う友だちとお揃いのものを持ちたいと感じはじめた4歳児の製作コーナーは，興味をもったものや友だちと同じものができるように配慮する。たとえば，色や形からイメージが浮かぶような材料を準備したり，友だち同士のおしゃべりが楽しめる雰囲気をつくったりする。
○子どもたちが，今までの生活経験から思いつけることを予想し，動き出すきっかけやヒントになることを知らせ，自分なりに考えて行動ができるように援助をする。
○保育者が提案するよりも自分で思いついたときの方がよりうれしさを感じ，気の合う友だちとの心のつながりも強くなる。また，実現できた喜びを保育者が受け止めることでいっそう工夫をしたり試したりして，遊びにも広がりができ，子どもたちの興味や関心をふくらませることになる。

「お揃い」「いっしょに」といった友だちを求める気持ちを大切にするために必要な環境の構成や保育者の援助について話し合いましょう。

〔事例2〕友だちのすることに興味をもち，いっしょに遊びを楽しむ
　　　　＝壊したら9万円＝　5歳児　5月

　A児たちが，ストローに竹ひごを通してそこに小さなタイヤをつけ，ボディーとなる空き箱にそれをつけて"マシン"をつくった。マシンができあがると思い切り走らせたり，カーブさせたりするのを楽しんだ。

　2，3日すると，A児が「レース場をつくりたい」と言い出した。保育者はA児たち数人と積み木や巧技台を使って遊戯室にトンネルやゆるやかな上り坂や下り坂のある長いコースをつくった。走らせるたびにトンネルの壁にぶつかったり坂が登り切れなかったりする。繰り返しコースを変えたり修理をしたりして，A児たちはマシンがスムーズに完走できるように取り組んでいる。

　そのうちにB児たち3人もコースらしいものつくり出し，三角形の積み木を重ねてかなり高い急な坂ができあがった。「先生，こっちのレース場見て」と，得意げに保育者を呼びに来た。保育者はくずれてこないか積み方の安全性を確かめて「高く，くずれないようにうまく積んだね」と認め，感心して言葉をかけた。

　「Bちゃん，入れて」とC児，D児が来ると，B児は「いいよ。でもこれ，壊したら9万円！」と言う。自分の背よりも高い頂上のスタート位置からすごい勢いでマシンが走り降りる。それを見て，マシンを持った子どもたちが，次々と「やらせて」と集まってきた。

B児はそのたびに「壊したら9万円！」と言うので，保育者も「9万円だよね」と同調する。すると，走らせてもらった子どもたちも，後から来た子どもたちに，自分が高そうと思う金額を言って真剣な顔つきで伝えていた。

《保育者の役割》

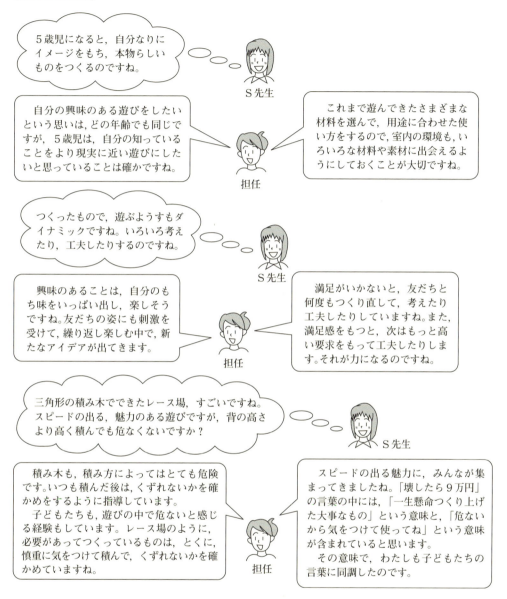

3 「直接的な体験をする」ことの意味と保育者の役割

　自分自身で，見たり，聞いたり，触ったり，動いたりなどして，感じ取ったものは，子どもたちの育ちに大きな影響を与える。いわゆる「原体験」と呼ばれ，おとなになってからの感じ方や考え方の基底になるものである。

　自然やモノの本質を自分なりにつかんだり，喜びや悲しみ，悔しさなどを体験したりして，心豊かに生きる力を育むような援助を心がけよう。

〔事例1〕身近な自然にかかわって，いろいろな思いをもつ
　　　　＝ダンゴムシはどこにいる？＝　4歳児　4月

　4歳児クラスに進級して，新しい環境に緊張気味の子どもたちを連れて，ダンゴムシを探しに園庭に出かけた。保育者がプランターを動かしたり，葉っぱの下をガサガサと探したりする姿を見て，「なに？　なに？」と，興味をもち，少しずつ，その場がやわらかい雰囲気になった。

　小さなダンゴムシを見つけ，「ほら！」と見せると，驚いたり，気持ち悪そうにしたり，じっと見たりと，1人ひとりの表情はさまざまであった。保育者の手の平で，ちょこちょこと歩き出すと，「ぼくも欲しい！」「もっと見つけようよ」と，興味をもちはじめた。園庭のあちこちを歩きまわり，保育者が見つけては手渡していたが，次第に「ダンゴムシは，もちゃもちゃした所にいるよ」と，湿った暗い所や葉っぱの下などをイメージした言葉が子どもたちから出るようになった。

　何日か探しているうちに，「このあたりにいるかもね」「ここにいるかな？」といろいろと考えて園庭を歩くようになり，自分の目でじっくり見て捕まえたりするようになった。

　ダンゴムシ探しをするうちに，アリやミミズ，テントウムシなど，身近にいる生き物にも関心を示すようになった。「おもしろい！」「かわいいね！」と感じたままにつぶやいたり，捕まえた生き物に優しく接したりする姿が見られるようになった。

《保育者の役割》

さまざまに感じることのできる環境をつくる

・緊張気味の子どもたちの癒やされる場は，空間のある園庭や自然物に接することのできる花壇や木々であり，そこで出会う小さな虫たちでもある。また，ウサギ，カメ，インコなどの飼育も，心を和ませてくれる環境となり，自分でさまざまに感じる貴重な体験の場といえる。

カタツムリ探しをしている

感触を楽しむ体験ができる

・園庭にいる虫や飼育している小動物に触れるときの表情は1人ひとりで違っている。保育者がかかわったり世話をしたりするようすを見たり，保育者と一緒に探したり触れたりするうちに，自分からかかわろうとする。なでたり，抱き上げようとしたり，触れてみたり，手の平に乗せたりする。身近に接することによって生き物に対する好奇心や探求心をもつようになる。

手の平にカタツムリをのせる

おもしろい，かわいいと実感できるようにする

・興味をもつと，毎日のように虫探しに戸外へ出かける。保育者もいっしょに楽しみ，見つけたり気づいたりしたことを受け止めると，「おもしろい！」「かわいい！」という気持ちが表れる。自発的なそのような気持ちは，原体験として乳幼児の心を豊かに育むことにつながる。

〔事例２〕自分にまかされたことを一生懸命やろうとする

園庭にある畑で，タマネギとジャガイモの収穫ができた。
昨年，年長さんにカレーをつくってもらったことを思い出し，子どもたちから予想通り「カレーをつくろう！」との声が上がる。
相談の結果，必要な材料を，近くのお店へ自分たちで買いに行くことになる。園に残って，タマネギやジャガイモを切る人，お店へ買い物に行く人のグループに分かれて，カレーづくりが始まる。

=間違えないように言えるかドキドキするね=　５歳児　６月
《買い物グループ》

「いってらっしゃぁい」と野菜を切る調理グループの仲間に見送られて，お店屋さんを目指して園を出発した買い物グループ。交通ルールを守って，車が頻繁に通る道を歩き，お店に到着した。
お店の人が「いらっしゃい」と出迎えてくれるが，緊張した顔の子どもたちは「おはようございます！」と挨拶をすると，「ニンジン14本とカレールーを12箱ください」「お肉は1.5キロです」とみんなでいっしょに言った。
お店の人に「ニンジンとカレーはそこにありますよ」と教えてもらい，自分たちで1つ2つと丁寧に数えてかごに入れた。全員が手分けして買った品物を持てるように手提げに入れてもらい，帰り道は品物を落とさないようにとどの子も慎重に歩いた。
園に着くと調理グループの仲間に「お店のカレールー，全部売り切れになっちゃったんだよ」「ちゃんとお肉1.5キロって注文できたよ」と，責任をもって買い物ができたことに自信をもって，うれしそうに話した。

=手を切らないように気をつけて！=
《調理グループ》

子どもたちと洗った野菜を，保育者が，切りやすい大きさ，形に切り分けて手渡すと，どの子どもも真剣な表情になった。「まな板に，平らな方を置いて」と野菜の置き方を言葉に出して確かめたり，「ネコの手にするんだね」と，包丁で切るときの手の添え方を保育者に見てもらったりして，どの子も慎重な態度である。
タマネギを切りながら，「目にしみるぅぅ」とハンカチで目を押さえ，みんなで泣き笑いをしながら切っている。

《保育者の役割》
○4歳児のときの体験が，自分たちもカレーづくりをしようという強い気持ちと意欲を引き出し，それが5歳児の子どもたちの具体的な行動の原動力となっている。
○カレーをつくるという憧れの作業を，1人ひとりが具体的な目標と方法を意識して行うようにして，心に残る体験となるようにする。
　保育者の指導の重点が「なにを感じさせるか」にあったことと，保育者の適切で真剣な言葉や動きが子どもたちに大きな力を与えることになったことを大切にしたい。

4 「友だちと十分かかわる」経験の内容と保育者の役割

　乳幼児期の子どもたちは，友だちと遊ぶことが大好きである。遊び相手がいることが喜びであり，共感し合うことは，かけがえのない状態である。
　その中で生じる葛藤体験は，保育者の援助によって，心のひだを細かくし豊かな心情を育て上げる。
　就学を意識するころには「みんなですると，おもしろい」という感覚が育ち，連帯感や協同性の芽生えが見られるようにしたい。また，友だちと協同して遊びの楽しさを満喫するとともに，自分たちで見通しをもって遊びを進めていこうという生活を送るようになってほしい。

〔事例1〕友だちの思いに気づいて，自分のしたことを振り返る
　　　　　＝どうしてわたしにやらせてくれないの！＝　5歳児　9月
　A児がやりたいと言って始まったたこ焼き屋。C児とともに遊びに加わったB児が，茶色の紙で丸く包んで自分なりにたこ焼きをつくり，本当のたこ焼きのようにできた。C児が「わぁ，たこ焼きだぁ。どうやってつくったの？」と尋ねながらたこ焼きに触り，「ふわふわ」と驚いたように言う。それを聞いてA児も「触らせて」と言って触る。2人につくり方を教えてと言われてB児はうれしそうに中に綿を入れるつくり方を教え，3人でたこ焼きをつくった。
　つくり終わると，今度はA児が中心になって注文を聞き，たこ焼きを売りはじめた。
　A児「いらっしゃいませ，おいくつですか」
　お客さん「6個ください」
　C児「6個ですね」
と言って竹串でたこ焼きを転がして焼くしぐさをしながら，透明のケースに入れていく。C児がたこ焼きを入れているのを見たA児が「まだ入れないで！」とC児を止めた。
　C児「どうして？　注文されたんだもん」
　A児「っていうか，わたしが聞いたんだけど」
と言い合いになった。

「Aちゃんが忙しそうだから，Cちゃんが入れてくれたんだと思うよ」と保育者が言うと，
「ああ，そうなんだ」とA児は納得した。そこへたくさんのお客さんが来てA児は「はい，4個ですね，次のお客さんは3個ですね」と，注文を聞くことで忙しくなる。するとA児は「4個と3個お願いします」と言ってC児が「はい」と答えてたこ焼きをくるくると焼き，B児はそれをC児といっしょに詰めながら輪ゴムで容器のふたを留めていた。

B児がカウンターのところへ持って行きレジを打とうとすると，A児が「ちょっと，違うって」と言ってレジを打ってしまう。B児はA児を不安そうに見ながら，ポイントカードに印をつけようとすると，A児が「あぁ，あぁ，違うの」と言ってポイントカードに印をつけてしまった。B児は手を止め，その場に立ちすくんだ。A児はB児が輪ゴムでふたを留めたたこ焼きをお客さんに渡し，さらに「今度は5個です。早く詰めて」と要求した。

だんだんB児は怒っているような表情になってきて，ついに動こうとしなくなった。それでもA児は気づかず，「もう，早くしてよ！」と強く言った。B児の気持ちを察した保育者は「Bちゃん，なにがしたいのか言ってもいいと思うよ」と声をかけることにした。B児は保育者を見つめ返した。A児は保育者の言葉でやっとB児の気持ちに気づいて「あれあれっ，怒ってるの？」と少し動揺しはじめた。保育者が「どうして怒っちゃったのかな？」とつぶやくと，C児が「だってAちゃん，注文聞いたりレジを打ったり全部自分でやっちゃうんだもん。わたしたち詰めるばっかりでさ」と不満を言葉にした。B児も不満そうな表情で見ている。A児は「あぁ，そうだったんだ…」と小さな声でつぶやきながら"しまった"という表情をしている。

B児にも自分の気持ちを言葉で伝えることができるといいなと思い，保育者は「Bちゃんはなにがしたかったの？」と聞いてみた。B児はためらいがちに「レジ」と言った。A児は「レジね，いいよ。ごめんね」と小さな声でつぶやき，場所を交代した。

その後A児はB児，C児に「Aちゃんもこれ詰めて」「もう1個同じのが欲しいんだって」などと言われると「はい，ちょっと待っててね」とたこ焼きを焼いたり詰めたりし，B児，C児の思いを気にしながら遊んでいるようすが見られた。

《保育者の指導》

<mark>自分の思いを出すことと，相手に伝えることのできる仲間関係をつくる</mark>

　「こうしたい」という思いが強く，自分でなにもかもしてしまうA児は，自分の思いだけを出して行動していた。ほかの2人は不満顔で従っていたが，保育者の言葉に支えられて自分の思いをはっきりと伝えることができた。A児は相手から言われることで自分のしたことを素直に振り返ることができた。保育者は互いに思いを出したり，自分の言葉で思いを伝え合ったりする仲間関係ができるように，1人ひとりを丁寧に見つめ，気持ちの動きを理解しながら，状況に応じたふさわしい援助をすることが大切である。

<mark>自分のしたことを振り返ることのできる素晴らしさに気づかせる</mark>

　B児，C児の不満そうなようすに気づき，A児が自分で「しまった」と思ったり，「ごめんね」とつぶやいたりしたことは，自分のしたことが相手に不快な思いをさせていたことや，不満を感じさせていたことがわかり，相手の気持ちになって考えられたことでもある。このような自分から，自分のしたことを振り返ることができるようになった変容を，保育者は見逃さないで十分にほめることが大切である。保育者から認められた喜びは，子ども自身の誇りや自信となって，今後の学びに向かう力へとつながっていく。

<mark>協同性の芽生えを育む</mark>

　仲間と交わって遊ぶ中で，子どもたちは遊びをつくり出したり，自分の興味のあることを見つけたりして遊び込んでいく。そして，子どもたちはその仲間関係の中で相手に伝えることや合わせていくことなど，自分の感情を抑えたりがまんしたりして気持ちよい関係をつくるために必要なことに気づくようになっていく。

　このようにして，仲間と共通の楽しみや目的をもって協同的な活動ははじまり，自己主張と協調を織り交ぜて行動するという経験を重ねていくが，保育者はその中で育っていく資質や能力をしっかりととらえて指導にあたりたい。

〔事例2〕仲間と心を寄せ合い，葛藤を乗り越えて実現する
　　　　＝やったあ。きらきら星ができた＝　　5歳児　12月
　A児たち5人が，ハンドベルで「きらきら星」の曲を演奏して遊びはじめた。A児の分担した部分で流れが途切れることが続き，そのたびにA児は「あれ？　ごめん」と首をかしげ謝っていた。B児たちが「頑張って」とA児を励ましていたが，そのうちに「わからない…」と下を向いてしまった。

B児が「1回やってみるから見てて」と言って4人でやって見せた。C児が「Aちゃんのところ，わたしが合図するから」と言って演奏からはずれて，A児がベルを鳴らすタイミングのところで声をかけていった。

　少しずつうまくいくようになり，みんなが笑顔になってきた。「やったあ。きらきら星ができた」「Aちゃん，上手になったね」と声をかけ合い楽しんだ。

　5人が演奏するようすを近くで見守ってきた保育者も「みんなの音がきれいにつながってきたね」といっしょに喜び合った。

　自信をもった5人はコンサートをすることを思いつき，小さい組の子を招くための準備をしはじめた。以前も同じように遊びに招待しようとしたことがあったが，そのときはそれぞれの役割を分担することが難しくていざこざがあった。今回は，そのときの経験を振り返って，チケットをつくり，来てくれた人に渡すお土産をつくり，どのようにお客さんを呼びに行くかは5人で順番にしようと決めて，相談しながら進めていった。

　前回は「ほかのみんながいろいろやってしまって，わたしはやることがない…」としょんぼりしていたA児だったが，今回はチケットの文字を書くことをまかされ，張り切って『ちけっと』とたくさん書いた。

《保育者の役割》

○気の合う友だちと遊ぶ中で，いっしょに演奏したいという気持ちを強くもっていたので，A児が困った表情になったとき，保育者はすぐに手を差し伸べるのではなく，自分たちで解決していくと信じて見守ることにした。仲間とのつながりを感じて，友だちの困っていることをいろいろな方法で助けたいという気持ちから，粘り強く，具体的に考えていく行動を認め，達成したときの喜びや自信をもって次の行動へと歩みはじめる姿を見届けることが大切である。

○仲間と力を合わせてしたいことを実現する達成感が，次の体験につながり，小学校以降の自ら学ぶ意欲をもち，他者と協同しながら主体的に行動する姿を支えていくと考える。

〔事例3〕友だちと相談して見通しをもって遊びを進める
　　　　＝今日はなにをつくったら間に合う？＝　5歳児　1月

　A児たち8人は，生活発表会の劇で使う道具をつくっている。この日は「UFOのペープサート」と「地球」をつくっていたが，途中でドッジボールをする約束

をしていたことを思い出したA児が「あまり時間がないからドッジボールもUFOもできなくなっちゃう…」と表情をくもらせた。するといっしょにいたB児がカレンダーを見て「この日が本番でしょ。先生、今日はなにをつくったら間に合う？」と言った。保育者が「どうしたらいいかな。みんなを呼んでみる？」と声をかけると、自分たちで仲間を集めて話し合いはじめた。

　カレンダーを指差し「1・2・3・4。発表会まであと4日だよ」「つくるものは地球と、月と、UFO」「魔法の実もある」「それはすぐにできそう」「UFOつくっている間につくったら？」「じゃあ、UFOは明日つくればいいんじゃない？」など、友だちの言葉をよく聞いて考え、思いつくことを話し合った。保育者は、話し合いを聞きながら「うん、うん、それもいいね。そうか、まだ間に合うんだね」とつぶやいてさりげなく後押しした。A児も納得して表情が明るくなり、C児が「ここ（カレンダー）に書くね、忘れるといけないから。今日が地球、明日がUFOと魔法の実、次が月…」と言いながら書き、「1・2・3で、1日余るから大丈夫」と言った。

　D児が「よし、今からみんなで地球をつくろう。それができたらドッジボールしよう」と言った。

《保育者の役割》

○この時期になると、保育者は見通しをもったり次の行事に期待を感じたりできるように、カレンダーに印をつけるという環境を取り入れていくことが多い。就学間近な時期になると自分たちの遊びの1つひとつにある程度の時間を要することが予想できるようになる。A児にとってはどれも大切なことであり、すべてを進めるにはどうしたらよいかわからなくなって困っていた。友だちの困惑に気づいたB児は保育室に掲示されているカレンダーに気づき、いっしょに考えようとした。保育者は、日にちを意識して、自分たちで遊びたいことの順番を考えたり、するべきことに取り組む段取りを考えたりすることができるように支えていくようにしたい。

○話し合いを通して課題への見通しをもち、他者とともに協力して課題解決に取り組む姿は、小学校以降の思考力・判断力・表現力等の育ちにつながっていくと考えられる。保育者は、育ってきた資質や能力を見極め、学びに向かおうとする子どもたちの力を信じ、認め、支えていくことが大切である。

【引用・参考文献】

内閣府・文部科学省・厚生労働省『「幼保連携型認定こども園教育・保育要領，幼稚園教育要領及び保育所保育指針の中央説明会」資料』2017年7月

愛知県教育委員会「私たちの園にふさわしい教育課程・保育計画―編成の手引き―」1998

愛知県幼稚園教育研究会「研究集録」2008

刈谷市立朝日幼稚園「研究集録」2008

全国国公立幼稚園・こども園長会「幼児教育じほう　6月号」2017

第9章 ともに育ち合う保育の視点と方法

〈学習のポイント〉
①友だちとのかかわり，障がいのある子どもとのかかわりを大切にする保育について，事例をもとに理解しよう。
②「認定こども園」の現状と課題について理解しよう。
③地域・家庭・異校種との連携や，異文化の中で育ってきた子どもとの触れ合いについて理解しよう。
④「子育て支援」「預かり保育」の意義と，その現状や課題を把握し，ともに育ち合うことができるような保育の計画と方法について理解しよう。

1. 友だちとの出会い

1 なぜ，「友だちとの出会い」が大切なのか

子どもたちはどうしてあんなにいそいそと楽しそうに幼稚園や保育所等の門をくぐるのか。それは，きっと大好きな友だちと楽しく遊びたいからではないだろうかと思われる。

保育者の側から考えると，幼稚園や保育所等ではどの子どもにも大好きな友だちとの遊びを通して，人間としての生きる力を身につけていってほしいという願いがある。

大好きな友だちと遊ぶ子どもたち

幼稚園教育要領（以下「教育要領」とする）によると，幼稚園教育の基本は，①主体的な活動のできる環境，②遊びを通した指導，③1人ひとりの特性に応じた指導の3つである。とくに，遊びを通した指導を充実させるためには，子どもが十分に友だちとかかわり合う環境を整えることが大切になってくる。その環境の中で友だちと出会い，友だちのいる楽しさを体験することができるようになる。

また，保育所保育指針（以下「保育指針」とする）によると，保育所保育の役割は，①子どもの最善の利益を考慮したもっともふさわしい生活の場，②養護および教育を一体的に行う，③社会資源と連携しつつ，保護者や地域の子育て家庭へ支援等を行う，④専門的知識や技術・判断をもって子どもを保育することである。これまでは子どもの養護的側面をだいじにし，1人ひとりの子どもにきめ細やかに対応してきた。しかし，子育てを取り巻くさまざまな環境の変化により，乳幼児期にふさわしい生活を送ることが難しくなっていることを踏まえ，保育所等の生

活を子どもの福祉の積極的な増進を図る観点からとらえ直すことが必要となってきた。子どもがさまざまな人や友だちと出会い，かかわり，心を通わせながら成長していくために，乳幼児期にふさわしい生活の場を豊かにつくり上げていくことが重要である。

　子どもは幼稚園や保育所等で友だちとともに過ごし，時にはけんかをしたり，また時には友だちに相談したりしながら，自分と友だちの関係に気づき，よりよい生き方について考えるように成長していくのである。

2 遊びの中で育つ友だちとのかかわり

　幼い子どもは，本来，自分の思う通りに行動することを好むものである。しかし，家族から離れて初めて出会う社会である幼稚園や保育所等では，そのような行動ばかりしているわけにはいかない。せっかく友だちと出会っても，まず仲間に入れてもらわないと楽しい生活にはならない。

　友だちになるために，どの子どももいろいろ試みたり努力したりして，自分自身でどのようにするのが一番よいかを会得していく。そして仲間に入っても，その中でいろいろなことを体験する。楽しいことばかりではなく，ときにはけんか，いざこざや葛藤などを繰り返しながら，互いに育ち合っていくのである。

　1人ひとりの子どもが，友だちの中で主体的に生活することができるためには，自己発揮とともに，自己抑制・自己統制もできることが必要になってくる。友だちに受け入れてもらうためには，友だちの中で決まっている「きまり」を守ることが必要になる。

　このようなことを繰り返しているうちに，望ましい社会性や規範意識が身について，毎日の生活が充実するようになってくるものと考える。

3 友だちとのかかわりを大切にした保育

　子どもが幼稚園や保育所等で経験する保育の中で，とくに友だちとのかかわりを大切にした保育にはどのようなものがあるだろうか。

　たとえば「鬼遊び」はどうか。「ルール」について考えてみると，ひとりではできない遊びである。まず，最初に友だちと相談して鬼を決める。「ぼくは鬼にはならないよ」と言い張っていては遊びが始まらない。「ジャンケンで決めよう」という「ルール」に支えられて，スムーズに遊びが始まるのである。

　ほかにも，「凍った振りをしているとつかまらない」「5つ数える間に逃げる」などの「ルール」を守って初めて，遊びが楽しくなるのである。「ルール」を守れなかったときは，遊びが続かない。

　時には，遊んでいる途中で話し合いになり，「10数える」と遊び方を変えてい

くこともある。

　このようにして日常の保育の場で鬼遊びを続けていくうちに，友だちと決めた約束を守ったり協力して遊んだりすることが大切であるということを学んでいく。

　また，いろいろなごっこ遊びを続ける中で，物を分け合ったり遊び方を友だちと教え合ったりすることによって，自分のわがままな行動に気づいたり思いやりや親切にする方法などを身につけたりしていく。

4 事例を通して考えよう！（S市立M幼稚園）

「園生活の中でコミュニケーション力をつけるA児の育ち」

　1学期，A児は友だちとのかかわりの中でトラブルになることが多かった。しかし，2学期になって，少しずつ落ち着きを見せはじめている。

　運動会も終わり，いろいろなお店ごっこを始める子どもが多くなってきたある1日の子どものようすおよび保育者のかかわりを考察した。

子どものようす	保育者のかかわり（・）　考察（☆）
A「ぼく，ドーナツ屋になりたい」 　A児はドーナツづくりを始める気持ちになる。 A「チョコレートドーナツをつくりたい」 　A児はひとりでビニールテープを巻いている。 　横で見ていたB児も同じようにA児のまねをしてつくりはじめる。 A児は油で揚げる動作が気に入って，繰り返し楽しんでいる。 A児はまわりの店屋のようすを見ながら，看板をつくったりドーナツを入れる箱をつくったりしている。 A「いらっしゃい」「ありがとう」と買いに来てくれた客に対応している。	・ドーナツ屋を希望したのはA児だけであったので，以前，友だちが遊びに使っていたドーナツを譲ってもらって，すぐに準備をはじめられるように手伝う。 ・封筒をねじって輪にしたドーナツに茶色のビニールテープを巻く方法を提案する。 ・しばらくようすを見ている。 ☆B児がさりげなく手伝ってくれたことで，A児にとっては心地よい空間になった。 ・「揚げたてのドーナツにしない？」 ☆ドーナツを売るだけでなく，ドーナツを揚げる活動が加わると遊びが継続するのではないかと考え，提案してみた。 ☆油で揚げるという発想は保育者からのものであったが，A児は"揚げる""はさんで出す"ということを慎重に繰り返していた。 ・A児が隣の店屋のようすをまねながら楽しく活動ができるように，担任や介助員が手伝ったり見守ったりする。 ☆ドーナツ屋は人気が出てきて，客が並んで待つほどになった。

考　察

・A児は，担任や介助員に助けられながらではあるが，好きな遊びを存分に楽しみ，その中で友だちとかかわることの心地よさを味わうことができた。

・まわりの子どもたちも，A児が落ち着いて慎重に取り組んでいる姿をA児の新たな一面として受け止めたと思われる。

- このような機会が繰り返されることによって，徐々にではあるが，A児は人とのコミュニケーションのとり方を身につけていくのではないだろうか。

2. 教育，保育等を一体としてとらえた新たな試み「認定こども園」

　第1章に示されているように，就学前の子どもに幼児教育，保育を一体的に行う制度に基づいて，平成18（2006）年10月から「認定こども園」が発足した。

1 「認定こども園」の現状

　認定こども園は，幼稚園と保育所におけるそれぞれの機能が拡大した施設である。

　平成28（2016）年4月1日現在，文部科学省と厚生労働省の幼保連携推進室の調べによると，4,001施設が認定を受けている。

　認定こども園には，地域の実情に応じて多様なタイプが認められている。4,001園の内訳は「幼保連携型」（2,785カ所）「幼稚園型」（682カ所）「保育園型」（474カ所）「地方裁量型」（60カ所）となっている。

2 「幼保連携型認定こども園*」の実践例

　大阪府で最初に「認定こども園」としてスタートした「認定こども園常磐会短期大学付属いずみがおか幼稚園」「認定こども園いずみがおか園」の実践例を見ていくことにする。

＊幼保連携型認定こども園については，第1,2章を参照のこと。

＜実践例Ⅰ＞

　「認定こども園常磐会短期大学付属いずみがおか幼稚園」「認定こども園いずみがおか園」の保育の計画を次頁より示す。

　平成20（2008）年4月に「教育要領」「保育指針」が改訂（改定）されたことを受けて，年齢ごとの保育課程**，教育課程，ならびに指導計画を作成している。「認定こども園常磐会短期大学付属いずみがおか幼稚園，いずみがおか園」では，「子どもの最善の利益」を第一に考え，時代を担う子どもが人として心豊かにたくましく生きる力を身につけ，また，子どもを育成する保護者や地域の人々の子育て力が高まるよう，地域に開かれた施設として子育て支援にも力を入れている。

＊＊平成26（2014）年に新たに公布された「幼保連携型認定こども園教育・保育要領」では「全体的な計画」と記されている。また，平成29年告示の「保育指針」「教育・保育要領」では，「保育課程」の言葉に代わって保育の全体像を包括的に示すものとしての「全体的な計画」の作成が求められるようになった。

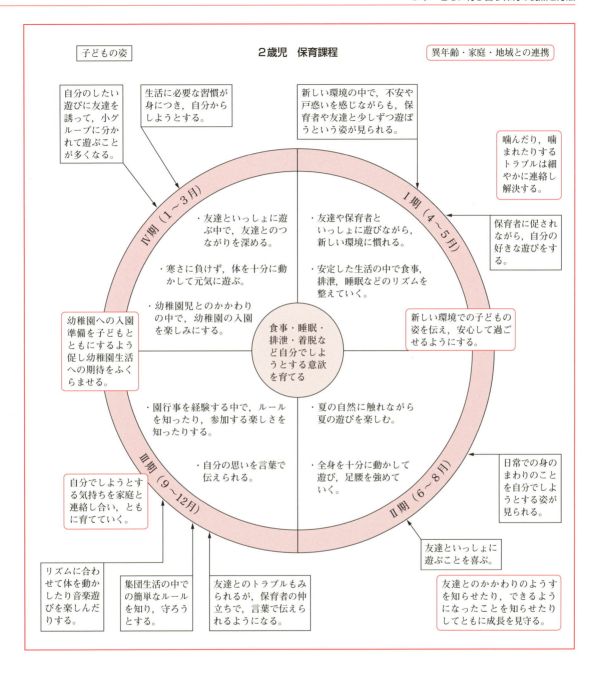

2歳児の年間指導計画

目標	・健康で安全な環境の中で安定した生活を送る。 ・援助してもらいながら自分でできる喜びをもち、身のまわりのことを自分でしようとする。		・保育者や友だちといっしょに簡単なごっこ遊びを楽しむ。 ・いろいろなことを経験し、友だちと言葉によるかかわりを楽しむ。	
発達の節	Ⅰ期（4、5月）	Ⅱ期（6、7、8月）	Ⅲ期（9、10、11、12月）	Ⅳ期（1、2、3月）
子どもの姿	・新しい保育室に期待と不安が入りまじり、泣く子どももいれば、好きな遊びを見つけ楽しんでいる子どももいる。 ・同じ遊び場に集まり、保育者や友だちと遊ぶ姿が見られる。 ・落ち着かず友だちとトラブルになることもある。 ・園庭で遊んだり散歩に出かけたりして探索を楽しんでいる。	・1日の生活の流れがだいたいわかるようになり、簡単な身のまわりの始末が自分でできるようになってくる。 ・同じ遊び場に集まり、友だちに関心を示しはじめ、少人数でごっこ遊びを楽しむようになる。 ・水やりをしたり、収穫した野菜を見たり触ったりして興味をもつ。	・走る・跳ぶなどの基本的な運動機能や指先の動きが活発になる。 ・自然物や描画材料の素材を使って、つくったり、つぶしたり、塗りたくったりして感覚遊び・造形遊びを楽しむようになる。	・遊びの中で、強く自己主張する姿がみられる。 ・意思や感情を言葉で伝えたり、動作で表現したりするようになり、身近な出来事について関心をもつようになる。 ・幼稚園に行くことを期待し、友だちといっしょにごっこ遊びを楽しむようになる。
ねらい	・生活のリズムを知り、健康で安全に過ごせるようにする。 ・新しい環境に慣れ、保育者といっしょに好きな遊びを十分に楽しむ。 ・園庭や散歩に出かけ春の自然に触れる。	・姿勢を正し、食器に手を添え、よく噛んで食べるようにする。 ・保育者や友だちと夏の遊びを十分に楽しむ。 ・身近な動植物を見たり触れたりして、興味や関心を広げる。	・遊具や運動用具を使い、保育者や友だちといろいろな運動遊びを楽しむ。 ・いろいろな遊びや行事を通して人とのかかわりを楽しむ。 ・秋の自然に触れながら、興味をもって自然物や素材を使って楽しむ。	・自分でできることに自信をもち、身のまわりのことをすすんでする。 ・いろいろなことを経験し、友だちと言葉によるかかわりを楽しむ。 ・幼稚園児と交流し、幼稚園へ進級することを楽しみにする。
経験する内容（指導内容）	・新しい環境に慣れ、保育者や友だちの名前を知り、自分の場所がわかるようになる。 ・いろいろな食べものをよく噛んで食し、友だちと食事することを楽しむ。 ・保育者に促されてトイレに行き、排泄をする。 ・落ち着いた雰囲気の中で安心して眠る。 ・生活の中で挨拶の言葉を言ったり、名前を呼ばれたら返事をしたりする。 ・保育者といっしょにうたを歌ったり、簡単な手遊びをしたり、体を動かしたりして楽しく遊ぶ。 ・砂・水・葉っぱなど自然物を使って遊ぶ。 ・野菜やイチゴの苗を植え、生長を楽しみにする。	・食器や箸を持って食べることに慣れる。 ・衣服の着脱を自分でしようとする。 ・集団生活に必要な決まりがわかり、待ったり譲ったりする。 ・水・土・泥などで感触遊びを楽しむ。 ・身近なものの名称・特徴に興味をもち、言葉で表す。 ・模倣遊びや音楽に合わせて全身を使って遊ぶ。 ・身近な動植物を見たり触れたりして遊ぶ。	・身のまわりを清潔にし、衣服の着脱、食事、排泄など生活に必要な活動を自分でする。 ・固定遊具や運動遊具の使い方を知り、体を動かして遊ぶ楽しさを知る。 ・簡単なルールのある遊びを保育者や友だちといっしょに楽しむ。 ・簡単な言葉を使って、友だちとのやりとりを楽しむ。 ・好きな絵本を見て、気に入った場面をまね、ごっこ遊びをする。 ・秋の自然に触れ、興味をもち、形や色、大きさに気づき楽しむ。	・生活に必要な基本的な習慣や態度がしだいに身につく。 ・寒さに負けず、元気に体を動かして遊ぶ。 ・友だちと遊ぶ中で、言葉で伝えたり、やりとりを楽しんだりする。 ・切ったり、貼ったりして、好きなものをつくり、つくったもので遊ぶことを楽しむ。 ・幼稚園で異年齢児といっしょに遊び、3歳児への進級に期待をもつ。
環境構成・保育者の援助	・ロッカーや机に個人マークを貼り自分の場所がわかるようにしておき、安心して園での生活ができるようにする。 ・子どもたちの興味がもてる玩具を用意し、遊びやすいようにコーナーを設ける。 ・1人ひとりの子どもの状態を十分に把握し、体調の変化を見逃さず、適切に対応する。 ・保育者がそばにいることでスキンシップをとったり、子どもの思いを受け止めたり、気持ちが落ち着くようにする。 ・戸外に出かける機会を多くもち、草や花、虫などのようすに興味をもって探索活動を楽しめるようにする。	・手洗いやうがいなど衛生面に気をつけ、快適な環境で過ごせるようにする。 ・食事の量や食べる早さに個人差があるので、1人ひとりに言葉をかけ、楽しく食べられるようにする。 ・1人ひとりの排泄の間隔を把握して、必要に応じて言葉をかける。 ・子どもが落ち着いて生活したり、自分で選んで遊べたりできるようにコーナーを工夫する。 ・1人ひとりの甘えや欲求を適切に満たしながら、生活のリズムを整えるようにする。	・感染症にかかりやすい時期であるので、体の状態、機嫌、食欲など日常の状態の観察を十分に行う。 ・子どもの動きが大きくなり活動的になるので、全身を使う遊びなど、さまざまな遊びを取り入れるようにする。 ・いろいろな方法で自由に表現できるよう、必要な素材や遊具を準備する。 ・園庭で遊んだり散歩に行ったりして、秋の自然に触れ、異年齢児と交流する機会をもつようにする。	・案内の温度、湿度、換気、採光などの環境を適切に保持し、1人ひとりの衛生環境に留意する。 ・幼稚園の生活リズムに見通しがもてるよう、異年齢児との交流の場をつくったり、保育室で遊んだりできるようにする。 ・子どもの自我の育ちを見守り、その気持ちを受け止めるとともに、仲立ちとなって友だちとのかかわり方を伝えていく。

9章 ともに育ち合う保育の視点と方法

家庭・地域との連携	・個人懇談を行い，園での子どものようすを保護者に伝え，育ての喜びや大変さを共感し，信頼関係を築いていく。	・清潔で活動的な服装に留意し，着替えを十分に用意してもらう。 ・内科・歯科・ぎょう虫・検尿の結果を知らせ，子どもの状態を把握し，日常生活に活用できるようにする。 ・早寝早起きなどの生活リズムの大切さを伝え，健康に注意してもらう。	・行事への参加を呼びかけ，協力を依頼する。 ・季節の移り変わりや，自然の事物に興味や関心をもって，子どもとの会話を大切にしてもらう。	・1年の成長を喜ぶとともに，幼稚園にむけての入園準備に際して，安心できるよう話し合う。

＜実践例Ⅱ＞

「ステージごっこ」…うさぎ組の子どもたち（2歳児）10～12月

　うさぎ組の子どもたちが散歩の帰り道，そら組（5歳児）のテラスの前を通りかかったとき，楽しそうな歌声が聞こえてきた。子どもたちは立ち止まって耳をすました。

　そのとき，2階のテラスからそら組の子どもたちが「うさぎ組さん，『ステージごっこ』をしているから，お客さんになって！」と誘ってくれた。

　うさぎ組の子どもたちは大喜びで，さっそく2階へ駆け上がり，そら組の保育室に入って『ステージごっこ』を見せてもらった。

　A児「わあ，おもしろい！」
　B児「すごい！」……などと，大はしゃぎ。

　うさぎ組の保育室へ戻るとすぐ，「ステージごっこしよう」とブロックでマイクをつくって『ステージごっこ』が始まった。

　保育者はいろいろな曲をBGMとして流し，子どもたちといっしょに楽しんだ。

　次の日も，次の日も『ステージごっこ』が大流行。

　そんな日が続くなか，隣のあひる組（1歳児）やひよこ組（0歳児）の乳児たちも寄ってきて，うさぎ組のまねをして歌ったり踊ったり，とてもにぎやかな生活が続いた。

マイクを持って歌っている2歳児

・同一敷地内で，保育園と幼稚園とが連携して一体的な運営をしていることから，保育園，幼稚園の子どもたちは生活と遊びの場を常に共有している。そのため，学年間のかかわりが密になる。この実践例においても，年少児は年長児の生活に興味を示し，よい刺激を受けて楽しい活動ができるようになった。また，うさぎ組（2歳児）の活動が乳児にも広がり，互いに教え合ったり見せ合ったりして交流が続いていった。

・このように，保育園，幼稚園の保育者が互いに連携することで，保育園児も幼

稚園児もともに喜びを感じ，充実した生活を経験することができた。

3 「認定こども園」で育つものと課題

「認定こども園」は発足して11年目になり，認定を受けている施設，それを利用している保護者の両方から「よかった」と評価されている。保育者においても，前述の実践例にも見られるように，子どもが育ち合うという視点は，保育の質を高めるうえでも大切にしなければならない。

また，「認定こども園」制度は，保育に欠ける子どもにも，欠けない子どもにも対応して教育および保育を一体的に提供できるとともに，子育て相談や親子の集いの場を提供できる制度である。

文部科学省・厚生労働省では，認定こども園制度のスタートを契機に，制度の実施をはじめとする幼保連携をさらに進めるため，幼保連携推進室を設置し，認定こども園の普及促進に努めてきたが，制度発足後，さまざまな課題がでてきた。そこで，平成24（2012）年に「子ども・子育て関連3法」が成立した[*]。

今後は，それぞれの「認定こども園」が実態に応じて具体的に乳幼児期にふさわしい生活を踏まえた保育の計画を作成し，保育の質をいっそう高い水準へと進めていくことが「認定こども園」制度のさらなる普及促進につながるものと期待される。

3. 障がいのある友だちとともに

1 障がいのある子どもについて

障がいのある子どもや，障がいがあるのではないかと思われる子どもを受け入れたとき，担任としてどのようにすればよいのかについて考える。

（1）障がいのある子どもの受け入れについて

保育者として，すべての子ども1人ひとりに対する理解と指導法を工夫することは当然求められることである。

そのことから考えると，障がいのある子どもに対しては，よりいっそうの工夫が望まれるのは言うまでもないことである。

障がいのある子どもを受け入れる場合，まず，第一にその障がいに対する知識を習得して理解を深め，かかわり方や支援の方法について学ぶことが大切である。そして実践を通して，その子どもとかかわっていく中でその子どもの行動の特徴を知り，もっとも適したかかわり方を探しながら，毎日努力を積み重ねていかなければならない。

---

*「子ども・子育て関連3法」とは，「子ども・子育て支援法」「就学前の子どもに関する教育，保育等の総合的な提供の推進に関する法律の一部を改正する法律（認定こども園法一部改正法）」「子ども・子育て支援法及び就学前の子どもに関する教育，保育等の総合的な提供の推進に関する法律の一部を改正する法律の施行に伴う関係法律の整備等に関する法律（整備法）」のことである。幼児期の学校教育・保育，地域の子ども・子育て支援を総合的に推進するために制定された。

(2) 障がいのある子どもへのかかわりについて

　研修の場で，障がいのある子どもについて話すとき，「○○障がいの子どもがわたしのクラスにいます。その子は……」と説明すると，一見，明確に伝えられるようである。しかし，その子どものことを振り返ってみると，その子どもは「いつもニコニコしていて……」，「ブロックが大好きで……」というような面もあり，一口でその子どもの特徴を言い表すことは決してできないことに気づく。

　このように「○○障がいの子ども」としていつもその子を見ていると，保育の目的が「早くその子どももほかの子どもと同じようになるように」というようになり，「○○障がいを克服する」ことばかりに目がいってしまいがちになる。

　もっと大切なことは，その子どもにとって，どのようなかかわりをすることが有意義な生活につながるのか，ということを考えることではないだろうか。

2 障がいのある子どもを取り巻く環境

(1) ノーマライゼーション*の考え方で**

　障がいのある人も，地域社会の一員としてほかの人と同じように生活できる社会が普通の社会であるという考え方である。この理念は，デンマークから発せられた考えであるが，国連で基本理念として位置づけられ，わが国においては，1970年代に注目されはじめたといわれている。

(2) 社会問題としての障がい***

　ノーマライゼーションの考え方からすると，障がいがあることを理由に施設入所を安易に促すのではなく，どのような制度やシステムを整備すれば，障がいのある人の地域生活が維持できるのかが課題になってくる。

　社会の一員である1人ひとりが，障がいのある人に対してバリアを取り除くことを含めて，社会的な環境条件の変革が大切である。

　障がいのある人が社会参加したときに，それを妨げる社会の中のバリアこそが障がいであって，障がいを社会の側の問題としてとらえ，社会の環境を変えることにより，障がいをなくそうとしているのである。

3 障がいのある子どものいる保育の工夫

　幼稚園や保育所等は，子どもにとってわくわくするようなとても楽しいところである。だからこそ，どんなに暑い日でも雪が降って寒い日でも幼稚園や保育所等からは楽しそうな声が聞こえ，園庭で元気に走りまわる子どもたちの姿にまわりのおとなたちまでが明るい気分になるのである。

　子どもは毎日，幼稚園や保育所等で思う存分活躍し，友だちとかかわり合って

---

*（通常化の意）障害者などが地域で普通の生活を営むことを当然とする福祉の基本的考え。また，それに基づく運動や施策。1960年代に北欧から始まる（新村 出〈編〉『広辞苑第六版』，岩波書店，2008，より）。

**参考文献　長谷川眞人他『子どもの援助と子育て支援』ミネルヴァ書房。

***参考文献　長谷川眞人他『子どもの援助と子育て支援』ミネルヴァ書房。

充実した時間を送りながら,これからの人生に必要なことを学んでいるのである。
　これは,障がいのあるなしにかかわらず大切なことであり,障がいのある子どもにとっても幼稚園や保育所等は楽しくて大事な生活の場所なのである。
　このことからわかるように,保育者は障がいのあるなしにかかわらず,どの子どもも「今日1日来てよかった」と思えるような保育ができるように環境を構成しなければならない。

4 事例を通して考えよう！（Y市立Q幼稚園）

　自分のクラスに障がいのある子どもがいる場合,その子どもが「このクラスにいてよかった」と感じてくれるようなクラスにしていくことが望まれる。
　次に挙げる事例は,障がいのある4歳児のC児のクラスの入園1カ月ごろのようすである。まわりの子どもたちとC児がかかわっているようすを思い浮かべてほしい。

〔事例〕「ちゃんと聞こえたよ」　C・D・E・F・G…子ども　T…保育者
　4歳児のC児は,入園当初から発語が1語文・反復語程度のため,友だちとのかかわりがうまくいかず,ひとり遊びを楽しむ姿が多く見られた。
　園生活を通して,友だちの楽しそうな表情・声を聞いたり,いっしょに遊びを楽しんだりする中で,しだいに「友だちの遊び」「クラスの友だち」に,興味を示すようになってきた。
5月15日
　園庭に出るとき,C児と誰が手をつなぐかでD・E・F児がけんかをしていた。
　D「ぼくがC児と手をつなぐねんで」
　E「ぼくもつなぎたい」
　F「わたしも」
　D「じゃんけんで決めようや」（クラスの温かい雰囲気が伝わってくる）
5月23日
　子どもたちが1人ひとり自分の名前を言う欠席調べを行った。順番が回ってきてC児が言えなかったときに5,6人の幼児が笑った。
　G「笑ったらあかん」
　T「そうやね。C君は今,自分の名前が言えるように頑張ってるの。そんなときに笑ったら,頑張ろうっていうパワーが薄れてしまうよ」（みんなうなずく）
5月24日
　昨日に引き続き,名前を言う欠席調べを行った。
　C「……」（少し言葉が聞き取れた）
　子どもたちの中から,拍手が起こった。
　G「わたし,C君ってちゃんと聞こえたよ」
　T「先生も聞こえたよ。みんなの気持ちが伝わったのかな」

考　察

・子どもは，1人ひとりが異なる面を出しながら成長している。そしていっしょに生活する中で，まわりの子どもたちもその特徴に気づいてきている。
・保育者は，子どもがその違いについてどう思い，どう感じたのかを理解し，ときには今回のようにみんなに問いかけたり，友だちのことについて話し合う機会をつくったりすることが大切である。
　この積み重ねにより，1人ひとりが自分らしさを出せるようになるのではないだろうか。

4. 地域・家庭・異校種との連携の中で

1 地域・家庭の変化と保育の課題

　従来から幼稚園や保育所等における保育が，家庭との連携のうえに成り立っていることは周知のことである。教育要領にも「幼児の生活は，家庭を基盤として地域社会を通じて次第に広がりをもつものであることに留意し，家庭との連携を十分に図るなど，幼稚園における生活が家庭や地域社会と連続性を保ちつつ展開されるようにするものとする」と，記されている。

　子どもの成長の過程から考えても，依存から自立への経過の中では，家庭と幼稚園や保育所等との相互支援は，欠かすことのできないものであると考える。

　しかし，社会の変化により核家族化，少子化，都市化などの現象が顕著になり，家庭生活や子育ての方法が著しく変わってきている状況がみられる。

　このような社会の中においては，幼稚園や保育所等も家庭や地域との連携の方法や内容について，適切なものに変えていく必要があるのではないかと考える。

　従来から考えられていた家庭と幼稚園や保育所等との相互支援については，家庭は基本的な生活習慣やしつけを，幼稚園や保育所等は遊びを通して友だちとのかかわりを習得するところというように，それぞれの役割を明確にする考え方が多かったように感じられる。

　ところが，時代が変わるにつれて，保護者は保育者の力量を頼りにし，保育者は家庭ではある程度のしつけがされていて当然であるのに……と考える傾向が強くなり，子育ての考え方について相互にへだたりが生じるようになってきた。

2 幼稚園と家庭や地域との連携

(1) 相互支援

　実際には，幼稚園や保育所等での遊びが家庭や地域に影響を及ぼし，また逆に，家庭や地域で行われていることが，幼稚園や保育所等に持ち込まれるというような相互支援の内容が望まれている。子どもの側から考えても，まわりのいろいろな人々との出会いを通して学ぶことが多い。

　たとえば，地域のお年寄りを招待して，コマ回しやあやとり，お手玉などを教えてもらい，お礼に子どもたちがうたや手遊びをプレゼントするというような楽しい１日を過ごすと，互いにまた出会う機会をつくってほしいという希望が必ず出てくるのである。このように温かい心が通じ合うことは，ほかではなかなか得られない経験になる。

(2) 保護者の保育参加

　いっせいに行われる保育参観とは別に，最近よく行われている「保育参加」は，非常に評判がよい相互理解のひとつの方法である。とくに，全員の保護者が一度に参加するのではなくて，何回にも分けて少人数で実施すると，平常の子どもたちの園生活に触れることができるよい機会になる。保育者側からは，保育のねらいや子どもたちの育ちを理解してもらえる貴重な機会になる。

(3) 地域探検

　園内にとどまらず，積極的に園外に出かけて地域の自然や人々とかかわる機会をもつことによって，子どもたちはひとつひとつの出会いに感動し，好奇心をもって心豊かに育っていくに違いないと考える。

　このようなことが，１回のイベントに終わるのではなく，年間を通してカリキュラムに組み入れられて，継続的に実施されることが望まれる。

3 幼稚園と他校種との連携

　幼稚園・保育所等を修了したらどの子どもも小学校へ入学するが，子どもにとっては急に環境が変わることになる。それを見通して，幼児期にぜひ培っておきたいことは，どのような環境にいても自分らしさが出せるような子どもに育っていってほしいことではないだろうか。

　そのためには，「○○ができる」ということも大切ではあるが，環境に自らか

かわっていけるような内面の豊かな育ちが大切になってくる。

　幼稚園や保育所等と小学校の連携について考えてみると，従来は，就学前の幼児が地域の小学校を訪問して体験学習をさせてもらったり，運動会や音楽会に招待してもらったりするなどの交流が多かったようである。

　しかし，最近では，子どもの望ましい発達から考えて，幼稚園や保育所等と小学校が子どもたちの生活や育ちを長期的に継続して連携し，ともに教育内容を高めていくことが大切であると考えられようになってきている。

4 事例を通して考えよう！

(1) ○幼稚園と□小学校の連携について

　○幼稚園と□小学校では，以前から就学前の学校見学や入学前後の連絡会を実施して，子どもたちの実態を相互に理解するように努めてきた。

　また，5年前より，幼児期から児童期への発達の筋道を知ることで，子どもたちの生活や育ちがスムーズに継続されていくのではないかと考えて，小学校の体育の授業に参加させてもらったり，幼稚園のお店ごっこに招待したりして，交流の機会をもつようにしてきた。

　下記のように，子ども同士の交流だけでなく，教師間交流研修も計画，実施してきた年度もある。

小学校との連携の計画

　　子どもの交流　　教師間交流　　★子どもの活動　・教師の連携

○　幼　稚　園	□　小　学　校
＜5月＞	・入学児童の連絡会について日程調整
・全教師が参加　──→　新1年生の情報交流　←──　・1年生担任が参加	
＜6月＞　　今年度の幼小連携年間計画検討	
・絵画指導実技研修計画を指導主事に相談	
＜7月＞	・学年会議で具体的計画作成
＜9月＞	
・全教師が参加	
・絵画実技研の日程調整　2学期の交流打ち合わせ　←──　・1年生担任が参加	
＜10月＞	
・全教師が参加　──→　絵画表現合同研修会　←──　・1年生担任が参加	
	・交流会計画案作成
交流会「幼稚園とのフレンズタイム」	
★お礼状，次の交流会の案内状を　　　　　　　　　　　　　　　　　　　　　　在園児の兄姉を通して送る　←────→　★返事の手紙を送る	

<11月>
- 全教師が参加 ──→ 交流会事前検討会 ←── ・1年生担任が参加
- 指導案作成
- ★招待状を在園児の兄姉を通して送る
- ★いろいろな国の
 　人になって遊ぶ → 交流会「いろいろな国で遊ぼう」 ← ★遊びに参加する
- ★お礼状を届ける ←──────────────────→ ★お礼状を届ける

<3月>
- 入学前連絡会の日程調整　交流会事後研修会 ←── ・日程調整
　　　　　　　　　　　　　学校見学
　　　　　　　　　　入学予定幼児連絡会

(2) 中学生との交流（S市立K幼稚園）

- ○○中学校では，進路指導の一環として職場体験学習を行っており，昨年に引き続き，K幼稚園では，2年生10名を受け入れた。
- 事前に行われたオリエンテーションのとき，代表で幼稚園に来た2名の中学生が子どもたちに明るく接してくれたので，子どもたちも当日を楽しみにしていた。

日　程	中学生へのお願い	子どもの育ち
登　園	・「おはよう」と挨拶してあげてね。	・挨拶をする。
好きな遊び	・いっしょに遊んであげてね。（野球・自転車・リング・固定遊具）・困っているときは助けてあげてね。	・遊び方を教えてもらったり，自分たちのしている遊びを教えてあげたりする。
あと片づけ	・子どもができるように励ましたり，手伝ったりしてね。	・尊敬やあこがれの気持ちをもつ。
学級活動	・自己紹介をしてあげてね。 ・子どもの質問に答えてあげてね。	・中学生の名前を知り，尋ねたいことを聞く。
誕生会	・考えてきた「いす取りゲーム」を教えてあげてね。	・ゲームをいっしょに楽しむ。

実習を終えた中学生の感想

- 幼稚園の子どもはとてもかわいくて，遊んでいて楽しかったです。「幼稚園ってこんなに楽しかったっけ」と思いました。今回のこの経験はとてもよい思い出になりました。

- 幼稚園の子どもから話しかけてくれたり，いっしょに遊んだりできて，とても楽しかったです。うたが上手でびっくりしました。男児と女児がいっしょに遊んでいるのはとてもよいところだと思います。

考　察

- 中学生は積極的にかかわっていた。保育室の椅子に座ると幼かったころを思い

出して懐かしむ姿もみられ，非常に有意義な経験となった。
・子どもは，先生にはない身近な存在に親しみを感じ，体の大きさや力の強さ，優しさなどから憧れの気持ちをもった。よい刺激になったと思う。
・幼稚園と中学校の教師間で互いの受け止めや期待することも話し合う機会をつくり，今後も交流を通して連携を深めていきたい。

（3）地域探検でのKさんのおうちの梅の木との出会い（S市立M幼稚園）

［事例］Kさん…地域に住んでいる人　L，M，N，O，P，Q…子ども
2月　Kさんには事前に協力を依頼しておいた。
　　L「ピンポーン！　M幼稚園です。この花はなんですか？」
　　Kさん「これは梅の花っていうんだよ。
　　　　　小さいけど，においってごらん」
　　M「わあ，いいにおい！」
　　N「甘いにおいみたい」
　　L「もっといっぱい咲くの？」
3月　Kさんから「梅が満開で，花びらが散りはじめています。花びらは自然のままにしておいた方がよいでしょうか」と電話。「園児たちがうかがいますのでそのままにしておいてください」と伝えておいた。
　　L「わあ，いっぱい咲いてる！」
　　M「前は30個ぐらいやったのに200個ぐらい咲いたわ」
5月O「緑色の丸いのがついてる，なにかな？」
　　L「お花から実になったんや」
6月Kさん「梅干しをつくろうと思って採ってるんだよ」
　　P「ぼくも採らせて！」「梅のにおいがする」
　　Kさん「下の梅はひとつずつ採って幼稚園
　　　　　に持って帰りなさい」
　　みんな「ありがとう」
　　Kさんから梅とレシピをもらって帰る。
7月　Kさんにもらった梅で幼稚園でも梅干し
　　をつくった。
　　Kさんのお家に行くと，梅干しと梅シロップの2つの瓶を見せてもらった。
　　L「幼稚園でつくった梅干しはこんなに赤くないよ」
　　Kさん「赤ジソの葉を入れたので赤い汁が出て色がついたんだよ」
　　Q「梅シロップの瓶は水がいっぱいだ」
　　Kさん「水は入れてないけど，梅と砂糖を入れておいた
　　　　　ら梅から汁が出てきたんだよ」

考 察

　野原の草花とは違い，梅の花や実は勝手に採ることはできないが，地域の人の優しさに接することでさまざまな感動体験をさせてもらえた。

　子どもたちは，長期間継続して梅を大切に育て食用に役立てているKさん宅を訪問したことを通して，自然体験の楽しさやおもしろさを十分味わうことができた。

5. 国際化・異文化に触れる中で

1 社会の変化と国際化・異文化に触れる保育

　テレビや新聞を通して，日々世界各国のニュースが各家庭に入ってくる現在，わたしたちは，外国の影響を無視して生活することができない状況にある。子どもたちもおとな以上に外国の出来事を敏感にキャッチしている。

　一方，子どもを取り巻く環境は，核家族化，少子化，地域コミュニティの崩壊などの影響により，人とのかかわりが希薄になり，人の優しさを感じ，温かい心の触れ合いをもつ場が少なくなるなど大きく変化している。

　社会の変化をおおいに受けている子どもたちではあるが，本来子どもはさまざまな人と出会い触れ合う中で，人とかかわることの楽しさを知り，身近な人に愛情や信頼感をもつようになる。その中で，自分を見つめたり相手を受け入れたりしていく力が培われる。

　幼児期は，自分の思いを表現し，人とのかかわりやつながりの中から自分らしさを見つけ出していく大切な時期である。このような時期であるからこそ，さまざまな人とのかかわりを積極的に行い，人の優しさに触れ，信頼感や思いやりの心が伝わる体験を重ねることが大切である。この体験の積み重ねが自尊感情の高まりとともに人を愛し，ともに生きていこうとする豊かな心をもつ人を育てることにつながっていくものであると考える。

2 異文化の中で育ってきた子どもや保護者と保育者のかかわり

　幼稚園や保育所等では，最近は異文化の中で育った子どもたちがどんどん増えている。これらの子どもたちや保護者に対して，幼稚園や保育所等はどのようにして支えていけばよいのだろうか。

　この場合，言葉の壁や価値観の違いによる考え方のずれなども見られるが，とにかく1日も早く，幼稚園や保育所等の生活に慣れてもらうことが大切であると考える。子どもはまわりの環境に適応する力を備えているので，案外早くなじん

でくれる。むしろ保護者に理解してもらうための努力が必要である。また，宗教上の問題や慣習上の違いによるトラブルが予想されるが，保育者もその特徴をよく理解するように努力することが大切である。

保育の場でとくに配慮しなければならないことは，以前にどこの国で生活していても，今，同じクラスにいる子どもたちが互いの文化を認め合い，ともに生きている友だちであるという考えを大切にすることである。

③ 国際化の時代の中で，異文化とともに生きる子どもたちの保育

21世紀は国際化の時代といわれている。今，自分のクラスに外国人の子どもがいない場合でも，園外に目を向けると，英語のうたが聞こえてきたり，日本語以外の言葉で話している人たちがいたりして，いろいろな国の人々が，ともに生活しているという実感を誰もがもつようになってきたのは確かである。

散歩や地域探検で園外へ出かけたときにも，外国人に出会えば子どもの方から「ハロー」と話しかけていく時代である。

幼稚園や保育所等が率先して地域にはたらきかけたり，地域に住んでいる外国人に依頼したりして，子どもたちがいろいろな国の人と交流する機会をつくることは，とても大切なことである。外国人と交流することによって，子どもたちは世界にはいろいろな国があるということを知るとともに，いろいろな言葉や文化があることにも自然と気づくようになるのではないかと考える。

④ 事例を通して考えよう！

〔事例〕カナダ人のAさんたちといっしょに絵を描こう（S市立M幼稚園）
　1学期のある日，カナダ人のAさんたち数名が，「日本の子どもたちといっしょに絵を描きたい」とM幼稚園を訪問した。
　早速，5歳児たちと大きな模造紙を囲んで，「好きな絵を描こう！」ということになった。子どもたちがなにを描こうかと考えているとき，Aさんが下から上へ線を描きはじめ，それが足のようになりウマとわかったとき，
「わー，ウマになった！」
「すごい！」
「わたしはウサギを描くよ」
「ぼくはイヌを描くよ」
など，次々と描きはじめ，花，木，動物，人など楽しい絵がいくつもできあがった。
「これはなに？」
「僕の家だよ」
などと，どんどん話がはずんだ。さらに，世

模造紙を囲んで絵を描いている子どもたち

> 界地図でカナダや日本を探したり，英語と日本語でうたのプレゼントを交換して，楽しいひとときを過ごすことができた。

「違いを豊かさに」（S市立D幼稚園）

　在園児の保護者の中には，中国，フィリピン，コロンビアなどからの渡日者がみられる。日本で結婚し，出産し，就労しながら子育てをしている。しかし，文化の違いや言葉の壁，わかり合える人間関係の希薄さなど，生きていくこと，子育てしていくことは容易なことではない。ましてや，生活面で自立しひとりで子育てしていくことは大変なことである。親子のおかれている厳しい実態に対して，保育者にできることはなんなのか，試行錯誤しながら実践をしてきた。

子どものようす	保育者のかかわり（・）　考察（☆）
○H児が幼稚園の子どもたちと「Sまつり」に参加したとき，通りがかりの人が「かわいいね」と言ったり，写真を撮ったりそばにきてじろじろ見たりした。H児は泣き出し，「かわいいってばかり言わないで。かわいいより心が大事なの」と怒りの声を発する。	☆普通4歳児では，「かわいい」と声をかけられると大喜びするものである。H児は，「自分はまわりの人となにか違う，みんなと同じなのに」と言う思いを伝えたかったのだろう。
○転入してきたI児が，H児の名前を一番先に覚え，髪を引っ張ったり，持ち物を触ったり，押したりなどしてH児の関心を引こうとする。何度も繰り返すので，H児は「もうI児ちゃん嫌い」とはっきり言葉で言うようになってきた。	・H児がいやな思いをしていることや，いやなことをされていることは理解できるが，I児もH児のことが好きなのであのような行動に出るのだということを，H児にわかってもらえるように説明する。
○J児がなにげなく，H児の髪の毛の長さのことを言う。H児は泣き出す。J児はなぜH児が泣いたのかわからず，戸惑っている。	☆H児は自分では髪が短いと思っているのに長いと言われ，いやな思いをしたようだ。J児にはなんでもないことであったのにH児が泣いたことで，戸惑いの表情をしたものと思われる。
○K児は，L児に「H児ちゃんの瞳は，みんなと違う」と言い，L児に「そんなこと言うたらあかんのに」と言われて泣き出した。	☆K児も，自分の感じたことを素直に伝えたのだと思われる。 ・まわりに子どもたちがいたので，みんなで考え合う場をもった。

考　察

　自分がなにげなく口にした言葉が，相手を傷つけることになる場合もあること，顔の色や形，髪の色や長さ，瞳の色や大きさ，背の高低など人にはいろいろな違いがあること，ひとりとして同じ人はいないから素晴らしいということを話し合った。このような機会を経験することで，それぞれの違いに気づき，互いにわかり合える関係をつくっていくとともに，自他の言動の意味するものを敏感に感じ取れる子どもになってほしいと思う。

6. 子育て支援と保育の方法

1 社会の変化と子育ての現状

　1960年代からの高度経済成長の影響のもと，核家族化，情報化が進んでくるにつれて，子育てについての悩みが大きくなってきた。それに加えて女性の就労の影響もあり，少子化傾向が深刻化してきた。

　このような状況のもと，平成6（1994）年に「今後の子育て支援のための施策の基本的方向について」（エンゼルプラン）が示されたが，そこでは子育ての責任は社会が担わなければならないということが確認された。その後，エンゼルプランを実施するため，「緊急保育対策等5か年事業」が策定され，平成11（1999）年度を目標として整理が進められるようになった。また，同年12月には「少子化対策推進基本方針」が決定され，仕事と子育ての両立の負担感や子育ての負担感を緩和・除去し，安心して子育てができるようなさまざまな環境整備を進め，家庭や子育てに夢や希望をもつことができるような社会にしようと考えられた。同年12月には，「重点的に推進すべき少子化対策の具体的実施計画について」（新エンゼルプラン）が策定され，平成12（2000）年から平成16（2004）年までの計画で，これまでの保育サービス関係ばかりでなく，雇用，母子保健・相談，教育などの事業も加えられた。

　なお，子育てについてのさまざまな問題を解決するために，平成27（2015）年より子ども・子育て支援新制度がはじまった＊。

　このような子育て支援策の実施により，少子化傾向は表9－1（合計特殊出生率）で示すようにわずかではあるが，回復のようすを示すようになってきた。

表9－1　合計特殊出生率の年次推移

	2005年	2010年	2011年	2012年	2013年	2014年	2015年
合計特殊出生率	1.26	1.39	1.39	1.41	1.43	1.42	1.45

資料：厚生労働省「人口動態統計」をもとに作成

＊「子ども・子育て支援新制度」とは，平成24年に成立した「子ども・子育て関連3法」に基づく制度で，幼児期の学校教育や保育，地域の子育て支援の量の拡充と質の向上を目指している。

2 子育て支援の意義について

　子育て支援の意義については，長谷川眞人ほかによって次のように明確に示されている。

　「子育て支援がなぜ必要かを見てみると，まず子育てをする者の精神的安定である。とくに子育ての中心となる母親の子育て不安は精神的安定に大きく影響を及ぼす。（略）次に身体的安定である。身体的な体調が悪いと不安定感から子どもへの虐待が行われる可能性も高くなる。3つめとしては，社会的安定である。

子育て支援により，子育てする者が社会的安定を持つことが，子どもへの社会的安定にもつながる」ということである。

3 保育の中での子育て支援の課題

　子育てをする者，とくに母親の精神的，身体的，社会的不安をやわらげるために幼稚園や保育所等ができることはどのようなものであろうか。

　それは一口で言うと，子育てをする者の状況を考えた保育施設の対応を行うことである。保護者と子どもが家庭内でできるだけ楽しく生活ができて，保護者が安心して子どもを預けて就労できるような対応である。たとえ子育てをする母親が就労せずに家庭にいる場合でも，子育てについての精神的な不安をやわらげるための対応が求められる。

　幼稚園や保育所等においては，相談，情報提供，保護者との登園の受け入れ，保護者同士の交流の機会の提供など，地域の幼児教育のセンターとしての役割を果たすことが求められている。

　最近では，父親の中にも子育てを真剣に考える姿がみられるようになってきたが，今後は両親が揃って子育てについて考えるようになることが望ましい。さらに，子どものためにも保護者のためにも，安心できる保育の内容を考えていかなければならない。保育所における「延長保育」および幼稚園における教育課程外の対応としての「預かり保育」への期待が高まってきている。

4 「預かり保育」について

○「預かり保育」の現状

　平成12年度から実施されている教育要領にあるとおり，「地域の実態や保護者の要請により，教育課程に係る教育時間の終了後等に希望する者を対象に行う教育活動」，いわゆる「預かり保育」は，従来から幼稚園においては自主的に行われていた経緯がある。

　また，近年になって，女性の社会進出の拡大への対応として，職業などはもっているが，子どもは幼稚園に通わせたいという保護者に対する支援策としても行われるようになってきている。

　「預かり保育」の実施園数の推移は，図9－1の通りで，平成26（2014）年には，およそ1万園であり，80％の幼稚園で実施している。

　また，近年，長期休業期間中や早朝にも実施する園が増加している。

○長時間保育を充実させるために

　「預かり保育」は，当該幼稚園に在園する幼児で，保護者が「預かり保育」を希望する幼児を対象として行う教育活動であり，保護者が就業しているなどのた

図9-1 預かり保育の実施率
資料：平成26年度 幼児教育実態調査（文部科学省初等中等教育局幼児教育課）より

めに幼児が保育に欠けるか否かは問わないのが原則である。保護者が希望するすべての幼児の家庭生活や地域の生活も考慮し，異年齢による編成も有効である。

　幼稚園においては，保育者の連携を密にし，担任と「預かり保育」担当者との引き継ぎを十分行うことによって情報を共有することが必要である。

　「預かり保育」は，保護者の子育て支援の観点から実施される教育活動であることから，保護者の子育てを幼稚園が肩代わりするというようなものではないということを踏まえて，家庭における教育の重要性を保護者に十分理解してもらうことが大切である。

　「延長保育・夜間保育」は，保護者の仕事と子育ての両立を支援するために，保護者の状況を配慮して行うとともに，つねに子どもの福祉の尊重を念頭におき子どもの生活への配慮がなされるよう，家庭と連携・協力していく必要がある。

　「長時間保育」の場合は，とくにゆったりと過ごせるようなコーナーを設定したり，子どもの生活時間や体調など，個人差に応じて安全に過ごせるよう室内を整理したりする配慮が必要である。

【引用・参考文献】

内閣府・文部科学省・厚生労働省『「幼保連携型認定こども園教育・保育要領，幼稚園教育要領及び保育所保育指針の中央説明会」資料』2017年7月

長谷川眞人・小川英彦・神戸賢次編著『子どもの援助と子育て支援』ミネルヴァ書房，2002

萩原元昭編著『幼児の保育と教育』学文社, 2002
森上史朗編『幼児教育への招待』ミネルヴァ書房, 1998
常磐会短期大学付属泉丘幼稚園紀要「あしあと Ⅹ」2007
常磐会学園乳幼児教育研究会「つながる保育を考える」2008
文部科学省調べ「いわゆる預かり保育の推移」2006

第10章 よりよい保育に向かう評価

〈学習のポイント〉　①保育における「評価」の意味について考えてみよう。
　　　　　　　　②日々の保育を充実させるための「評価」のあり方を考えてみよう。
　　　　　　　　③園全体の保育の質を高めるための「評価」の考え方に触れてみよう。

1. 保育における評価とは？

1 評価とは？

　評価という言葉から，なにを連想するだろうか？　学校での成績，スポーツや音楽での審査など，さまざまな「評価」を連想するかもしれないし，そこから「ランクづけ」「優劣を決める」というイメージを抱くかもしれない。そのために，保育の中に「評価」という言葉が出ることに対して抵抗を感じる場合があるかもしれない。

　しかし，評価という活動は，わたしたちの生活の中で日常的に行われている活動である。

　学生食堂でランチを食べる，ということを例に考えてみよう。昼食後，「やっぱり学食のから揚げランチはおいしいよね」「でも，昨日の日替わりの『ムニエルカレー』はありえなかったよね。カレーライスの上に，カレイのから揚げが丸ごと一匹載っているって……食べにくいっちゅーねん！」「あれ，学食のおじさんの『カレーの上にカレイが載ってる』っていうオヤジギャクらしいで……」「今日の日替わりランチはケーキが付いていてよさそうだったけど，売り切れていて残念。やっぱり，ケーキ付きはすぐに売り切れるよね。今度こそ食べたい」などと口々に話す。これらはわたしたちの生活の中で日常的に行われている評価なのである。こうした評価は，翌日以降に学食に行く際の行動に大きな影響を与える。「から揚げランチはおいしい」という評価を行っているのでまた注文する，「ムニエルカレーはありえない」という評価を行っているので学食のおじさんのオヤジギャグを無視して二度と頼まない，「ケーキ付きのランチを今度こそは食べたい」という評価を行っているので2コマ目の授業が終わるとダッシュで学食に向かう，のである。

　このように考えると，評価とは，単なるランクづけではないことがみえてくる。

評価とは，ある行動を振り返り，その意味を明らかにすることであり，その結果を次の行動を「よりよいもの」にするために生かす，という一連の営みを意味している。

教育・保育の中での評価も，基本的には同じ構造をもっている。安彦[*]は教育評価の目的を，「狭義には『教育活動の改善』にある」としているが，学生食堂の例と同様に，教育・保育における評価は，教育・保育活動を「よりよいもの」にするために行われるものである。

では，教育・保育活動を「よりよいもの」にするために，なにをどのように評価し，それをどのように次につなげていけばいいのだろうか？ この章を通じて考えてみよう。

2 保育における2つの「評価」

保育における「評価」について，ここでは，「日々の保育実践をよりよいのものするための評価」と「園全体の保育をよりよいものにする（保育の質を高める）ための評価」の2点から考えてみよう。

(1) 日々の保育実践をよりよいものにするための評価

まず，「日々の保育実践における評価」について考えてみよう。幼稚園教育要領[**]（以下「教育要領」とする）・保育所保育指針[***]（以下「保育指針」とする）・幼保連携型認定こども園教育・保育要領[****]（以下「教育・保育要領」とする）では，次のように述べられている。

> 幼稚園教育要領「第1章　第4　指導計画の作成と幼児理解に基づいた評価　2　指導計画の作成上の基本的事項」より
> 「幼児の実態及び幼児を取り巻く状況の変化などに即して指導の過程についての評価を適切に行い，常に指導計画の改善を図るものとする。」

> 保育所保育指針「第1章　3　保育の計画及び評価（4）保育内容等の評価
> ア　保育士等の自己評価（ア）」より
> 「保育士等は，保育の計画や保育の記録を通して，自らの保育実践を振り返り，自己評価することを通して，その専門性の向上や保育実践の改善に努めなければならない。」

> 幼保連携型認定こども園教育・保育要領「第1章　第2　2　指導計画の作成と園児の理解に基づいた評価」より
> 「園児の実態及び園児を取り巻く状況の変化などに即して指導の過程についての評価を適切に行い，常に指導計画の改善を図るものとする。」

[*]安彦忠彦「カリキュラムの評価的研究」安彦忠彦（編）『新版 カリキュラム研究入門』勁草書房，p.181，1999

[**]文部科学省「幼稚園教育要領」2017

[***]厚生労働省「保育所保育指針」2017

[****]幼保連携型認定こども園については，第1，2章を参照のこと。

この記述にみられるように、日々の保育の中での評価は、保育の過程・指導の過程を振り返ることを通して、指導計画や保育内容を見直し・改善するという流れで行われる。これは、第2、3、4章でも学んできた「計画（Plan）→実践（Do）→評価（Check）→改善（Act）」という保育実践の循環性にも示されていることである。今日の保育・今週の保育・今月の保育を振り返り、そこからつかんだ幼児の実態をもとに、明日の保育・来週の保育・来月の保育の計画を立てる、その点で、評価という営みは、次の保育を構想するため（言い換えれば指導計画を作成する根拠として）に幼児の実態を明らかにすることであるといえる。この「日々の保育をよりよいものにするための評価」については、「2．日々の保育における評価」で具体的に考えていこう。

(2) 園全体の保育の質を高めるための評価

　もうひとつの「評価」は、「園全体の保育をよりよいものにする（保育の質を高める）」ために行われる評価である。これは、保育者自身が自己の保育を振り返ることを通じて専門性を高めること（保育者の自己評価）と、幼稚園・保育所等が保育の内容などについて自己評価をし、課題の明確化とそれに対する取り組みを行うことを通じて、保育の質を高めること（幼稚園・保育所等の自己評価）のふたつの点で行われている。このような評価は現在、幼稚園および保育所等の自己評価・外部評価と情報提供の推進という方向性のもと、幼稚園では「学校評価」の形で、保育所では「自己評価」と「第三者評価」の形で、法的な根拠をもって行われている。

　保育者の自己評価、幼稚園・保育所等の自己評価のどちらにしても、先にみた「日々の保育実践をよりよいものにするための評価」が、言い換えれば、日常的な評価の積み上げがその基礎にあることはいうまでもない。しかし、園全体の評価については、評価する項目がより多岐にわたっており、園内の組織運営や保護者・地域住民との連携など、園全体のありようを包括的に評価することが求められている。このことについては、「3．園全体の保育の質を高めるための評価」（p.235）で具体的に考えてみよう。

2. 日々の保育における評価

　本節では、「日々の保育における評価」について考える。まず、「なにを」「どのような目的で」「いつ」「どのような方法で」評価するのかについて述べる。そのうえで、評価の結果をいかに保育に生かしていくかについて述べたい。

1 なにを評価するのか

まず，具体的になにを評価することが必要なのかについて述べる。基本的には，次に挙げる3つの側面について評価することが求められる。

(1) 子どもの姿に関する評価

子どもの姿の評価とは，遊びや生活などの姿を振り返ることを通じて，子どもの実態を把握することである。その中で，子どもの行為を保育者自身が受け止めつつ，活動のプロセスの中で子どもたちがなにを楽しい，おもしろいと感じ，なにを学んでいるのかを明らかにすること，そこから，仲間関係の育ち，活動への興味や関心，発達の姿などの諸点を評価していくことになる。

(2) カリキュラムに関する評価

カリキュラムに関する評価とは，カリキュラムに示された内容が子どもたちにとってどのような意味があったかを評価することである。ねらいや内容は適切であったか，保育者が行った環境設定は適切であったか，子どもたちに投げかけたり提案したりした活動は妥当であったかについて，子どもが生活する姿（子どもの実態）から検討することがカリキュラムに関する評価である。

こうしたカリキュラムの評価は，日々の保育の内容を見直すことにもつながるし，園全体の保育の評価にも深くかかわっているといえる。

(3) 保育者のかかわりに関する評価

保育者のかかわりに関する評価とは，保育者の指導や援助が妥当なものであったか，子どもたちにどのような意味をもっていたのかを検討することを意味している。保育者の保育のあり方が子どもの姿に大きな影響を与えているということから考えても，保育者自身のかかわり方を検討することは，保育という営みの全体を評価するためにも重要である。こうした指導・援助に関する評価は，保育者自身の保育技術を高めるために必要なことであると同時に，保育者自身の価値観・保育観を鍛えるためにも必要な営みであるといえる。

ここで重要なのは，評価の基本には子どもの実態の理解があり，それがもとになってカリキュラムの評価，保育者のかかわりの評価が行われるということである。いうまでもなく，カリキュラムや保育技術はそれ独自として独立したものではなく，子どもの育ちの実現という目的の中で初めて意味をもつものであるから，カリキュラムに関する評価も保育者のかかわりに関する評価も，子どもの姿の評価との関連の中で行われる必要がある。

2 なにを目的に評価するのか？

本章の冒頭で，「評価という営みは，次の保育を構想するため（言い換えれば指導計画を作成する根拠として）に幼児の実態を明らかにすることである」と述

べた。「保育は子どもの現実からスタートする」という言葉に示されるように，1人ひとりの発達の特性に応じた保育を展開するためには，1人ひとりの子どもの姿を理解し，発達の特性をつかみ，その姿から，その子どもに育てていってもらいたいこと，そのために経験すべきことはなにかを具体化していくプロセスが必要である。目の前の子どもに即した保育を行うためのスタートとしての「乳幼児の実態の把握」が，評価の第一義的な目的なのである。

ここでポイントとなるのは，子どもの発達を「今，ここ」の姿，つまり「点」としてとらえて評価するのではなく，発達の道筋の一通過点としての「今，ここ」の姿といった「線」の中でとらえることである。ここでつかんだ発達の現状の理解をもとに，次はこういう姿になるのではないか，ここが発達の課題だな，ということを理解することが，将来の発達の姿の見通しをもった指導につながる評価を行うことになる。

発達という視点を子ども理解や評価のために用いるときに大切なのは，発達の一般的傾向に幼児をあてはめて「これができない」「あれができるようになった」と発達の優劣をつけるというような形で理解すべきではない。一般的にいわれる「発達の姿」というものはあくまでも平均値である。それゆえに，すべての子どもが同じ時期に同じ段階に到達するわけではない。ただし，一般的な発達の道筋は存在していると考えられる。子どもたちは，それぞれに個性的な形で，その道筋を，自分のペースでたどっていくのである。したがって，「発達段階に到達しているか」という発想に立つのではなく，1人ひとりの子どもがその道筋をどのように歩んでいるのかという「発達過程の中の今」を読み取ることが必要である。

「発達過程の中の今」を読み取る際に合わせて重要なのは，1人ひとり異なる発達の姿を「これから伸びゆく姿」だと，その可能性を信じて，プラスに見ることである。

幼稚園教育指導資料第3集「幼児理解と評価」[*]では，子どものよさをとらえる目を保育者がもつために大切なこととして，
・さまざまな幼児の姿を発達していく姿としてとらえる
・その幼児の持ち味を見つけて大切にする
・教師自身のものの見方をプラスの方向に変えていく
の3点を挙げている。

保育者が「こんなことができない」「なんでこういう風にしかできないのかしら」と子どもを否定的な目で見ていることは，子ども達に伝わっていくものである。とくに，日常的な子どもへの言葉がけや表情，かもし出す雰囲気の中に保育者自身の子どもへの評価が表れてくることから考えても，保育者の子ども理解の方向性は子どもに大きな影響を与えている。子どもの姿を「これから育ち行くも

＊文部省「幼稚園教育指導資料第3集　幼児理解と評価」チャイルド本社，1992

のだ」という可能性を信じて肯定的にとらえることは，子ども自身が受容されている安定感をバネに，自信をもって物事に向かっていく態度を培うことにつながる意味でも重要である。

3 子ども理解の方法

しかし，一口に「乳幼児の発達の姿の把握」といっても，子どもを理解するという行為は簡単なものではない。さまざまな姿を見せる子どもの姿を「理解する」という営みは，どうあるべきなのだろうか？　また，次の保育につながるような子ども理解のあり方とはなにを理解することなのだろうか？

ここでは，そうした問いから，子どもの理解にはどのような方法があるのかについて考えていこう。

たとえば心理学では，代表的なものとして次のような方法が用いられる。

- **実験を行う**：「実験」と聞けば，ピアジェ*が行った保存の概念の実験などを連想する人が多いだろう。ある一定の条件下で与えられた課題に対する被験者（子ども）の反応によって情報を得る方法である。
- **子どもに聞く（面接法）**：ある特定の事項に関する質問を行い，その回答をもとに情報を得るという方法である。
- **検査（テスト）を行う**：発達や学力といった指標に基づいた尺度を構成し，その尺度の範囲で情報を得る方法である。学力を理解するためのペーパーテストや，子どもの発達を理解するためのさまざまな発達診断検査がこれにあたる。
- **観察する（観察法）**：子どもの行動を見ることによって情報を得る方法。

これらの方法は，どのような側面を理解するのか，という目的によって使い分けられている。しかし，実験を行う，子どもに聞く，検査を行うといった方法が，限定された範囲の情報を集めることを目的としているのに対して，観察を行うことはより包括的・多面的な情報を集めることができる可能性をもっている。そして，保育の中で行われる情報収集は，この「観察する」という方法で行われることが中心である。

「観察する」と一口にいっても，観察の種類としてはいくつかの方法に分かれている。代表的なものとして次の3つが挙げられる。

- **自然観察法**：観察者が観察対象の子どもと距離をおいて，子どもに対して影響を与えない原則のもとで，対象者の行動を細部にわたって記録していく方法。子どもの生きいきした姿がとらえやすい方法だが，観察の精度と妥当性が観察者のセンスによって左右されやすいという問題がある。
- **組織的観察法**：自然観察法が主観に陥りやすいことを克服するために考えられた方法。観察者が観察対象の子どもと距離をおいて，子どもに対して影響を与

*J. ピアジェ（1896～1980）。スイスの発達心理学者。子どもとおとなの思考構造の違いを研究し，精神発達における4つの重要な概念すなわち「自己中心性」「保存」「操作」「均衡化」を示した。心理学を意識の科学ではなく行動の科学ととらえ，発生的認識編を発展させた。

えない原則のもとで、あらかじめ観察する目的と観察する観点を定めたうえで、予測される行動リストをつくり、その行動が起こったらチェックすることを通して情報を収集する。比較的客観的に子どもの行動を理解することはできるが、子どもの心の動きや、予測不可能な状態が起こったときに対処できないという問題がある。

- **参加観察法**：観察者自身が、観察の対象である子どもの行動にかかわりながら行う観察。

このようにみていくと、日常的に保育者と子どもの関係の中で行われるのは、参加観察法だといえる。この方法は、観察者である保育者の主観に左右されてしまったり、観察の精度が低かったりするので、データを取って数量的に分析することには適してはいない。しかし、保育という営みは人間と人間のリアルな関係の中で行われるものであることから考えると、参加観察法、つまり保育者が子どもにかかわりながら、その関係の中で生み出された姿を理解することこそが、保育の中での子ども理解の方法だと考えられる。

しかし、先にみた自然観察法や組織的観察法が保育にとって意味がないのかというと、そうではない。定期的に自然観察法や組織的観察法を用いることは、さらに深い子どもへの理解へとつながると考えられるので、月に1回、学期に1回などのサイクルを決めて観察を行うことは必要であろう。

だが、子ども理解の重要性が理解されただけで、目の前の子どもに即した保育を展開するために必要な実態の把握ができるわけではない。そこには、保育者がどのような視点で子どもの実態を把握するのかという問題が存在しているのである。次に、この点について考えていこう。

4 評価の「視点」の重要性

(1) 数ある情報の中からなにを選択して「見る」のか？

今、あなたの目の前に繰り広げられる風景を観察してみよう。保育についての講義を受けているのかもしれないし、電車の中で、このテキストを読んでいるのかもしれないが、そこであなたはなにを見て、なにについての情報を得ているのだろうか？　講義中ならば、目の前で授業をしている「先生」がいて、「黒板」があって、黒板には「保育における評価」と書かれており、保育の中での評価についての「講義」が行われている（かもしれない）。その上には時計があり、窓のそとには雲が流れ、木々の緑が美しい（のかもしれない）。それだけではなく、ここに書いた以外にも、何十種類もの「情報」があなたの目の前に存在している。そうしたたくさんの情報の中のいくつかを、あなたは選択して見ているのである。

しかし、あなたの隣で講義を受けている人は、あなたと同じ情報を見ているの

だろうか？　もしかしたら，「あの先生，髪の毛に寝癖がついたままやわー」と授業をしている先生の身なりを見ている（情報を引き出している）のかもしれないし，黒板に書かれた文字についての情報を得て，「あの字，汚いなー」と品定めしているかもしれない。窓のそとに流れる雲を見つめながら，宇宙と交信している人もいるかもしれない。つまり，目の前でなにかの現象が起こっていても，その現象からどのような情報を引き出すのかは，その人の関心がどこにあるのかによって異なってくる。

　このことは，保育でも同じである。保育の中で子どもたちの姿からなにを感じ取り，どのような情報を引き出すのかは，保育者によって異なってくるのである。

(2) 評価するには視点が必要

　子どもの行動を「なんとなく」見ているだけでは，情報は得られない。数人の子どもたちが砂場で遊んでいる場面を見るとき，保育者が「あー，なんか砂遊びしてるわー」と漠然と見ている場合と，「なにをつくっているのだろうか？　どんな表情なのだろうか？　どんな会話を交わしているのだろうか？」と考えながら子どもたちの姿を見ている場合では，子どもに対する理解が相当変わってくる。しかし，子どもの姿を詳細に見ていくことが必要だというものの，先の授業風景の例でも明らかなように，すべての情報を1人の保育者が得ることは不可能である。

　図10-1は，これを図式化したものである。左のイラストが子どもの生活する姿であり，右に書かれているのが保育者の眼を通して引き出された情報であるが，右側に書かれている「情報」は，保育者のもつ視点を通して抽出された情報であることに自覚的であることが求められる。再び，先の砂場の遊びの例を挙げれば，「子どもたちの力関係はどうなっているのか？」という視点を通して子どもの姿を見るから，「シンイチロウくんは，ミキコちゃんに言われたことが本当は不本意だけど，逆らえないから従ってしまっている」という情報が得られるのであるし，「遊びの中での子どもたちがもっているイメージはどうなっているの

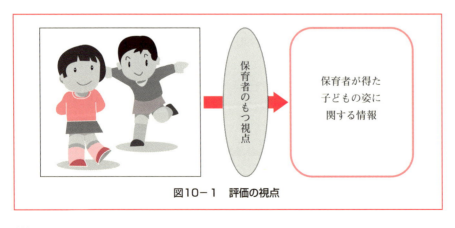

図10-1　評価の視点

だろうか？」という視点を通して子どもの姿を見るから「ケンタくんは，駅の名前や運転手や車掌さんなどの役割をより本物らしくすることで，電車ごっこをよりリアルなものとして追求することをおもしろいと感じているけれど，シュンくんはダンボールに入って，自分が電車になって走ることがおもしろいと感じている」という情報が得られるのである。

このように考えていくと，子どもを理解するという行為において保育者は，何らかの視点を必要としているのである。

(3)「視点」を自覚し，問い続けること

問題は，その視点としてなにを採用するのかということである。この視点の内容と質は保育全体に大きな影響を及ぼすのであり，子どもにとっても大きな問題となる。

では，この視点はなにによって形づくられ，どのような根拠で1人ひとりの保育者に選択されているのであろうか？

結論からいうと，この保護者の視点は，保育者自身の保育に対する考え方（保育観），子どもに対する考え方（子ども観），発達に対する考え方（発達観），保育者自身の価値観といったものでつくられているし，それらを根拠として選択されるものである。

具体的に考えてみよう。ヨシノリくん，タカコちゃん，チソンくんの3人が共同で絵を描いている。表現する力を育てることが大切だという保育観・発達観に立っている保育者であれば，この場面を見る際に，子どもの表現力の育ちに関する視点に重きを置くだろうし，仲間関係の育ちが保育の中心的課題だと考える保育観・発達観に立っている保育者であれば，リーダーシップを執っているのは誰か，自分の思いを出せていない子どもは誰か，という仲間関係の育ちに関する視点に重きを置くことになる。また，製作中にヨシノリくんとタカコちゃんがけんかをはじめた場合,「争うことはよくない」という価値観をもった保育者であれば,「けんかは止めなければ」という評価を行い，けんかを止めるだろう。しかし,「自己主張が大切」という価値観をもった保育者であれば，今までタカコちゃんの言いなりだったヨシノリ君が自分の意見を出しているのは成長の現れだと評価し，しばらくの間，けんかを止めずに見ているであろう。保育者の保育観・子ども観・発達観・価値観によって，子どもの理解のしかたも評価も異なり，その結果として現れる指導や援助も異なるのである。

保育者はこの「自己の視点を通して子どもを理解する」ということから逃れられない。ならば，その宿命を受け入れたうえで，自分のもっている視点を子どもにとって意味のあるものにする，子どもの視点に立つことが保育者に与えられた使命なのである。そのためには，自分のもっている視点がなにかを自覚し，これ

は本当に子どもたちにとって意味のあるものなのかを問い続けなくてはならない。そのことはひいては，自分の保育観，子ども観，発達観，価値観を問い直し続けるということにつながっている。

では，この問い直しはなにによって可能なのであろうか？

1つには，ほかの保育者が行う子ども理解に触れることである。自分以外の保育者が行う子どもの理解は，自分がもっているものとは異なる視点を通してなされたものである可能性が高い。つまり，ほかの保育者の子ども理解に触れることは，自分がこれまでもち合わせてこなかった新たな視点の存在に気づくということを意味している。その視点を選択するにせよ，しないにせよ，異なった視点から子ども理解・評価に触れる経験は，自らのもつ視点の問い直しにつながる。

2つには，保育や発達に関するさまざまな理論に触れることである。このことは間接的かもしれないが，自分のもつ視点の問い直しや質の向上につながる。保育者養成校で行われている教育原理や心理学などの授業は，この点から考えても重要なのである。

3つには，子どもの姿から自分のもつ視点を問い直すことである。とくに，保育者自身が「この子どもの行動をどう理解したらよいのだろうか？」と悩む場合，それは自己の視点がその行動を理解するにはふさわしくない，ということを示している。このとき，保育者は無理矢理自分のもっている視点に子どもの行動をあてはめて解釈するのではなく，「なぜ？」を問い続けなくてはならない。そうすることが，真に子どもの側に立った視点を獲得することにつながるのである。

5 子ども理解のための基本的視点

先に見たように，子ども理解の視点は多様であり，保育者の保育観，子ども観，発達観，価値観によって左右されている。しかし，基本的な子ども理解の視点は，さまざまな違いを超えて共通したものがあるとも考えられる。以下で，基本的な視点について考えてみよう*。

（1）外側に現れた姿から子どもの内面を見ること

基本的な視点の1点目は，外側に表れた子どもの姿の理解を通して，子どもの内面を理解するということ，つまり目の前の子どもが，今,なにに興味・関心があり，なにを楽しんでおり，どんな感情をもっているのか，などを理解していくことである。

評価の客観性ということがいわれ，教育評価に関する研究も，いかにして客観的な評価の視点を確立するかを求め続けてきたといっても過言ではない。しかし，客観的な評価ということを安易に考えると,外側に表現される「目に見えるもの」だけを問題にし，その情報に依拠して評価を行うという弊害が起こってくる。

*玉置哲淳「指導計画の考え方とその編成方法（シリーズ子ども発の指導計画）」，北大路書房，2008

しかし、表面に見えている子どもの姿は、その子どもが内面にもっている気持ちや認識などの結果として表現されるものであることを考えると、表面的な姿のみを問題にすることでは教育の役割を果たせない。とくに保育の場合、子どもの心を育てる営みが保育であることから考えれば、表面的な行動だけで子どもを評価することはできないことは明らかだろう。このことから考えると、保育者は、子どもの生活する姿の観察を通して、1人ひとりの子どもの内面（気持ちや認識）を見ることが求められる。

しかし、ここで問題が発生する。自分以外の人の内面を理解するということは完全には不可能であり、その理解は、主観的にならざるを得ないということである。つまり、保育者が子どもを理解するといってもその理解は推測の域を出ない。果てしなく「○○だろう」のレベルでの理解なのである。ここに子ども理解の難しさがある。

だが、よりたしかな推測を行うことは可能である。このためには、主として次の2点が重要になる。

1つには、外側に見える行動を十分に検討することであり、もう1つは、子どもとともに生活する、子どもに寄り添うことによって、子どもを共感的に理解するということである。

共感とは、「相手の立場に立ち、相手の感じている感情を追体験しようとする」ことである。保育者自身が子どもと触れ合い、子どもの思いに寄り添っていこうとすること、共感的に理解しようとすることで初めて保育者は子どもの内面を推察することができる。

(2) 活動の系と関係の系

基本的な視点の2点目は、「活動の系」と「関係の系」から子どもを理解するということである。

たとえば、レストランごっこをしている子どもたちの姿を理解する際に、「レストランごっこをどのようにしているか」という活動のしかたを理解するという視点（活動の系）と、その「レストランごっこの中でどのように人とかかわっているか」という活動の中で、人とのかかわりを理解するという視点（関係の系）の両方をもつことが必要である。

ここで重要なのは、「関係の系」の理解については、「関係論的な視点」をもって子どもを理解することである。子ども理解というと、ある特定のナオキくんならナオキくんの、マキちゃんならマキちゃんのことを理解することととらえられるかもしれない。しかし、人間は関係の中で生きている存在である。マキちゃんが何度誘っても鬼ごっこに参加してこないのは、クラスの友だちが「マキちゃんは走るのが遅いから、すぐ捕まえられるで。だから、最初にマキちゃんを狙おう」

と考えていることを，マキちゃんが経験的に感じているから参加してこないのかもしれない。また，ナオキくんがこのごろ，泥だんごづくりに夢中なのは，友だちのチエちゃんや担任のマサコ先生に「ナオキくんのおだんご，すごーい！　ピカピカに光ってるやん！　だんご名人やなあ」と言われ認められたことの結果かもしれない。佐伯＊は，個人がもっている能力やパーソナリティは「当人とその周辺の人々，さらにそれを取り巻く世界との関係の中で，特有の形で『たち現れる』行動特性」であると述べているが，人との関係の中で，「その子ども」のあり方が規定されていくのである。そして，その子どもの生活する姿は，周囲の人との関係性が変わることを通して変容していくことが多い。つまり，その子ども個人に対してのみのはたらきかけだけでなく，周囲の関係性の変化も同時に考えていくことが必要なのである。このことから考えると，子どもを理解するという営みは，ひとりの子どもにのみ着目することでできることではない。その子どもを取り巻く周囲の人々との関係の網の目の中で理解することが必要となるのである。

＊佐伯胖「幼児教育へのいざない」東京大学出版会, 2001

(3) 2つの基本的視点を掛け合わせて考えると

上記の「外側に表れた姿から子どもの内面を見る」という視点と，「活動の系と関係の系から理解する」という視点を掛け合わせて考えてみると，表10-1のような構造になる。

表10-1　子ども理解の基本視点（玉置哲淳氏の「関係活動モデル」を参考に作成）

	外側に見える姿	子どもの内面
活動の系	外的活動 ・どのように活動しているか？　行為・発話　など	内的操作 ・活動にかかわるイメージ・知識　など ・活動への興味・関心 ・なにを楽しんでいるか？　など
関係の系	外的活動 ・人とどのようにかかわっているか？	関係のイメージ（他者認識） ・まわりの子どもは，この子どものことをどのように見ているか？
		自己のイメージ（自己認識） ・その子ども自身は，自分のことをどう見ているか？

この表を具体的に説明すると，次のようなことがいえる。

「活動の系」については，外側に見える子どもの遊び方の姿（外的活動）から，1人ひとりの子どもが感じているおもしろさや楽しさ，遊びへの興味・関心といった情意面，遊びの中でのイメージや知識などの認知面（内的操作）を理解することにつながる。こうした活動についての情意面や認知面を理解することによって，保育者は，次の保育の中で子どもたちになにを育てていけばいいのかを見通すことが可能になる。

たとえば，玉入れの最中にしばしば遊びから抜け出してしまうユタカくんは，自

分が属している白組の白玉をたくさん集めては，かごとはまったく関係のない方向に向かって投げていて，投げるたびにうれしそうな表情をしている。玉を数えている間はよそ見をしているが，「白組の勝ち！」と保育者が言うと，チームの友だちと「やったー！」と喜び合っている姿を見せているとしよう（外的活動）。そこから推察されるのは，ユタカくんにとっては，「白組」であることは理解できていて，自分のチームが勝ったということは喜びである。しかし，玉入れの遊びについては，「目標に向かって玉を投げ，入ったら課題達成」というおもしろさは感じておらず，「玉を投げる」という運動的な快がユタカくんにとっての玉入れのおもしろさであるということである（内的操作）。こうした理解のもとで，ではどうしていけばユタカくんの玉入れの遊びのおもしろさをふくらませていけるのか，そのためにどのようなねらいで，どのような保育を展開していくのかを考えることが初めて可能になるのである。

「関係の系」から子どもの内面を見るということは，活動の中での人とのかかわりの姿から，相手に対する見方や自分に対する見方といった「関係のイメージ」「自己のイメージ」を理解することにつながっている。

絵本「とらくんとぼく」*（カザ敬子文・絵）に登場するトラの「とらくん」とねずみの「ぼく」の姿を例に考えてみよう。とらくんがいつもねずみの「ぼく」のことを子分のように扱っているのは，とらくんが「ねずみくんは弱い」という見方（他者認識）や「俺は強い！」という自分自身への見方（自己認識）をもっていることや，ねずみの「ぼく」が「とらくんは強くて恐い」という他者認識や「僕はただのちっさいねずみ」「弱い」という自己認識を，「ぼく」自身がもっていることが原因となっている（この絵本では，物語の中盤で，ついにねずみくんが怒ってとらくんに怒鳴り，それがもとで関係が変わっていく）。このような理解に立つと，とらくんとねずみくんの関係性を変えるには，なにを変革しなくてはならないかが見えてくる。少なくとも，保育者が「仲よくね」と言って，表面的な関係を変えることだけを目指しても，関係の本質は変わらないということは明らかであろう。そのような関係行動を生み出している子どもの内面（自己認識や他児認識）がなんであるのかを理解することによって初めて，子どもの仲間関係の変革の道筋が見えるのである。

*文・絵，カザ敬子「とらくんとぼく」西村書店，1996

（4）子ども理解の視点の例

以上のような点を原則としながら，子どもを理解する際の視点を，各園の保育の保育方針をもとに，また，保育者自身の保育観をもとにより具体化していく必要がある。

当然ながら，この視点にも1つの決まった形はないのであるが，具体的な視点の考え方として，3つ挙げてみよう。

1つ目の考え方は、5領域をもとにして考えるということである。領域は、「発達を見る窓」であり、子どもの姿を理解するための視点として採用されるべきものである。また、領域の視点からの理解と整理は、後に述べる「幼稚園幼児指導要録」や「保育所児童保育要録」の記入につなげやすいという利点をもつ。ただし、周知の通り、領域概念は「活動の区分を示したもの」ではないので、領域の視点から理解した子どもの姿を、具体的な活動にいかに結びつけるのか、という点においては若干の難しさがある。領域の視点から理解した姿を活動の文脈に丁寧に置き換えながら、総合的な判断をすることが求められる。

　2つ目の例（表10－2）は、1992年版の幼稚園教育指導資料集第3集「幼児理解と評価」に挙げられているE教師が採用している個人票の例である[*]。ここでは1人ひとりの子どもについて、幼稚園の指導の重点などからヒントを得て、「興味・関心」「遊びの傾向」「自然へのかかわり」「人とのかかわり」「生活への取り組み方」の5つの視点を取り上げ、それについて期ごとに評価を行っているが、こうした視点を設けることは、1人ひとりの子どもの環境へのかかわり方や興味・関心を理解することにつながっていると考えられる。

　表10－3に示した3つ目の例[**]は、活動モデルと呼ばれるものを用いた例である。このモデルは、人とのかかわりを軸に子どもの活動を「表面に見えている子どもの姿」と「遊びや活動に対し子どもが実際にもっている気持ちと認識」の2つの大きな視点に分け、さらに「表面に見えている子どもの姿」として「外的操作」「関係の形態」を、「遊びや活動に対し子どもが実際にもっている気持ちと認識」として、「内的操作」「関係のイメージ」「自己のイメージ」といった視点を採用している。そして、これらの視点から明らかになった子ど

表10－2　個人票

幼児名	
興味・関心	
遊びの傾向	
自然へのかかわり	
人とのかかわり	
生活への取り組み方	

＊文部省「幼稚園教育指導資料第3集　幼児理解と評価」チャイルド本社，1992

＊＊人権と仲間関係研究会「人権と仲間関係2002　遊び集団の発展を考える－子どもの身体の動きと対話に着目して－」解放出版社　p.48～50

10章 よりよい保育に向かう評価

表10-3 活動モデル（例）

幼児名　　　Eちゃん（5歳児）
活動名　　　ごっこ遊び（お店ごっこ）

	外的活動		内的活動			保育の課題
	B1　外的操作（実際の活動のようす）	B2　関係の形態（そとに見える人とのかかわりの姿）	A1　内的操作（遊びや生活のイメージをどのようにもっているか）	A2　関係のイメージ（まわりの子どもが、この子どもをどのように見ているか）	A3　自己のイメージ（遊びや活動に対してどう思っているか、自信がある、ないなど）	
1の段階 Ⅰ期 （5月末の姿）	・ごっこ自体が成立しない。折り紙など操作的な遊びを行う。	・ひとりでいる。ごっこに保育者が誘っても「しない」と拒否。 ・ほかの女児はEをいっしょに遊ぶ相手と見なしていない。誘う関係はない。	・ごっこはひとりではできないから、やらないでおこう。	・女児はいっしょに遊ぼうとしない。Eちゃんと遊んでもおもしろくないし、急に怒ったり、自分たちのイメージを受け止めてくれへんからいややと思っている。	・わたしは友だちができない。しかたないからひとりで遊ぶ。 ・遊ぼうって言ってもきっとけんかになる。	・いっしょに遊ぶ友だちを保育者が仲立ちとなって見つける。 ・ごっこを成立させていく中でEちゃんのごっこのイメージをつかんでいく。
2の段階 Ⅱ期 （7月末の姿）	・レストランごっこをする。つくる操作が遊びの中心。土を入れる。混ぜるなど。 ・客が来ると笑顔で「なんにしますか？」と聞いていく。 ・バスに乗って買い物に行くなどのイメージをもって実行していく。	・Iといっしょにレストランごっこをする。イメージのやりとりは「わたし、スパゲッティをつくる」など操作内容にかかわること。ものや空間の準備などの会話はない。 ・ものの準備など保育者といっしょに行う。	・お家ごっこでご飯をつくろう。レストランでつくるメニューを知ってるよ。 ・お店で使うものをバスに乗って買いに行こう。	・Iは「Eちゃんといっしょに遊ぶと楽しい」と思っている。 ・ほかの女児はEちゃんと遊ぼうと思わない。なんでEちゃんはいつもゆっくりしてたり、やらへんって言うのやろ。	・I君はわたしと遊ぶのが楽しいと思ってるからうれしい。 ・友だちができてきてうれしい。 ・明日もI君と遊ぼう。	・レストランごっこに対するイメージを十分にふくらませていく。 ・必要なものや場所の設定など、保育者も提案したり、いっしょに行う中で、レストランのやり取りを楽しんでいけるようにする。 ・Iとの関係を軸に、さまざまな子どもが客として来るような状況をつくり、Eちゃんの遊びを知らせていく。
実現した姿（ねらい）	・自分の得意な役があり、その中で役割にふさわしい言動をしながら、ドラマ性をつくり出していく。 ・遊びの中でのイメージをいっしょに遊んでいる人に伝えていったり、提案したりする。 ・遊びに必要なものの準備などが自立的に行えるようになる。	・いっしょに遊ぼうと声をかけられる関係がある。 ・遊びの中で、自分から積極的に話しかけたり、提案したりすることを自然にできるし、相手も受け入れる関係がある。	・ふりのみでなく、ドラマ性をつくり出す遊びのイメージをもっている。	・Eちゃんのお母さん役おもしろいやんなあなど、いっしょに遊ぶことを楽しむ人がいる。	・明日も○○ちゃんと遊ぼうと期待をもてる。 ・わたしは○○役好きやし、やりたいって言ったらできると思う。	

もの姿をもとに，年度終了時にはこういった姿にという保育者の願いを「実現したい姿（ねらい）」として挙げ，それを実現するために今の保育課題はなにかを期ごとに明らかにするという方法を採っている。

このような視点を設けることは，子どもの仲間関係を軸に1人ひとりの子どもの育ちを理解し，保育の課題を明確にすることにつながっている。

6 日々の保育における評価をいかに進めるか
〜「子ども理解から指導計画作成へ」のプロセス〜

これまで見てきた子ども理解の視点を踏まえて，日々の保育における評価をどう進めていけばいいのだろうか？　以下では，初めに「保育記録を取る」ことの意味を考えたうえで，「子ども理解から指導計画作成へ」のプロセスを考えてみよう。また，より包括的な評価としての「幼稚園幼児指導要録」「保育所児童保育要録」「幼保連携型認定こども園園児指導要録」について言及する。

（1）保育記録を書く

保育が終わった後で保育者は，1日の保育の記録を書く。この保育日誌あるいは保育記録と呼ばれるものは，なにを目的として書くのだろうか？　それは，これまで見てきたように，記録を書くという行為を通じてその日の保育を評価し，子どもの行動を意味づけるためである。

書くという行為は，単に「記録を残す」ためだけに行われるものではない。「保育記録を書く」という行為を通じて，保育者自身が自分の頭の中でその日の保育をもう一度再現し，保育中では気づかなかった子どもの行動，保育者のかかわり，環境設定や保育内容についての「意味づけ」をしていくのである。つまり「書くこと」によって，新たな気づきを得ることが保育記録を書くことのもう1つの意味なのである。

このことを，津守は次のように記している。

「保育の実践の最中には，未来の展開は未知なままに，子どもの行為の流れを追いながら，保育者は各瞬間を子どもとともに過ごし，ともに生活を形成してゆく。そのとき，大人は，行為の水準で子どもの世界を理解しているといってよいだろう。実践の後には，一日の展開を終えた時点で，子どもが生きていた世界に改めて目をとめる余裕ができる。具体的な行為の流れを思い起こし，ことばでなぞってみる。その時，場面は選択され，ことばが選ばれる。そこには，私の理解の仕方が反映される。子どもとともに時を過ごしていたときには漠然と理解されていたことが，距離をおいて見る時に，より明確に意識化され，省察によって意味を与えられる。」＊

日々の保育記録を書くときの形式としては，その日のエピソードを日記のように

＊津守真『子どもの世界をどうみるか―行為とその意味』NHK出版，1987

記録していくという形式が，おそらくもっともよく採用されている形式であろう。このエピソード記録の利点は，エピソードを書くことによって，先に見たような「その日の保育をもう一度再現する」ことを可能にすることである。活動が生み出され，展開し，終結するまでのプロセスを振り返り，その中で子どもたちが感じていたこと，学んでいたこと，経験したことを整理していく。また，保育記録を書いているときは意味づけられなかった子どもの行為をそのまま記録し，保育者の心にとどめ続け，「あれはどういうことだったのかな？」と考え続けるためのメモとしての役割をもっていることも，エピソード記録の利点である。そのため，このようなエピソードの記録はそれ自体としても記録としての価値をもっている。

しかし，保育を総括的に評価しようとするときに，このエピソード記録だけでは，評価は難しい。また，保育者自身がもっている視点の偏りを問い直すことが難しい面もある。そのため，ある一定期間を設けて，保育記録を特定の視点のもとに整理することが必要になってくる。こうした整理された形での評価を行うことが，子どもの育ちを総括的かつ確実に評価することにつながる。また，「わたしはアレックスくんがなにに興味をもっているかを見てこなかった」と1人ひとりの子どもに対しての理解が不十分な点に気づいたり，「わたしは子どもたちがどんなふうに自然とかかわっているかをあまり見ていないなあ」といった保育者自身の視点の偏りに気づいたりすることにもつながる。そして，そうしたプロセスが，保育者自身の視点を問い直すことにもつながるのである。

(2) 保育記録を実践につなげる

これまでも繰り返し述べてきたように，評価という営みは，次の保育を構想するために，言い換えれば，指導計画を作成する根拠として幼児の実態を明らかにすることである。では，そのために，具体的にはどのようなプロセスで，保育記録を実践につなげていけばよいのであろうか？　下記で「子ども理解から指導計画作成へ」のプロセスを，「①子どもの活動する姿の理解→②活動の姿と関係の姿を整理する→③保育課題の明確化→④指導計画の立案へ」の4つのステップで考えてみよう。

①子どもの活動する姿の理解

まず，子どもの活動する姿，外側に見えた姿を整理してみよう。遊びの中で，生活の中で，1人ひとりの子どもたちがどのように行動し，どのように人とかかわっていたのかを，保育の記録をつけることを通して整理する。これは，日々の保育終了後に行われることでもあるし，1週間の保育が終わったとき，1か月の保育が終わったときなど，保育の節目で行われることもある。

このとき，クラスの子どもたち1人ひとりの姿が浮かんでいるかどうかを合わせて意識する必要がある。「今日はジュンコちゃんがどのように遊んでいたかを

記憶していない」といった事実はしばしば起こることであるが，そうした「見切れていなかった」事実に自覚的であることも，保育者に求められる姿勢である。

②活動の姿と関係の姿を整理する

　子どもの活動する姿をとらえる中で，子どもの内面を推測していこう。ケーキ屋さんごっこをしていたトモコちゃんはなにを楽しんでいたのか，どんなイメージを楽しんでいたのか，それをじっと見ていたマミちゃんは，どんな気持ちだったのかなど，1人ひとりの子どもの内面を，活動にかかわるもの，関係にかかわるものについて考えていく。このプロセスは，実際には，「活動する姿」をとらえる中で同時に考えられているものであるし，保育をしながら考えている場合も多いのだが，ここで再考してみることが重要である。先に挙げた津守真氏の言葉のように，省察することを通して，子どもの内面の世界に迫っていくのである。

　こうした理解のうえで，子どもの活動の姿と関係の姿の特徴を整理する。1人ひとりの子どもがどのように活動しており，それにかかわる情意面・認知面の特質はなにか，子どもたちはどのような関係をつくり出していて，その中にある相手や自分に対する思いはなんであるのかを整理する。

③保育課題の明確化

　保育課題を明らかにすること，つまり，今，目の前にいる子どもたちの実態をもとに，子どもの育ちや活動，関係などのさまざまな点について，どのような点が課題であるかを明らかにし，どのような姿になってほしいのかを見通すことは，次の指導計画をつくるための根拠となるものである。

　たとえば，レストランごっこをしている子どもたちがいるとしよう。子どもたちのようすを観察すると，土や葉っぱ，花びらなどの自然物を使ってさまざまな料理やお菓子をつくっている。そして，それらを机の上に並べて「レストラン」という空間をつくり出している。しかし，そこにはお客さん役がいないので，子どもたちは「料理をつくる」ということは楽しんでいるが，お客さんとお店の人というやり取りがなく，「仕込みだけで客が来ない倒産寸前のレストランごっこ」になっている姿があり，子どもたちが充実感を味わえていない実態があるとしよう。その場合の保育課題として，1つには「子どもたちがレストランごっこの中でやり取りを楽しめるようになる」ことが浮かび上がってくる。また，「レストランの人」の中で，「幼稚園に1つしかない，立派な土ふるいの網」という子どもたちの憧れの的の道具があるのだが，それを使っているのは特定の子どもだけで，「あのおもちゃ，私も使いたいなあ」という気持ちをもってはいるがそれを言い出せない子どもがいるし，おもちゃを使っている子どもたちも日常的にその子どもの主張を受け入れることがない実態があるとしよう。その場合の保育課題としては「いつも○○ちゃんばっかりで，ずるい」と言える力を育てていくことが挙げられ

るだろうし,「友だちの思いに気づき,それを受け止めること」,つまりは「対等な関係を子どもたちがつくり上げる」ことが挙げられるのではないだろうか。

このように,保育課題を整理することを通して,活動の系に関しては「こんな活動の楽しさや喜びを味わってほしい」,関係の系に関しては,「こんな関係をつくってほしい」という見通しが立つのである。いずれにせよ,子どもの姿の評価をもとに,「こんな姿になってほしい」という保育者の願い・ねらいを明確にすることが必要なのである。

④指導計画の立案へ

保育課題を明確化する中で見えてきた「こんな姿になってほしい」という保育者の願い・ねらいを実現するための経験内容,活動のありよう,環境構成,保育者の指導・援助の方向性を明確にし,指導計画を作成していくことになる。この点については,第2,3,4章で学んだことをもとに考えてほしい。

重要なのは,指導計画に示された「ねらい」や「経験内容」「活動」などが,子どもの実態を反映していること,言い換えれば,「評価」のプロセスから導き出されたものになっているかどうかである。

(3) より包括的な記録としての「幼稚園幼児指導要録」「保育所児童保育要録」「幼保連携型認定こども園園児指導要録[*]」

こうした日常の評価の積み上げとつながっているのが,「幼稚園幼児指導要録」「保育所児童保育要録」「幼保連携型認定こども園園児指導要録」である。「幼稚園幼児指導要録」(以下「指導要録」とする)については,学校教育法施行規則により作成を規定されており,「保育所児童保育要録」(以下「保育要録」とする)については,保育指針において規定されており,日常の保育の評価の集積としてとらえられる。

指導要録については,各幼稚園において「学籍に関する記録」は20年間,「指導に関する記録」は5年間保存しなければならない重要な書類である。また,幼児が小学校に進学する際には,指導要録の抄本または写しを送付することになっており,幼稚園での子どもの育ちが小学校に受け継がれることになる。指導要録の「指導に関する記録」は,「1年間の指導の過程とその結果を要約し,次の年度の適切な指導に資するための資料としての性格をもつもの」とされており,「指導の重点等」「指導上参考となる事項」の2つの欄から構成されている。

「指導の重点等」については,各幼稚園の教育課程に基づく「学年の指導の重点」と,この1年間の指導の過程において「その幼児の指導について特に重視してきた点」を記入することとなっている。また,「指導上参考となる事項」については,教育要領第2章「ねらい及び内容」に示された各領域のねらいを視点として,1年間の指導の過程を振り返り,その幼児の発達の実情から,向上が著し

[*] 幼保連携型認定こども園園児指導要録の標記については,「幼保連携型認定こども園園児指導要録について(通知)」(平成27〈2015〉年度1月)に記されている。

いと思われるものとともに，次の年度の指導に必要と考えられる配慮事項などに

幼稚園幼児指導要録（指導に関する記録）

			指導の重点等	平成　　年度	平成　　年度	平成　　年度	平成　　年度
ふりがな 氏名				(学年の重点)	(学年の重点)	(学年の重点)	(学年の重点)
生年月日	平成　　年　　月　　日			(個人の重点)	(個人の重点)	(個人の重点)	(個人の重点)
性別							
ねらい （発達を捉える視点）			指導上参考となる事項				
健康	明るく伸び伸びと行動し，充実感を味わう。						
	自分の体を十分に動かし，進んで運動しようとする。						
	健康，安全な生活に必要な習慣や態度を身に付ける。						
人間関係	幼稚園生活を楽しみ，自分の力で行動することの充実感を味わう。						
	身近な人と親しみ，かかわりを深め，愛情や信頼感をもつ。						
	社会生活における望ましい習慣や態度を身に付ける。						
環境	身近な環境に親しみ，自然と触れ合う中で様々な事象に興味や関心をもつ。						
	身近な環境に自分からかかわり，発見を楽しんだり，考えたりし，それを生活に取り入れようとする。						
	身近な事象を見たり，考えたり，扱ったりする中で，物の性質や数量，文字などに対する感覚を豊かにする。						
言葉	自分の気持ちを言葉で表現する楽しさを味わう。						
	人の言葉や話などをよく聞き，自分の経験したことや考えたことを話し，伝え合う喜びを味わう。						
	日常生活に必要な言葉が分かるようになるとともに，絵本や物語などに親しみ，先生や友達と心を通わせる。						
表現	いろいろなものの美しさなどに対する豊かな感性をもつ。						
	感じたことや考えたことを自分なりに表現して楽しむ。						
	生活の中でイメージを豊かにし，様々な表現を楽しむ。						

出欠状況		年度	年度	年度	年度	備考				
	教育日数									
	出席日数									

学年の重点：年度当初に，教育課程に基づき長期の見通しとして設定したものを記入

個人の重点：1年間を振り返って，当該幼児の指導について特に重視してきた点を記入

※学校教育法施行規則第24条第2項において小学校等の進学先に指導要録の抄本又は写しを送付しなければならないこととなっていることから，指導要録の写しを送付する場合における指導要録の作成に当たっては，小学校等における児童の指導に活用すること等を踏まえわかりやすく記入すること。抄本を作成する場合においても同様であること。

ついて記入することになっている。さらに，幼児の健康の状況など指導上，とくに留意する必要がある場合等についてもここに記入することとされている。

　保育要録については，小学校への送付が定められており，各市町村においてその形式を作成することになっているが，盛り込むべき内容としては，下記のことが挙げられている。

記載する事項及び記載に際し留意する事項

○入所に関する記録
1．児童名，性別，生年月日
2．保育所名及び所在地
3．児童の保育期間（入所及び卒所年月日）
4．児童の就学先（小学校名）
5．施設長及び担当保育士名

○保育に関する記録
養護（生命の保持及び情緒の安定）に関わる事項
（1）子どもの生命の保持及び情緒の安定に関わる事項について，子どもの発達過程や保育の環境に関する事項等を踏まえて記載すること
（2）子どもの健康状態等について，特に留意する必要がある場合は記載すること
・子どもの育ちに関わる事項
　保育所生活全体を通して，子どもの保育を振り返り，子どもが育ってきた過程等を十分に踏まえた上で，主に最終年度（5,6歳）における子どもの心情・意欲・態度等について記載すること。
（平成20年3月28日　厚生労働省雇用均等・児童家庭局保育課長通知「保育所保育指針の施行に際しての留意事項について」より）

　指導要録・保育要録ともに，子どもの育ちの公的な記録であり，長期保存されるものであることをよく理解して記入する必要がある。また，日々の評価の積み上げのもとに初めて記入が可能になる記録である。日ごろからの評価の積み上げが求められる。

　なお，参考までに，幼保連携型認定こども園園児指導要録に記載する事項を挙げる。

幼保連携型認定こども園園児指導要録に記載する事項

○学籍等に関する記録
学籍等に関する記録は，外部に対する証明等の原簿としての性格を持つものとし，原則として，入園時及び異動の生じたときに記入すること。
1　園児の氏名，性別，生年月日及び現住所

2　保護者氏名及び現住所
3　学籍等の記録
（1）入園・転入園，年月日については，当該幼保連携型認定こども園へ入園・転入園した年月日を記入すること。
（2）転・退園年月日については，当該幼保連携型認定こども園において修了する前に転・退園した場合に，その年月日を記入すること。
（3）修了年月日については，当該幼保連携型認定こども園において修了した場合に，その年月日を記入すること。
4　入園前の状況
　　当該幼保連携型認定こども園に入園する前の集団生活の経験の有無等を記入すること。
5　進学・就学先等
　　当該幼保連携型認定こども園で修了した場合には，進学・就学した小学校等について，当該幼保連携型認定こども園から他の幼稚園や保育所等に転園した場合には，転園した幼稚園や保育所等について，その名称及び所在地等を記入すること。
6　園名及び所在地
7　各年度の入園・転入園・進級時の園児の年齢，園長の氏名，担当・学級担任の氏名，学級を編制している満3歳以上の園児については，学級，整理番号

○指導等に関する記録
　指導等に関する記録は，1年間の指導の過程とその結果等を要約し，次の年度の適切な指導に資するための資料としての性格を持つものとすること。
1　園児の育ちに関わる事項
　　入園から退園・修了までの幼保連携型認定こども園における生活全体を通して，養護と教育の視点から園児の育ってきた過程を踏まえ，園児の全体像を通して総合的に記入すること。
2　養護（生命の保持及び情緒の安定）に関わる事項
（1）園児の生命の保持及び情緒の安定に関わる事項について，園児の発達の過程や保育の環境に関する事項等を踏まえて記入すること。
（2）園児の健康状態等について，特に留意する必要がある場合には記入すること。
3　指導の重点等
　　当該年度における指導の過程について次の視点から記入すること。
①学年の重点
　　年度当初に教育課程に基づき，長期の見通しとして設定したものを記入すること。
②個人の重点
　　1年間を振り返って，当該園児の指導について特に重視してきた点を記入すること。

4 指導上参考となる事項
次の事項について記入すること。
①1年間の指導の過程と園児の発達の姿について，以下の事項を踏まえ，記入すること。
・幼保連携型認定こども園教育・保育要領第2章第1の「ねらい及び内容」に示された各領域のねらいを視点として，当該園児の発達の実情から向上が著しいと思われるもの。その際，他の園児との比較や一定の基準に対する達成度についての評定によって捉えるものではないことに留意すること。
・園生活を通して全体的，総合的に捉えた園児の発達の姿。
②次の年度の指導に必要と考えられる配慮事項等について記入すること。
5 出欠状況
①教育日数
1年間に教育した総日数を記入すること。この教育日数は，原則として，幼保連携型認定こども園教育・保育要領に基づき編成した教育課程の実施日数と同日数であり，同一学年の全ての園児について同日数であること。ただし，年度の途中で入園した園児については，入園した日以降の教育日数を記入し，退園した園児については，退園した日までの教育日数を記入すること。
②出席日数
教育日数のうち当該園児が出席した日数を記入すること。
6 その他
指導の重点等，指導上参考となる事項，出欠状況の欄については，原則として満3歳以上の園児について記入すること。

3. 園全体の保育の質を高めるための評価

　冒頭で触れたように，もうひとつの「評価」は，「園全体の保育をよりよいものにする（保育の質を高める）」ために行われる評価であり，幼稚園では「学校評価」の形で，保育所では「自己評価」と「第三者評価」の形で，法的な根拠をもって行われている。
　以下で，幼稚園・保育所の評価について，その概略を述べる*。

1 幼稚園における学校評価

　幼稚園における学校評価については，平成14（2002）年施行の「幼稚園設置基準」，平成19（2007）年の「学校教育法」「学校教育施行規則」の改正の中で規定が設けられ，平成20（2008）年3月には，「幼稚園における学校評価ガイド

*幼保連携型認定こども園については，「認定こども園法（就学前の子どもに関する教育，保育等の総合的な提供の推進に関する法律の一部を改正する法律）」の第23条に，自己評価についての規定がある。

ライン」*が作成され，その方向性が明らかにされている（平成23〈2011〉年に改訂）。

　学校評価とは，「教育活動その他の学校運営の状況について評価を行ない，その結果に基づき学校運営の改善を図るため必要な措置を講ずることにより，その教育水準の向上」を目指して行われるものであり，その評価結果は，保護者等に公表される。学校評価の目的は，「学校として組織的・継続的な改善を図ること」「学校・家庭・地域の連携協力による学校づくりを進めること」「一定水準の教育の質を保証し，その向上を図ること」の3点に集約されており，そのために，「教職員による自己評価」「保護者などの学校の関係者による評価」「自己評価の結果・学校関係者評価の結果の設置者への報告」が必要とされている。

　こうした学校評価により期待される取り組みと効果について文部科学省は，「学校評価の結果を踏まえ，各学校が自らその改善に取り組むとともに，評価の結果を学校の設置者等に報告することにより課題意識を共有すること」「設置者等は予算・人事上の措置や指導主事の派遣を行うなどの適切な支援を行うこと」「教職員や保護者，地域住民等が学校運営について意見交換し，学校の現状や取組を知り課題意識を共有することにより，相互理解を深めること」が重要であり，「学校評価を学校・家庭・地域間のコミュニケーション・ツールとして活用することにより，保護者・地域住民の学校運営への参画を促進し，共通理解に立ち家庭や地域に支えられる開かれた学校づくりを進めていくこと」「学校評価を軸とした情報の共有と連携協力の促進を通じて，学校・家庭・地域それぞれの教育力が高められていくこと」が期待されると述べている。

*文部科学省幼稚園における学校評価ガイドライン, 2011

2 保育所における自己評価と第三者評価

　保育所における自己評価と第三者評価については，第三者評価が平成14年に開始され，平成20年に改定された保育指針において「保育の内容等の自己評価」についての言及がなされている**。

　第三者評価に関しては，平成12（2000）年の社会福祉法の第78条「福祉サービスの質の向上のための措置等」の「社会福祉事業の経営者は，自ら提供する福祉サービスの質の評価を行うことその他の措置を講ずることにより，常に福祉サービスを受ける者の立場に立って良質かつ適切な福祉サービスを提供するように努めなければならない。国は，社会福祉事業の経営者が行う福祉サービスの質の向上のための措置を援助するために，福祉サービスの質の公正かつ適切な評価の実施に資するための措置を講ずるよう努めなければならない」の規定が根拠になっている。こうした第三者評価は，事前の自己評価における職員1人ひとりの主体的参画が，職員の意識改革と協働性の向上につながることと，保育所利用者

**厚生労働省「保育所保育指針解説」フレーベル館, 2008

である保護者との協働体制の構築につながるといった意義があると考えられている。

保育士などの自己評価・保育所の自己評価については，保育指針の第1章に言及されている。保育士等の自己評価は，保育の計画や保育記録の記入といった日常的な評価のサイクルの中で，自らの保育実践の振り返り，自己評価を行うことを通じて，専門性の向上や保育実践の改善に努めること，また，保育所の自己評価は，保育所の保育の内容等の評価を行うことで，保育の質の向上を目的として行われる。

幼稚園における学校評価・保育所における自己評価と第三者評価は，それぞれにその根拠となっている法律やシステムは異なるが，幼稚園・保育所が社会的な責任を果たす意味でも，また，そうした評価を通じての保育者自身の意欲を向上する意味でも，重要な役割を担っているといえる。その意味で，こうした評価の機会を積極的な改善の機会ととらえることが必要であるし，保育者1人ひとりの主体的な参画が求められているといえる。

【引用・参考文献】

師岡章「保育の評価とカリキュラム」無藤隆（編）『幼児の心理と保育』保育・看護・福祉プリマーズ⑥，ミネルヴァ書房，2001

中橋美穂「幼児教育におけるカリキュラム評価とその方法」石垣恵美子・玉置哲淳・島田ミチコ・植田明編『新版　幼児教育課程論入門』建帛社，2002

梶田叡一『教育評価（第2版増補版）』有斐閣双書，2002

日本カリキュラム学会編『現代カリキュラム事典』ぎょうせい，2001

保育問題検討委員会編『役立つ‼保育・教育用語集』大阪教育図書，2002

森上史朗／柏女霊峰『保育用語辞典』ミネルヴァ書房，2000

大野木裕明・森田英嗣・田中博之著『教育の方法と技術を探る―教育工学・教育心理学からの接近―』ナカニシヤ出版，1991

「幼稚園幼児指導要録並びに盲学校，聾学校及び養護学校幼稚部幼児指導要録の改善について（通知）」文初幼第491号

森上史朗，高杉自子，野村睦子，柴崎正行『改訂　幼稚園教育と評価』ひかりのくに，p.80，1991

文部科学省「幼稚園教育要領」（告示）2017

内閣府・文部科学省・厚生労働省「幼保連携型認定こども園園児指導要録について」（通知）2015

なお，表10－3他で取り上げた「関係活動モデル」については，下記の書籍・論文を参照

玉置哲淳『指導計画の考え方とその編成方法（シリーズ子ども発の指導計画）』，北大路書房，2008

玉置哲淳「幼児教育カリキュラムに於ける活動モデルの有効性－幼児教育独自のカリキュラム研究の課題と構想2－」大阪教育大学幼児教育学研究室紀要エデュケア　第19号，1998

玉置哲淳「『関係的活動アプローチの観察の方法と整理』試論－幼児教育独自のカリキュラム研究の課題と構想5－」大阪教育大学幼児教育学研究室紀要エデュケア　第21号，2000　などを参照。

Afterword
おわりに

　保育の内容や方法をわかりやすく語るのはなかなか難しいものである。学ぶ者にとっては，早くわかろうとすることよりも，わからないことに気づき，そこから出発することが真の学びではないだろうか。

　教育や保育といえば，従来の学校教育における指導をイメージしがちである。幼稚園や保育所においても，保育者の意図どおりに子どもたちを動かすことや，保育者のもつ目標に早く一斉に到達させるための技術を思い浮かべることが少なくない。そこでは，子ども自身の発達に伴って見えてくる課題や，1人ひとりの子どもの発達にとって意味ある経験が何であるかなど，発達を支えるための子ども側からの視点が欠落していると思われる。

　そこで，本書が「幼稚園教育要領」や「保育所保育指針」において子どもたちの主体的な生活や活動を重視しているのはなぜか，乳幼児期に真に育てたいものは何か，そのための保育者の指導のあり方（保育の方法）を具体的に思い描くにはどうすればよいか，等々について，改めて考える手立てとなればよいと考えている。

　保育を行うには，その社会的・公共的な使命を理解し，乳幼児を温かく，深く見つめる感性をもち，発達の保障に向けての確かな知識が必要である。その上で，子どもたち1人ひとりの姿を視野に入れて保育を構築するための計画・立案という知的で冷静な作業と，目の前の子どもと向き合い，いまこの子どもたちが何を求めているのか，何が最良の手立てなのかを考える情的な姿勢との二面性によって保育が成り立つ。この2つの側面こそが，保育に教育（education）と養護（care）という内容をもたせているといえよう。

　本書は，そうした保育を支えるための教育課程・保育計画・指導計画を基本的に理解することと，幼児期の教育の基本である環境を通して行う指導，遊びを通して行う総合的な指導，乳幼児期にふさわしい生活と指導，さらに保育の今日的な課題を踏まえたさまざまな指導のあり方などについて，実践事例を援用しつつ具体的に語ることに努力した。

　本書で学び終えたいま，よりよい保育を思い描くあなた自身の真の学びは，これから始まるのである。

　　　　2003年 春

　　　　　　　　　　　　　　　　　　　　　　　編著者　小笠原　圭
　　　　　　　　　　　　　　　　　　　　　　　　　　　植田　　明

索引 Index

―― abc ――

Act 164, 215
Check 164, 215
Do 164, 215
PDCA サイクル 28, 164
Plan 164, 215

―― 数字 ――

0歳児 52, 69, 71, 88, 115, 134
1日実習（責任実習） 86
1日の生活と指導計画 53
1歳以上3歳未満 41, 52, 88, 109, 116, 149
1歳児 30, 70, 90, 116
2歳児 30, 71, 90, 118, 195
3歳児 24, 119, 134, 135, 164, 166
3歳以上児 41, 49, 70, 109, 119, 150
3歳以上児の教育および保育における指導計画 49
3歳未満児 70, 71, 72
3つの視点 41, 52, 88
4歳児 120, 136, 139, 165
4つの視点 174
5歳児 16, 24, 28, 122, 134, 137, 139, 155, 164, 165
5領域 16, 24, 41, 88, 157, 226
5領域の視点 41, 45, 52

―― あ ――

赤沢鐘美・ナカ夫妻 10
アクティブ・ラーニングの視点 14, 29
預かり保育 48, 210
遊び 1, 29, 78, 149, 172
遊びが育つ 156
遊びが育つために必要なこと 166
遊びのとらえ方 151

遊びの中で育つ友だちとのかかわり 192
遊び場の工夫 134
遊びを見取る目 152

―― い ――

育成すべき資質・能力の3つの柱 14
一斉形態 51
異文化 206

―― え ――

エンゼルプラン 209
延長保育 210

―― お ――

恩物 8

―― か ――

学習過程 16
学習指導要領 14, 24
学期案 7
学校教育法 5, 10, 19, 40, 235
学校評価 215, 235
活動の系 223
活動モデル 226
家庭との連携 69, 76, 201
カリキュラム 5
カリキュラムに関する評価 216
カリキュラム・マネジメント 6, 14, 27
カリキュラム・マネジメントの確立 14
環境 85, 134, 231
環境の構成 1, 132
環境の再構成 143
関係の系 223

―― き ――

期案 7
季節 141
期の指導計画 57
基本的視点 222
救護法 10
教育課程 5, 23, 35, 49, 55, 60, 130, 231
教育課程の役割 5
教育観 4
教育基本法 5, 23, 34
教育内容の見直し 29
教育目標 43, 60
協同的な学び 164
興味や関心をもったことに取り組む 174, 178
緊急保育対策等5か年事業 209

―― く ――

空間的環境 34, 132
倉橋惣三 3, 9

―― け ――

計画的な環境の構成 132
系統主義保育 4
月案 7
研究保育 86

―― こ ――

合科的 24
国際化 206
告示 12
個々の遊び 155
個々の発達に沿った指導計画 52
子育て支援 209
子ども観 4, 221
子ども・子育て関連3法 18, 198
子ども・子育て支援新制度 13, 18,

索引

30, 209
子ども・子育て支援法　19, 198
子ども・子育て支援法及び就学前の子どもに関する教育，保育等の総合的な提供の推進に関する法律の一部を改正する法律の施行に伴う関係法律の整備等に関する法律（整備法）　198
子どもの興味や関心　106
子どもの姿に関する評価　216
子どもの発達　108
子どもの理解　218
子ども理解のための基本的視点　222
子ども理解の方法　218

―― さ ――

佐伯胖　17, 224
参加観察法　219

―― し ――

思考力・判断力・表現力等の基礎　15, 25, 111
自己評価　215, 235, 236
自然環境を生かす　130
自然観察法　218
実習に向けた指導案　100
視点　219
指導計画　1, 7, 36, 49, 51, 52, 56, 69, 75, 88, 115, 130, 134, 230
指導計画作成　58, 64, 70, 75
指導計画作成の意義　50
指導上参考となる事項　231
児童中心主義保育　4
指導の重点等　231
児童福祉施設最低基準　11, 40
児童福祉法　10, 34, 35, 40
社会環境を生かす　131
社会に開かれた教育課程　14, 23, 29
社会の動向と幼稚園・保育所・認定こども園への要請　46
週案　7, 78, 94
週案の作成ポイント　78
就学前の子どもに関する教育，保育等の総合的な提供の推進に関する法律　32

自由形態　51
集団の遊び　155
週日案　78, 92
主体性　2
主体的な学び　30
シュタイナー　79
障がいのある子どもを取り巻く環境　199
小学校との連携　155, 203
情緒的な絆　88, 109
新エンゼルプラン　209
人的環境　132

―― す ――

健やかに伸び伸びと育つ　41, 52, 70, 89, 90

―― せ ――

整備法　198
全体的な計画　5, 31, 34, 35, 55, 68, 75

―― そ ――

総合的な保育・指導　149
相互支援　202
組織的観察法　218

―― た ――

第三者評価　215, 235, 236
対話的な学び　30
他校種との連携　202
短期指導計画　77
短期の指導計画　7, 50, 57

―― ち ――

地域・家庭・異校種との連携　201
地域探検　202
知識及び技能の基礎　15, 25, 111
中央教育審議会　23, 154, 164
長期指導計画　55, 77
長期の指導計画　7, 50, 57, 69
直接的な体験　175, 181

―― つ ――

月の指導計画　57, 64, 65, 72

―― て ――

ティーム保育　20, 125
デイリープログラム　53, 78

―― と ――

東京女子師範学校付属幼稚園　8
動物とのかかわり　138
ドキュメンテーション　16, 29
友だちと十分かかわる　175, 184
友だちとのかかわりを大切にした保育　192
友だちとの出会い　191

―― な ――

内容　13, 41, 56, 61, 64, 70, 84, 89
内容の取扱い　41
喃語　69

―― に ――

二元制度　18
日案　7, 78, 96
日案の作成ポイント　79
日課表（デイリープログラム）　78
乳児期　109, 149
乳児ならびに１歳以上３歳未満児の保育における指導計画　52
乳児保育　41, 70, 115
乳幼児期にふさわしい生活　171
乳幼児期の教育・保育の基本　127
乳幼児期の発達過程　109
乳幼児期の発達の特徴　108
乳幼児教育の基本　1
乳幼児理解　105
認定こども園　13, 18, 19, 23, 194
認定こども園の類型　20
認定こども園法　18, 32, 34, 41, 235
認定こども園法一部改正法　198

── ね ──

ねらい　13, 15, 28, 45, 50, 56, 61, 64, 70, 79, 89, 116
ねらい・内容　46, 52, 53, 61
ねらいと内容　41, 49, 51, 56, 57, 60, 69, 88
年間指導計画　7, 61, 62, 70, 196
年間指導計画作成の手順　61
年間指導計画作成のポイント　61
年間の指導計画　57

── の ──

野口幽香　10
ノーマライゼーション　199

── は ──

発達過程を学ぶ意味　108
発達観　4, 221
発達を見る窓　226

── ひ ──

ピアジェ　218
非認知能力　15
日々の保育における評価　215
評価　14, 16, 45, 75, 164, 213
評価の「視点」　219

── ふ ──

深い学び　30
二葉幼稚園　10
物的環境　34, 131
部分案　7, 78
部分実習　86
部分実習案　100
フレーベル　8
ブロック　140

── ほ ──

保育課題の明確化　230
保育課程　31, 194
保育観　4, 8, 221
保育カンファレンス　125
保育記録　228
保育形態　51, 79
保育事業と保育内容の変遷　10
保育者に依存　174, 176
保育者に必要な専門性　155
保育者の援助　64, 80, 83
保育者のかかわりに関する評価　216
保育者の自己評価　215
保育者の専門性　124
保育者の役割　53, 79, 114, 132, 133, 155, 176, 178, 181, 184
保育所　8, 11, 13, 19
保育所児童保育要録　226, 231
保育所における自己評価と第三者評価　236
保育所における全体的な計画　55
保育所保育指針　5, 11, 13, 24, 30, 55, 79, 108, 127, 153, 171, 191, 214
保育所保育指針中央説明会資料　113, 172
保育所保育の役割　191
保育における指導と援助　115
保育の落とし穴　107
保育の基本　1, 41, 127
保育の共有化　20
保育の記録　124, 228
保育の計画　1
保育の計画と方法　1
保育の計画の種類と構造　4
保育の視点　191
保育の目的　111
保育目標　43, 68
保育理念　79
保護者の実態　46
保護者の保育参加　202
ポートフォリオ　16, 29

── ま ──

学びに向かう力，人間性等　15, 25, 111

── み ──

身近な人と気持ちが通じ合う　41, 52, 70, 89, 90
身近なものと関わり感性が育つ　41, 52, 70, 89, 90

── も ──

モンテッソーリ　79

── や ──

夜間保育　211

── ゆ ──

遊具や材料　138
遊具・用具・素材の出し入れ　135
誘導保育論　9
豊かな遊びに必要な要素　155
豊かな遊びのとらえ方　154

── よ ──

養護と教育　70
幼児期　51, 150, 171, 206
幼児期の終わりまでに育ってほしい姿　5, 16, 24, 25, 112
幼児教育において育みたい資質・能力　15, 25
幼児の実態　45
幼児の姿　61
幼児を取り巻く地域社会の実態　46
幼稚園　8, 19, 23
幼稚園教育の基本　12, 127, 154, 191
幼稚園教育の3つの基本とその課題　154
幼稚園教育要領　5, 13, 23, 55, 79, 111, 127, 153, 171, 191, 214
幼稚園教育要領中央説明会資料　46, 112, 171
幼稚園における学校評価　235
幼稚園における学校評価ガイドライン　235
幼稚園における教育課程の編成　38
幼稚園における短期指導計画　92
幼稚園保育及設備規程　9
幼稚園・保育所等の自己評価　215
幼稚園・保育所・認定こども園の実態　45
幼稚園幼児指導要録　226, 231

幼稚園令　9
幼保連携型認定こども園　19, 32, 34, 36, 41
幼保連携型認定こども園園児指導要録　231
幼保連携型認定こども園教育・保育要領　5, 13, 24, 32, 56, 79, 108, 127, 153, 171, 214
幼保連携型認定こども園教育・保育要領中央説明会資料　112, 173
幼保連携型認定こども園の学級の編制，職員，設備及び運営に関する基準　19

保育・教育ネオシリーズ[3]
保育の計画と方法

2003年4月1日　第一版第1刷発行
2009年4月15日　第二版第1刷発行
2013年4月15日　第三版第1刷発行
2016年3月31日　第四版第1刷発行
2018年2月15日　第五版第1刷発行

編著者　小笠原　圭・卜田真一郎
著　者　植田　明・鈴木照美
　　　　岡林恭子・大岩みちの
　　　　山田初枝・赤崎節子
　　　　輿石由美子・岩田良子
発行者　宇野文博
発行所　株式会社　同文書院
　　　　〒112-0002
　　　　東京都文京区小石川 5-24-3
　　　　TEL (03)3812-7777
　　　　FAX (03)3812-7792
　　　　振替　00100-4-1316
印刷・製本　中央精版印刷株式会社

©Kei Ogasawara, Shinichiro Shimeda et al, 2018
Printed in Japan　ISBN978-4-8103-1468-7
●乱丁・落丁本はお取り替えいたします